# CTBS
Colección Teología
**BÍBLICA Y SISTEMÁTICA**

# PNEUMATOLOGÍA

## Doctrina del Espíritu Santo

Samuel Pérez Millos

 Editorial CLIE

**EDITORIAL CLIE**
C/ Ferrocarril, 8
08232 VILADECAVALLS
(Barcelona) ESPAÑA
E-mail: clie@clie.es
http://www.clie.es

© 2025 por Samuel Pérez Millos

«*Cualquier forma de reproducción, distribución, comunicación pública o transformación de esta obra solo puede ser realizada con la autorización de sus titulares, salvo excepción prevista por la ley.*
*Diríjase a CEDRO (Centro Español de Derechos Reprográficos) si necesita fotocopiar o escanear algún fragmento de esta obra (www.cedro.org; 91 702 19 70 / 93 272 04 45)*».

© 2025 por Editorial CLIE. Todos los derechos reservados.

**PNEUMATOLOGÍA**
**Doctrina del Espíritu Santo**
ISBN: 978-84-19779-37-3
legal: B 23535-2024
Teología cristiana
Pneumatología
REL067090

Impreso en Estados Unidos de América / *Printed in the United States of America*

25 26 27 28 29 /TRM/ 9 8 7 6 5 4 3 2 1

## Acerca del autor

**Samuel Pérez Millos** natural de Vigo, España. Es Máster en Teología (Th. M.) por el IBE (Instituto Bíblico Evangélico) desde 1975. Es, también, Master en Cristología y Master en Espiritualidad Trinitaria. Miembro de la Junta Rectora del IBSTE (Instituto Bíblico y Seminario Teológico de España) y profesor de las áreas de Prolegómena, Bibliología y Antropología de esta institución.

Decano de Escrituras online, donde imparte las materias de Teología sistemática y algunas de Exégesis Bíblica de los escritos de Pablo. Une a esto la experiencia como pastor de la Iglesia Evangélica Unida de Vigo, durante 38 años.

Fue guiado, en el estudio de la Palabra, de la mano del ilustre teólogo español Dr. Francisco Lacueva.

Autor de más de cincuenta obras de teología y exégesis bíblica. Conferenciante de ámbito internacional y consultor adjunto de la Editorial CLIE en el área de lenguas bíblicas.

D. Samuel viaja siempre acompañado de su esposa Susana, quien colabora en las muchas tareas del Ministerio.

Dedico este libro a los que viven en dependencia del Espíritu Santo, procurando su plenitud en ellos. Los que no buscan emociones, sino realidades espirituales. Los que por la obra del Espíritu están conformándose a Jesús, siendo ejemplo en la iglesia y alumbrando en las tinieblas del mundo. Aquellos para los que el Espíritu no es un asunto teológico, sino vivencial.

# ÍNDICE

**Prólogo** ............................................... 17

**Capítulo I**
**Introducción y metodología** ............................ 19
    Propósito ............................................ 21
    Conceptos ........................................... 23
    Sujeto de la pneumatología ........................... 25
    Etapas .............................................. 27
    Metodología ......................................... 28
        Método a seguir ................................. 29
        Selección ....................................... 30
        Clasificación ................................... 31
        Análisis ........................................ 31
        Conclusión ...................................... 33
    Relación de la pneumatología ......................... 34
    Conclusión .......................................... 36

**Capítulo II**
**Deidad** ................................................ 39
    Revelación trinitaria en el Nuevo Testamento ......... 41
    La deidad del Espíritu Santo ......................... 42
        Nombres divinos ................................. 42
            Dios ........................................ 42
            Señor ....................................... 43
            Espíritu Santo .............................. 44
    Títulos .............................................. 46
        Relacionados con el Padre ....................... 46
            Espíritu de Dios ............................ 47
            Espíritu del Señor .......................... 48
            Espíritu de nuestro Dios .................... 48
            Su Espíritu ................................. 48
            Espíritu de Jehová .......................... 49
            Tu Espíritu ................................. 49
            Espíritu del Señor Jehová ................... 49
            El Espíritu de vuestro Padre ................ 49
            El Espíritu del Dios vivo ................... 49
            Mi Espíritu ................................. 50
            Espíritu de aquel ........................... 50

- Títulos relacionados con el Hijo ............ 50
  - Espíritu de Cristo ..................... 50
  - Espíritu de Jesucristo ................. 51
  - Espíritu de Jesús ...................... 51
  - Espíritu de su Hijo .................... 51
  - Espíritu del Señor ..................... 52
- Otros títulos ............................. 52
  - Un Espíritu ............................ 52
  - Siete espíritus ........................ 52
  - El Señor ............................... 53
  - Espíritu eterno ........................ 53
  - Espíritu de gloria ..................... 53
  - Espíritu de vida ....................... 53
  - Espíritu de santidad ................... 54
  - Espíritu de sabiduría .................. 54
  - Espíritu de verdad ..................... 54
  - Espíritu de gracia ..................... 54
- Títulos relacionados con obras divinas .... 55
  - *Consolador* o *Paracletos* ............ 55
  - Espíritu de adopción ................... 55
  - Espíritu de fe ......................... 55
  - Espíritu de fortaleza, amor y dominio propio ... 56
  - Amor ................................... 56
  - Don .................................... 58
- Atributos divinos ......................... 60
- Obras divinas ............................. 60
  - Creación ............................... 61
  - Contención ............................. 64
  - Inspiración e iluminación .............. 64
  - Concepción virginal de Jesús ........... 66
  - Restricción ............................ 66
  - Convicción ............................. 67
  - Regeneración ........................... 67
  - Ayuda .................................. 69
  - Testimonio ............................. 70
  - Bautismo ............................... 70
  - Sello .................................. 71
  - Plenitud ............................... 71
  - Intercesión ............................ 72
  - Santificación .......................... 72
- Conclusión ................................ 73

## Capítulo III
**Personalidad y procedencia** .............................. 75
    Persona divina. ........................................ 77
    Personalidad del Espíritu Santo ........................ 78
        Poseedor de atributos propios de una persona. .......... 78
            Intelecto ....................................... 78
            Sensibilidad ................................... 79
            Oye ............................................ 79
            Escudriña ..................................... 79
            Habla ......................................... 80
            Controla ...................................... 80
            Enseña ........................................ 80
            Juzga. ......................................... 80
            Convence de pecado. ............................ 81
            Ejerce voluntad. ................................ 81
            Escoge y envía ................................. 81
            Guía .......................................... 81
            Intercede. ..................................... 82
    Personalización del Espíritu Santo ...................... 82
        Consideraciones generales. ........................... 82
        Personalidad del Espíritu Santo. ..................... 84
            Modo ......................................... 84
            Procedencia ................................... 91
    Filioque. ............................................. 92
        Introducción. ....................................... 92
        Credo de Nicea .................................... 93
        Padres de la Iglesia ................................ 94
        La procesión del Espíritu. .......................... 95
        Controversia fociana ............................... 98
            Focio. ......................................... 98
            La controversia. ............................... 98
        Cisma Oriente-Occidente ........................... 99
        Importancia histórica del filioque ................... 100
    Aplicación personal .................................. 101

## Capítulo IV
**Tipos y símbolos del Espíritu** ............................. 103
    Conceptos generales ................................. 104
        Concepto de tipo ................................. 105
        Ejemplos de tipo. ................................ 105

    Concepto de símbolo ............................. 106
        Ejemplos de símbolo ......................... 106
    Tipos y símbolos del Espíritu Santo ................... 106
        Aceite ......................................... 106
            Aceite en la ofrenda de flor de harina ............. 106
            Aceite en la unción del altar .................... 107
            Unción de Aarón ............................. 107
            Unción de los hijos de Aarón ................... 108
            Fuente de luz en el santuario ................... 108
        Agua .......................................... 108
        Fuego ......................................... 109
            Símbolo de la acción correctora de Dios ........... 110
            Figura de la Palabra de Dios .................... 110
            Figura de la manifestación del juicio de Dios ....... 110
            El fuego como símbolo del Espíritu Santo .......... 110
        Viento ......................................... 110
        Paloma ........................................ 111
        Arras .......................................... 112
        Sello .......................................... 113
        El siervo de Abraham ........................... 113
    Aplicación personal ................................ 114

**Capítulo V**
**El Espíritu Santo en el Antiguo Testamento ............... 117**
    El Espíritu Santo en la creación ...................... 119
        Creación en general ............................. 119
        Creación de los ángeles .......................... 120
        La vida del hombre ............................. 121
    El Espíritu Santo desde la creación hasta Abraham ........ 124
        Dios comunicándose ............................ 124
        Contendiendo con los hombres ................... 125
        Revelando la verdad ............................ 126
    El Espíritu Santo desde Abraham hasta Cristo ............ 127
        Actividades providenciales ....................... 127
        El Espíritu y la profecía ......................... 132
        Presencia del Espíritu en el antiguo pacto ........... 133
            El Espíritu dado .............................. 133
            El Espíritu retirado ............................ 133
            El Espíritu sobre grupos de personas .............. 134
            La presencia del Espíritu no equivale a residencia .... 134
            El Espíritu y el pueblo de Israel .................. 135

El Espíritu Santo y el nuevo pacto .................... 136
Aplicación personal ............................... 138

**Capítulo VI**
**El Espíritu Santo en la vida de Jesucristo** ............... **139**
   El Espíritu en la concepción de Jesús................. 140
   El Espíritu en la niñez y juventud de Jesús.............. 141
      La plenitud del Espíritu en Cristo ................... 142
   El Espíritu Santo en el ministerio de Jesucristo ........... 143
      Inicio del ministerio............................... 143
      La unción del Espíritu............................ 143
      La plenitud del Espíritu en Jesucristo ................ 144
      El poder del Espíritu en el ministerio de Cristo......... 144
      El Espíritu en el sacrificio de Cristo ................. 145
      El Espíritu en la resurrección de Cristo............... 145
   Aplicación personal ............................... 146

**Capítulo VII**
**El Espíritu Santo en la Escritura**....................... **147**
   Manifestaciones textuales........................... 148
   La Biblia: revelación de Dios para salvación............. 150
      Inspiración...................................... 151
         Inspiración verbal o plenaria .................. 152
         Inspiración pneumatológica..................... 152
   El Espíritu en la interpretación bíblica................. 154
      Iluminación ..................................... 154
         Iluminación para el hombre natural .............. 155
         Iluminación para el cristiano ................... 156
      Interpretación................................... 156
   Aplicación personal ............................... 156

**Capítulo VIII**
**El Espíritu Santo en la actual dispensación** ............... **159**
   Pentecostés....................................... 161
   El nuevo santuario de Dios.......................... 162
   Oficios distintivos del Espíritu en esta dispensación ....... 165
      Bautismo del Espíritu ............................ 165
      Oficio vinculante................................ 167
      El Espíritu residente.............................. 169
      Ministerio de sellar al creyente ..................... 170
      El Espíritu controlador del cosmos .................. 170

Plenitud del Espíritu ................................. 171
Aplicación personal ................................. 172

**Capítulo IX**
**El Espíritu Santo en la soteriología** ...................... **173**
    La incapacidad natural del hombre ..................... 174
        Los efectos del pecado en el hombre ................ 174
        Depravación ....................................... 175
        Total incapacidad del hombre ..................... 178
        La incapacidad al mensaje de redención ............. 180
        La ceguera espiritual del no regenerado ............. 181
        La incapacidad de comprensión del mundo .......... 181
        La condición de muerte espiritual del pecador ........ 181
        La necesidad de conducción hacia Cristo ............ 182
    La operación del Espíritu en la salvación ............... 182
        Convicción de pecado ............................ 182
        Convicción de justicia ............................ 185
        Convicción de juicio ............................. 186
        La fe salvífica ................................... 186
    La regeneración y renovación espiritual ................ 187
    La acción santificadora del Espíritu .................... 188
        Santificación para salvación ...................... 188
        Santificación como forma de vida .................. 188
    La comunicación de vida eterna ....................... 189
    Bautismo del Espíritu Santo .......................... 190
        Resumen ....................................... 194
            Características .................................. 194
            Tiempo ...................................... 194
            Resultados ................................... 194
    El sello del Espíritu ................................. 194
    Aplicación personal ................................. 195

**Capítulo X**
**La plenitud del Espíritu** ............................. **197**
    Concepto bíblico de plenitud del Espíritu ............... 198
        Aspectos generales .............................. 198
        La plenitud limitada en el Antiguo Testamento ........ 199
        La enseñanza de Jesús para la actual dispensación ..... 200
        Vivir en la plenitud del Espíritu .................... 202
        Los primeros cristianos llenos del Espíritu Santo ...... 202

La necesidad de la plenitud del Espíritu.................. 203
    La responsabilidad del creyente .................... 203
    La vida victoriosa ................................ 204
    La plenitud del Espíritu para obrar el bien ............ 207
Condiciones para la plenitud del Espíritu................ 208
    No contristar al Espíritu........................... 208
    No apagar el Espíritu.............................. 209
    Andar en el Espíritu............................... 211
Aplicación personal .................................. 212

### Capítulo XI
**El fruto del Espíritu** .................................. **213**
La necesidad del fruto del Espíritu..................... 214
    La demanda de Cristo ............................. 215
    El proyecto divino para el creyente.................. 215
    El ejercicio de la voluntad de Dios en el creyente........ 216
    El carácter moral de Jesús en el creyente ............. 217
El fruto del Espíritu ................................. 219
Aplicación personal .................................. 222

### Capítulo XII
**Los dones del Espíritu** ................................ **223**
La necesidad de los dones............................ 224
La actuación trinitaria................................ 225
Los dones del Espíritu ............................... 226
    Lista........................................... 226
    Clasificación .................................... 227
    Extensión....................................... 228
Dotación y limitación................................ 228
Aplicación personal .................................. 229

**Bibliografía** ......................................... **231**

# PRÓLOGO

Este libro sobre pneumatología es parte de un enorme proyecto que Samuel Pérez Millos se ha trazado: escribir una teología sistemática. Son pocas personas, desde el *Peri Archon* de Orígenes, las que históricamente se han atrevido a embarcarse en una empresa de tal envergadura.

La pneumatología es una de las ramas de la teología sistemática peor entendidas por el liderazgo de la Iglesia protestante. Solo hace falta escuchar a un entusiasta predicador o un maestro de escuela dominical para darnos cuenta de la profunda ignorancia que existe al respecto. Tampoco existe interés en estudiar los trabajos de los doctores de la iglesia, desde los antiguos hasta los contemporáneos. Creen que con leer solo la Biblia es suficiente. Como reza el libro de los Hechos: "Felipe se acercó de prisa al carro y, al oír que el hombre leía al profeta Isaías, preguntó: —¿Acaso entiende usted lo que está leyendo? —¿Y cómo voy a entenderlo —contestó— si nadie me lo explica?". Es necesario leer a Calvino, Wesley, Hodge, Warfield, Berkhof, Chafer, Erickson y ahora a Pérez Millos para entender cuál sea *la anchura, la longitud, la profundidad y la altura* de la doctrina del Espíritu Santo.

Uno de los problemas más evidentes sobre el entendimiento de la pneumatología es no alcanzar a comprender en toda su dimensión que el Espíritu Santo es una persona que, en esencia y potencia, es Dios mismo y no un poder o fuerza activa. Otro de los errores en los que se incurre es no entender el lenguaje figurado o simbólico usado en la Biblia. Al ser el Espíritu Santo Dios, tiene *ipso facto* los mismos atributos de la deidad, *inter alia*: omnisciencia, omnipresencia, omnipotencia. Por lo tanto, no está sujeto a espacio ni a tiempo, como nos quieren hacer creer.

Para romper con ese estigma y enseñar con profundidad toda esta doctrina, surge *Pneumatología* de Samuel Pérez Millos. El autor se mete en todos aquellos recovecos de esta ciencia y nos entrega un verdadero manual sobre el Espíritu Santo. En doce capítulos aborda desde los temas propedéuticos a la materia hasta los más complejos. Lo primero que hace es demostrar la deidad de la tercera persona de la Trinidad; con esto pone el fundamento de una de las doctrinas pétreas de nuestra fe cristiana. Luego argumenta y prueba que es una persona, algo que es toral entender, pues su ignorancia conduce a una serie de herejías. Seguido, se mete en el tema del lenguaje simbólico, que es muy característico en toda la Biblia. Después efectúa una sinopsis histórica de la actividad de la tercera persona en toda la Escritura, para luego centrarse en la actividad del Espíritu Santo en la presente época, a la cual llama *dispensación de la iglesia*. Aunque adopta la teología dispensacionalista, hace algunas observaciones diferentes a las que hicieran teólogos de esta escuela. Asegura que "las distinciones en las dispensaciones son evidentes, aunque no coincida la forma de definirlas y diferenciarlas". Después establece la relación en la actividad que ejerce el Espíritu Santo en la salvación del hombre y, para terminar, aborda típicos temas de la pneumatología, como son el fruto y los dones del Espíritu. Huelga señalar que, aunque Pérez Millos se decanta por una teología no pentecostal —o tradicional, como dirían otros— sobre el tema de los dones del Espíritu, su postura está bien argumentada según la lógica aristotélica y hace reflexiones con todo el peso científico de un académico serio y comprometido con el texto sagrado.

Sin lugar a dudas, es un trabajo erudito, exhaustivo y profundo, obligatorio como texto de estudio en la clase de teología sistemática o de pneumatología de los centros educativos bíblico-teológicos del mundo de habla castellana. Felicitamos a su autor por su compromiso y dedicación al estudio de la teología sistemática que, como muy bien dijera Lewis Chafer, es "la madre de todas las ciencias". Es nuestra oración que los días críticos por los que pasa esta ciencia lleguen a su fin y que este trabajo marque un antes y un después a esa realidad.

Raúl Zaldívar
Ciudad de Cancún, México
2 de enero de 2024

# CAPÍTULO I
## INTRODUCCIÓN Y METODOLOGÍA

La pneumatología es la parte de la teología sistemática que estudia la tercera persona divina y su obra. Con ello se establece y selecciona lo que tiene que ver con la expresión de la fe en relación con Dios, con la soteriología, con la espiritualidad cristiana y, de forma definitiva, con la doctrina de la Trinidad como una de las tres subsistencias personales en el ser divino.

Es evidente que el estudio de Dios Espíritu Santo reviste ciertas dificultades que no concurren en el de las otras dos personas divinas. Para entender las relaciones entre el Padre y el Hijo se puede acudir a comparaciones propias de nuestro conocimiento y experiencia en el orden natural, como son los significados de paternidad y filiación. Aunque las semejanzas mantienen la infinita distancia de Dios y de los hombres, hacen asequible a nuestro entendimiento esas relaciones en la deidad. No ocurre tanto con el Espíritu Santo, desde los mismos nombres con que se lo califica, que conllevan conceptos absolutamente indefinidos, infinitos y genéricos, que corresponden a Dios. La Biblia afirma que "Dios es Espíritu" (Jn. 4:24), y Jesús, hablando con la mujer samaritana, le hace una referencia a la esencia divina del Padre, que es *Espíritu*. El segundo nominal, *Santo*, que califica y complementa al término Espíritu, corresponde también como expresión general a Dios, ya que en el Antiguo Testamento se define a Dios por su santidad, al decir que Él es santísimo en la forma en la que se establece el superlativo, repitiendo tres veces el adjetivo santo (Is. 6:3). En el nombre *Espíritu Santo* se aprecia que Dios es un ser incorpóreo, porque es Espíritu. Esto produce también la idea de infinitud, que es propia de Dios. Indudablemente, esto no permite distinguirlo como una persona, lo que es posible con las otras dos. Sin embargo, la lectura bíblica en lo que concierne a la revelación del Espíritu Santo exige que se lo considere necesariamente como persona; por tanto, lo genérico del título se torna personal.

La misma dificultad se aprecia en la procesión. La procedencia de la segunda persona, Dios Hijo, con la primera es evidente. Como enviado del Padre, se distingue continuamente. En su ministerio terrenal, el Verbo encarnado, Jesús de Nazaret, el Cristo de Dios, hace continua alusión a esta procedencia; hasta en los momentos finales con los doce lo manifiesta: "Salí del Padre, y he venido al mundo" (Jn.

16:28). Sin embargo, no ocurre así con el Espíritu Santo, estableciéndose una complejidad aún mayor, puesto que la procedencia no es de uno, sino de dos, del Padre y del Hijo, siendo por tanto enviado de los dos (Jn. 14:26). Con todo, se establece firmemente la procedencia del Hijo, puesto que hemos recibido "el Espíritu de su Hijo" (Gá. 4:6), y estas son también las palabras del Señor: "Pero yo os digo la verdad: Os conviene que yo me vaya; porque si no me fuese, el Consolador no vendría a vosotros; mas si me voy, os lo enviaré" (Jn. 16:7; RVR). Quien había enviado al Hijo era el Padre; quien envía al Espíritu es el Hijo en unión con el Padre. La procedencia es de las dos personas.

Sobre esta dificultad identificativa, escribe el maestro en teología Yves M. J. Congar:

> No existe una revelación objetiva del Espíritu Santo como existe de la persona del Hijo-Verbo en Jesús y, por Él, de la persona del Padre. En este sentido, se ha hablado de una especie de kénosis del Espíritu Santo; se vaciaría, de alguna manera, de su propia personalidad para ser todo relativo, por otro lado, a "Dios" y a Cristo y, por otro, a los hombres llamados a realizar la imagen de Dios y de su Hijo. A diferencia de Yahveh en el Antiguo Testamento y de Jesús en el Nuevo, el Espíritu Santo no ha empleado el pronombre personal "Yo". Se nos revela y conocemos al Espíritu Santo no en Él mismo, al menos no directamente, sino por lo que obra en nosotros. Por otra parte, mientras que las actividades de la inteligencia no solo son perceptibles, sino transparentes, y por consiguiente, definibles, las de la afectividad y del amor no han sido analizadas de igual manera. Volveremos a toparnos con todas estas dificultades cuando abordemos una teología de la tercera persona.[1]

Puede añadirse a esta panorámica de dificultades relacionadas con la persona y obra del Espíritu Santo el hecho de que mientras el Verbo revela al Padre, pero también habla de sí mismo, dando testimonio de procedencia y misión, el Espíritu viene para glorificar al Hijo y no habla nada de su propia cuenta, sino que se limita a declarar lo que oye y glorifica al Hijo (Jn. 16:14). Aparentemente es como si tuviese la intención de ocultarse tras las otras dos personas, dificultando en cierta medida la expresión visible de quién es como persona y cuál es la obra a realizar.

---

[1] Congar, 1983, p. 15 ss.

Estas dificultades exigieron, desde el comienzo de la historia de la iglesia, una continua aproximación que permitió fijar la doctrina bíblica de la pneumatología, que aquí, en la limitación propia de un escrito, se ofrecerá como aproximación a este cuerpo de la doctrina bíblica sistematizada.

Es preciso hacer notar que el estudio de la persona y obra del Espíritu Santo, en el decurso del tiempo, se ha inclinado en muchas ocasiones por la espiritualización, dejando a un lado, cuando no ignorando, la vinculación con los asuntos materiales, lo que ha marginado muchas de sus operaciones evidentes del mundo material. Tal situación se pone de manifiesto en la enseñanza habitual de la iglesia, centrada en la espiritualidad individual, cuando en el Nuevo Testamento se lo revela como Señor, que va manifestándose en la comunidad en dependencia de Jesucristo, que la edifica, conforme a su aseveración (Mt. 16:18). El apóstol Pablo vincula esto con la obra que el Espíritu Santo realiza en la iglesia como vicario de Cristo, hasta el punto que la confesión de que Cristo es Señor solo es posible por Él: "Y nadie puede decir: Jesús es el Señor, sino por el Espíritu Santo" (1 Co. 12:3; RVR).

**Propósito**

Estudiar la pneumatología sistemática es proponerse a desarrollar una ruta que alcance el objetivo final, que no puede ser otro que establecer un detalle sistematizado de la doctrina bíblico-teológica fundamental sobre la persona y la obra del Espíritu Santo. Anticipadamente una base inamovible es la aceptación de la deidad y personalidad del Espíritu, lo que determina relacionarlo con su razón de principio, que es Dios, vinculándolo con su posición en el ser divino como uno de los tres santos en la Trinidad y, por tanto, único Dios verdadero.

El inconmensurable, infinito y eterno Dios es incognoscible al pensamiento limitado del hombre, imposible de ser comprensible (en el sentido de abarcable) al pensamiento de la criatura. La única vía de revelación utilizable al propósito del estudio de la pneumatología no puede ser otra que la revelación. Del mismo modo que el Verbo encarnado revela exhaustivamente a Dios, la Escritura revela al autor divino de la misma, que es el Espíritu Santo (2 Ti. 3:16; 2 P. 1:21). En ella se revela a sí mismo en el plano de su deidad, por cuya razón se expresa su eterna subsistencia en el ser divino.

La pneumatología se determina en dos sentidos. Uno de ellos tiene que ver directa e incuestionablemente con Dios y, por tanto, con la Trinidad; de ahí que esté firmemente vinculada con la teología propia y la Trinidad, ya que se relaciona con el ser divino y sus manifestaciones. Otro de los sentidos en que se orienta la pneumatología está relacionado con la soteriología, ya que la salvación del pecador, su santificación y glorificación se ejecutan también por acción del Espíritu, que actúa en unión con las otras dos personas divinas para ejecutar el plan de redención, eternamente establecido por Dios.

Es preciso definir en el trabajo cuál ha de ser el camino para establecer lo que tiene que ver con el ser divino en relación con el Espíritu Santo, estableciendo las bases que demuestren su deidad, objetivo final de la pneumatología, y refiriéndose especialmente a la tercera persona, sin entrar a considerar aspectos específicos de la doctrina trinitaria, que tienen su marco en el apartado correspondiente de la teología sistemática. Pero ha de relacionarse con las otras dos personas divinas por necesidad de procedencia e inmanencia.

De igual modo, ha de procurarse la relación entre la deidad del Espíritu y la humanidad del hombre; a la acción divina de convicción se une la capacitación para la fe, que permite acceder a la justificación y lo introduce en la experiencia de la regeneración. De igual manera, es el Espíritu el que santifica al salvo, pero esa santificación no puede separarse de la realidad santificadora que es la implantación de Cristo en la vida del cristiano para que pueda cumplirse la predestinación que Dios ha establecido para los cristianos: "Que sean hechos conformes a la imagen de su Hijo" (Ro. 8:29).

La imposibilidad de separar al Espíritu de las otras dos personas divinas es fundamental para poder establecer su presencia en el santuario espiritual de Dios, que es el salvo. Sin embargo, la inhabitación de cada una de las otras personas divinas tiene que ser estudiada en la correspondiente sección de la teología propia, la Trinidad y la cristología. En ello está presente, como se ha indicado, la soteriología. La presencia del Espíritu Santo atrae consigo a la Trinidad por causa de la inmanencia de las tres personas. La revelación pone de manifiesto la que corresponde a la primera y segunda personas, ya que Jesús mismo la afirmó cuando dijo: "Yo y el Padre somos una sola cosa" (Jn. 10:30; RVR). Sin embargo, esa inmanencia en el Espíritu no está expresada directamente, pero se infiere en el estudio de la revelación.

No puede pasarse por alto la victoria preparada para el salvo en la vida de santificación, que no puede separarse de la relación vinculante con Cristo y en Él, posible por la unidad del Espíritu, que sumerge a cada creyente en el Salvador —a quien Dios constituye como ejemplo conformante, es decir, modelo o arquetipo de lo que está determinado que sean los que creen en Él (Ro. 8:29)— para hacer posible la victoria en Cristo sobre los problemas propios de la existencia humana a causa del pecado (Ro. 8:37).

El propósito de la pneumatología no es otro que hacer una aproximación lo más concreta posible a esta doctrina fundamental con el fin de permitir un conocimiento mayor de Dios Espíritu Santo, con una orientación intelectual propia de la ciencia teológica, sin desvincularla de la aplicación que todo estudio de la teología ha de producir en la vida personal. El mero conocimiento intelectual no sirve para progreso espiritual y para testimonio visible de la comunión con Dios. La teología que no se transforma en principio vital satura el cerebro, pero deja frío el corazón.

**Conceptos**

La pneumatología, bien sea sistemática o bíblica, expresa la base de fe sobre la persona y obra del Espíritu Santo, que es potencia para la voluntad y luz para la inteligencia. Toda la pneumatología debe contener tres aspectos. Uno de ellos es el histórico, que estudia los hechos del Espíritu en el entorno en que se produjeron, analizándolos en su medio geográfico, cultural, religioso, social, etc. Están sumamente vinculados a la experiencia antropológica. Un segundo aspecto está relacionado con lo que podría llamarse fundamental, que trata de lo que es propio de la persona divina, de manera especial en las obras que ponen de manifiesto las perfecciones propias y exclusivas de Dios, especialmente reveladas en el uso de sus perfecciones o atributos incomunicables. El tercero tiene que ver con aspectos ontológicos, ya que trata, investiga y concreta qué dimensiones del ser, del hombre y de la historia quedan iluminadas desde la luz singular del Espíritu que lo revela en la Palabra.

El estudio de la pneumatología histórica tiene que ver con la vida del hombre en el decurso de la historia, afectado en múltiples formas por la acción personal del Espíritu Santo, siendo incapaz de separarse de esa realidad. Dios no creó y se ausentó de su creación, dejándola al arbitrio de sus circunstancias, sino que intervino en ella, conservándola, controlándola y orientándola al cumplimiento de su programa eterno. No se trata de simples acontecimientos históricos, sino de Dios, que interviene en la historia. El Espíritu es, por tanto, Dios en una operación *ad extra*, para encontrarse con su creación y especialmente con sus creaturas que, desorientadas por el pecado, rebeldes por condición, se han opuesto sistemáticamente al Creador, al que desprecian como tal y repudian por lo que es. Tal oposición requirió acciones de Dios, ejecutadas en muchas ocasiones por la acción personal del Espíritu Santo. Si en Cristo, Dios vino al encuentro del hombre para salvarlo, en el Espíritu se encuentra con él para limitar sus acciones, detener sus consecuencias, reorientar su conducta y restaurarlo al propósito del principio, en la medida en que sus limitaciones lo hacen posible. Por tanto, el Espíritu trasciende la historia y el tiempo en su atemporalidad divina, para actuar en cualquier momento de la historia humana. Es en la pneumatología histórica que Dios, como tal, trasciende al tiempo para dar a los temporales existencia de eternidad, uniéndolos al Verbo encarnado, en cuyo encuentro Dios se hace vida para quienes adopta como hijos en el Hijo (Fil. 1:21), reproduciendo en ellos el carácter del Hijo del Hombre, y con ello se lleva a cabo el propósito del Padre de conformar a sus hijos adoptados con el Unigénito Hijo amado (Ro. 8:29).

Es evidente la necesidad de estudiar la pneumatología histórica en un tiempo en que el humanismo procura desterrar en cuanto le es posible la idea de Dios. Desde el aparente campo religioso, los críticos humanistas luchan contra la historicidad de las obras divinas del Espíritu Santo, procurando situarlas en el terreno de la mitología, que debe ser expurgado para dejar lo que sea aceptable y verificable desde la ciencia. Para estos, los milagros del Espíritu Santo nunca ocurrieron en la forma en que se describen. El milagro portentoso de la resurrección del cuerpo muerto de Jesucristo es ampliamente cuestionado, afectando con ello a la misma base de la salvación, de modo que "si Cristo no resucitó, vuestra fe es vana, aún estáis en vuestros pecados" (1 Co. 15:17).

La presencia de los hechos portentosos del Espíritu Santo está registrada en la Escritura, a la que se le da carácter de inerrante por ser el resultado de la inspiración del Espíritu en los hagiógrafos. Cuestionar esos hechos como míticos es cuestionar al Espíritu Santo negando su deidad. No puede desvincularse al Espíritu de su obra; por tanto, no puede desvincularse de la inspiración, inerrancia y autoridad de la Escritura.

Esta es la razón y propósito de las presentes notas, que por la extensión de la doctrina son sumamente breves y se presentan para dar una sencilla pauta de estudio que permita una aproximación a la pneumatología desde la perspectiva bíblica.

Sin embargo, es evidente que el estudio firme y completo de la Biblia está en decadencia en muchos sectores del cristianismo. Este problema no es reciente y se hace notar desde hace más de un siglo. Refiriéndose a él, escribe el Dr. Chafer:

> No constituye secreto que el ministro promedio no está leyendo teología sistemática ni tampoco dichos escritos ocupan un lugar prominente en su biblioteca. Esta condición hubiese sido extremadamente sorprendente a ministros de dos generaciones atrás —hombres cuya posición era respetada entonces debido al profundo conocimiento que tenían de las doctrinas de la Biblia y cuyas predicaciones y escritos han ido muy lejos, en el engrandecimiento y edificación de la iglesia de Cristo—.
> 
> La situación presente no es un momento pasajero. El mismo efecto que tendría para un médico el desechar sus libros de anatomía y terapéutica lo tiene para el predicador el descartar sus libros de teología sistemática; y ya que la doctrina es la estructura del cuerpo de la verdad revelada, el abandono de esta traerá por resultado un mensaje caracterizado por incertidumbre, inexactitudes e inmadurez.
> 
> ¿Cuál es el campo específico de conocimiento que distingue la profesión ministerial, sino el conocimiento de la Biblia y sus doctrinas? Al predicador le ha sido dada una responsabilidad de extremada importancia. Hombres de otras profesiones son incansables en sus esfuerzos por descubrir las verdades.[2]

Esto ha generado una grave situación en la comprensión, precisión y entendimiento de la doctrina sobre el Espíritu Santo, siendo evidente en la limitación que se da a esta doctrina en los tratados de teología.

**Sujeto de la pneumatología**

Si la pneumatología es la parte de la teología que estudia la persona y obra del Espíritu Santo, el sujeto de la pneumatología no puede ser otro que el Espíritu Santo. El estudio y las conclusiones que se alcancen tienen la importancia de constituir las bases de una doctrina fundamental, que tiene una dimensión plena puesto que el Espíritu Santo está presente desde el instante primero de la creación hasta la definitiva perfección en la nueva creación de Dios.

---

[2] Chafer, 1986, Vol. I, p. VI ss.

Esta elaboración doctrinal no puede alcanzarse, sino por la vida de la exégesis y selección de cada asunto relacionado con el Espíritu Santo. No en algún aspecto, sino en la plenitud de todos. La selección y sistematización de los elementos doctrinales hacen que la iglesia sea el soporte del fundamento doctrinal que exhibe la pneumatología como verdad de fe. Esto es sumamente importante porque sale al paso de los muchos errores, bien por desconocimiento o, mayoritariamente, por enseñanza intencionada de los falsos maestros, que han generado en el tiempo herejías en la pneumatología bíblica. Quiere decir esto que la iglesia está llamada a predicar lo que es veraz, sustentando ante el mundo y en el tiempo la verdad que ha recibido para ser creída primero y proclamada después, como base fundamental de la fe. Falsear la verdad que le ha sido entregada produce serios problemas entre los que está el deterioro de la doctrina y los conflictos entre distintos creyentes o grupos de creyentes, debilitando la convivencia propia de la comunión y presentándola como dividida frente a la exigencia de Jesús: "Que todos sean uno" (Jn. 17:21; RVR).

La base sustentadora de la pneumatología es la Escritura en su totalidad, escrita en el tiempo por profetas (2 P. 1:21), a los que se unen los apóstoles para los escritos del Nuevo Testamento. En el tiempo, los que han sido capacitados por medio del don de maestro han conducido la selección de los distintos elementos de la pneumatología, tomados todos ellos de la Palabra. Esto ha permitido elaborar lo que se puede llamar pneumatología dogmática, como conjunto de lo que el cristiano debe creer tocante a la persona y obra de Dios Espíritu Santo.

De forma especial, en el tiempo de la iglesia no se trata de elaborar un elemento de la fe cristiana que surja desde el pensamiento y la reflexión humana, sino de seleccionar las verdades tomándolas del misterio revelado por apóstoles y profetas. Por consiguiente, la pneumatología sistemática es la enseñanza que a lo largo de los siglos se ha llevado a cabo por quienes Dios ha capacitado con los dones de la gracia para este ministerio, los que han sido capaces de discernir el mensaje de la Biblia y enseñar las verdades del contenido de esta materia teológica.

Sin embargo, no es desde fuera o al margen de la iglesia que se establece la pneumatología, sino que se hace desde ella misma. Quiere decir esto que la formación y expresión de la doctrina ocurre en una larga trayectoria temporal, en la que se elabora desde el estudio, la meditación, la reflexión y la precisión de las verdades bíblicas reveladas sobre la persona y obra del Espíritu Santo. Con todo, la verdad no se ha extinguido en cuanto a desarrollo, puesto que la Palabra de Dios es inagotable porque procede de Él y supera en todo a cualquier conocimiento humano.

El sujeto de la pneumatología es infinito, puesto que es una persona divina, subsistente en el único Dios verdadero. De ese modo, no puede desvincularse de la inmanencia divina y de las relaciones trinitarias en el ser divino, tanto *ad intra* como *ad extra*. Es preciso tener en cuenta que el estudio de una persona divina arrastra consigo a toda la Trinidad, en la que existe eternamente en comunión de vida.

El teólogo que estudia la pneumatología es una persona y como tal capaz de caer en la subjetividad, pero la asistencia del Espíritu lo conduce, en la medida en que dependa de su ayuda, a la verdad, como Jesús anunció a los suyos: "Pero cuando venga el Espíritu de verdad, Él os guiará a toda la verdad" (Jn. 16:13). Sorprendentemente, el mismo Espíritu que se estudia y cuya doctrina se precisa es el mismo sujeto de esa doctrina. En esa forma, el Espíritu se revela a sí mismo. Cada una de las partes de la doctrina tiene que manifestarse y entenderse en la dimensión única de la verdad. Esto es, el objeto de la pneumatología, el Espíritu Santo, se traslada al sujeto a quien se orienta la verdad, produciendo con ello la realidad viviente del fundamento de la fe que es el Espíritu revelado. Es, por consiguiente, en el ámbito de la iglesia como comunidad de creyentes que se aborda la pneumatología, tanto en el aspecto de aprender la fe, como de proclamarla y enseñarla.

Ya que esta doctrina sistematizada es materia de fe, el teólogo tiene que ser un fiel creyente en la inspiración e inerrancia de la Biblia. A este le es dada la dotación del mismo Espíritu para firmeza y fidelidad de las deducciones que establezca sobre el sustento de la Palabra. Necesariamente la actuación del Espíritu en el teólogo y en general en el creyente permite a la mente natural, para la que las cosas de Dios son locura, que llegue a la comprensión precisa y verdadera de la doctrina.

**Etapas**

La expresión de la doctrina no se produjo en un período de tiempo corto, sino que, como todas las distintas partes de la teología sistemática, requirió un desarrollo a lo largo del tiempo, que no ha extinguido avanzar en el estudio de los diversos conceptos que integran la pneumatología.

Estas etapas se irán considerando en el desarrollo de este trabajo, pero, en general puede establecerse el progreso en la trayectoria temporal de esta manera:

1. Iglesia primitiva (desde mediados del s. I hasta comienzos del s. II).
2. Patrística (desde el s. II hasta el s. VIII).
3. Edad Media (comprendida entre los s. IX y XVI).
4. Racionalismo (comprendido entre los s. XVII y XVIII).
5. Actual (desde el s. XIX hasta hoy).

**Metodología**

Toda ciencia requiere la aplicación de un método a efecto de obtener resultados en su investigación. La palabra *método* viene del latín *methodus*, y esta a su vez del griego μέθοδο, que es un sustantivo compuesto por la preposición μετά —equivalente a *después, más allá*— y ὁδό, lo que resulta como *camino a seguir* o, tal vez mejor, *camino seguro para llegar más allá*. La acepción más antigua de la palabra en el griego clásico equivale a *indagación, búsqueda, persecución, investigación*, que es la acepción más consonante con el sentido que debe dársele en la investigación teológica, en su sentido básico de camino a seguir o continuar y con el propósito de realizar algo. En el campo de la filosofía, reviste una notable importancia el *Discurso del método*, que es una de las obras más destacables de la filosofía occidental.[3] La metodología está presente, cada vez más, en la vida cotidiana de nuestra sociedad, mientras que, lamentablemente, está proscrita de las instituciones académicas evangélicas.

También es necesario entender que en todo lo relativo a la teología y sus distintas secciones, no puede reducirse la metodología a un solo camino, ya que es suficiente con una observación desprejuiciada para comprender la diversidad de métodos que se utilizan en el análisis de los temas teológicos.

Así escribe el profesor Tellería, tratando el tema del problema planteado por la teología en relación con los métodos:

---

[3] Publicada en Leyden, Holanda, 1637. Su título completo es: *Discours de la méthode pour bien conduir sa raison et chercher la vérite dans les sciences* (esto es: *Discurso del método para bien dirigir la razón y buscar la verdad de las ciencias*).

Digámoslo de entrada: la teología es también una ciencia, pese a sus detractores que le niegan tal categoría; sin pretender, ni mucho menos, devolverle su prístino status universitario medieval de *Regina secientiarum* o "reina de las ciencias", afirmamos no obstante que se trata de una ciencia que podemos muy bien catalogar dentro de la gran familia de las ciencias humanas, lo que no evitará que haya quien proteste por ello, dado su peculiarísimo objeto de estudio. Y como tal, ha de desarrollar su propio método de trabajo. En realidad, el gran problema de la teología es su enorme variedad de métodos. Pocas disciplinas humanas habrá en las que la subjetividad alcance un papel tan relevante. Podemos decir, y sin temor a equivocarnos, que hay tantos métodos teológicos como teólogos, y que estos, además de ser seres humanos con su propia identidad y con su peculiar percepción de la realidad y de los asuntos que tratan, vienen condicionados por su entorno cultural, familiar, filosófico y sobre todo denominacional, todo lo cual incide en el enfoque de sus trabajos, el valor que concedan a sus fuentes, su concepto de la autoridad eclesiástica, etc. Digámoslo claro: no hay un método único en teología; no existe solo un instrumento de trabajo en exclusiva que le ayude a esta especialidad a obtener lo que se propone, ni lo podrá haber jamás. Si eso sucediera, podríamos afirmar entonces la muerte de la teología como ciencia y como disciplina del pensamiento.[4]

## *Método a seguir*

Se ha dicho antes que puede haber una diversidad de métodos para formular la pneumatología bíblica. Por tanto, se hace necesario establecer la vía que se utilizará para alcanzar este objetivo.

El camino a seguir consistirá en cuatro pasos: 1) *Selección*, que escogerá los datos bíblicos relativos al Espíritu Santo. 2) *Clasificación*, agrupando los distintos elementos seleccionados por materias homogéneas. 3) *Análisis*, basado en el estudio individual de cada uno de los elementos seleccionados y clasificados para obtener una panorámica lo más amplia y agrupada posible de la doctrina. 4) *Conclusión*, que se alcance en el estudio analítico de los datos reunidos.

---

[4] Tellería Larrañaga, 2011, p. 6 ss.

## Selección

Se alcanzará en una minuciosa lectura bíblica. La fuente de donde se seleccionan los datos para la pneumatología no puede ser otra que la Escritura, único medio producido por revelación e inspiración que garantiza la verdad de los datos que se seleccionen. Esta es la base de sustentación de la doctrina y el camino a seguir; la pneumatología tiene que asentarse sobre la única autoridad en materia de fe, que es la Biblia. Por consiguiente, la metodología a seguir tiene que supeditarse a ella. Ha de tenerse en cuenta que la Biblia es el libro de la fe. Sin embargo, ni el libro ni la misma fe son contrarios al razonamiento humano, ya que es "la prueba convincente de lo que no se ve" (He. 11:1; RVR). No es un libro de ciencia, pero cuantas expresiones hace relacionadas con el saber científico no entran en contradicción. Todo cuanto está en el escrito bíblico y lo constituye no es el resultado del esfuerzo mental del hombre, ni de su propio saber y conocimiento, ni de la investigación mental o reflexiva del hombre, sino la revelación divina comunicada a los escritores que Dios mismo seleccionó para escribir la Biblia; como dice el apóstol Pedro: "Entendiendo primero esto, que ninguna profecía de la Escritura es de interpretación privada, porque nunca la profecía fue traída por voluntad humana, sino que los santos hombres de Dios hablaron siendo inspirados por el Espíritu Santo" (2 P. 1:20, 21). Esta verdad es fundamental en la definición de lo que es la Escritura, la revelación personal de Dios por medio de su Palabra, de manera que cuanto Él quiere que se conozca, tanto divino como antropológico o histórico, queda registrado en ella, poniendo ante la criatura lo que Dios quiere revelar acerca de Él, de su obra y de su programa escatológico independientemente de la capacidad cognoscitiva del hombre.

Es evidente que lo que de Dios se conoce es revelado por Él. Esta revelación es múltiple en cuanto a temas, comprendiendo lo devocional, histórico, profético, ético, etc. Sin embargo, hay asuntos secretos no revelados, que están en el arcano de Dios y que no serán conocidos porque no están en ella. La revelación es progresiva, como expresa —en traducción literal— el apóstol Pedro: "Toda profecía de Escritura en particular interpretación no llega a ser". Si Dios se revela en su Palabra, necesariamente ha de hacerlo bajo su control, lo que entra de lleno dentro del ámbito de la inspiración.

Este es el camino para la selección de datos que permitirá presentar la pneumatología, considerándola desde la revelación bíblica, y seleccionando en la recogida de datos lo que la Escritura revela acerca de Dios Espíritu Santo.

## *Clasificación*

El segundo paso en el método que se utiliza es la clasificación de los datos seleccionados. Esta se realizará como teología del descenso, que parte de la vinculación de las tres personas divinas en el seno trinitario, progresando hacia las obras que la tercera persona, el Espíritu Santo, pone de manifiesto en el entorno de la historia del universo, que comprende también la realización de la obra de salvación, la regeneración de los perdidos que creen, la santificación de ellos, la constitución y formación de la iglesia, la glorificación, etc.

En estos eventos están comprendidas también las operaciones divinas en el decurso de la historia, como puede ser la acción controladora que ajusta esta al propósito divino. Dicho de otro modo, la clasificación de los datos bíblicos sigue el sentido en que Dios Espíritu Santo desciende al encuentro del hombre para llevar a este al encuentro con Dios.

## *Análisis*

El tercer paso en el método elegido tiene como misión analizar los datos recogidos y clasificados con el fin de llegar a conclusiones que permitan expresar la pneumatología en los distintos módulos de la doctrina. Este análisis no se establece por deducciones humanas basadas en operaciones de poder que el Espíritu Santo realiza y que son apreciables y observables por el hombre, sino que descansa en la revelación que Dios mismo hace de Él en la Escritura.

Para un análisis firme de la pneumatología se requiere la firmeza de sostener que no hay contradicciones en toda la Escritura. No se trata de seleccionar una parte de la misma para elaborar el análisis desligándola del resto. No es entender lo que un determinado autor enseña sobre el tema en cuestión, sino que ha de establecerse una identificación plena que trate cualquier aparente contradicción como una expresión determinada sobre un aspecto de la doctrina, de manera que sin grandes esfuerzos se consiga armonizar los datos seleccionados en toda la extensión. El análisis debe efectuarse desde la coherencia y no desde la diversidad, puesto que el mensaje y la interpretación de la Biblia es uno solo. En la aparente discrepancia no se ha de buscar la identificación forzando para ello la interpretación para hacerla consonante con el resto, a cualquier costo, pero sin duda es bueno en el análisis buscar más la armonía que la discordia. Es precisamente lo que la Reforma pretendía en el análisis de la doctrina, la *analogía de la fe*.[5]

En el análisis han de concurrir elementos complementarios que ayudarán a una correcta interpretación de los datos bíblicos seleccionados. Entre otros están las perspectivas sociológicas y antropológicas del tiempo del escrito, ya que primariamente el autor, al impulso del Espíritu, escribió verdades que debían ser comprendidas por los lectores primarios, a quienes iba dirigido el escrito. Esto requiere que no se pretenda una interpretación sociológica que corresponda solo al tiempo en que se hace el análisis.

Requiere también distinguir claramente, como extensión de lo que se ha dicho en el párrafo anterior, entre el mensaje dado para una determinada circunstancia sociológica y la afirmación inamovible en el tiempo que corresponde a la verdad doctrinal contenida en el párrafo.

Sobre esto escribe Millard Erickson:

> Necesitamos distinguir entre el contenido permanente, invariable de la doctrina y el vehículo cultural en el que se expresa. No es un asunto de "deshacerse del bagaje cultural" como dicen algunos. Se trata más bien de separar el mensaje a los corintios como cristianos que vivían en Corinto en el siglo primero del mensaje que se les dio como cristianos. Este último sería la verdad perdurable de las enseñanzas de Pablo, que con una forma de expresión adecuada se puede aplicar a todos los cristianos de todos los tiempos y lugares, en contraste con lo que era pertinente en aquella situación en concreto. Esta es la teología "pura" de Gabler.
>
> En la Biblia, las verdades permanentes a menudo se expresan en forma de una aplicación particular a una situación específica. Un ejemplo de esto es el tema de los sacrificios. En el Antiguo Testamento, se consideraban los sacrificios como medios de expiación. Tendremos que preguntarnos si el sistema de los sacrificios (holocausto: corderos, palomas, etc.) es esencia de doctrina o si simplemente es una expresión, en un momento dado de la verdad perdurable de que debe haber un sacrificio vicario por los pecados de la humanidad.[6]

---

[5] *Analogia fidei.*
[6] Erickson, 2008, p. 74.

Otras ciencias humanas deben ser tenidas en cuenta a la hora de analizar los datos seleccionados para expresar la pneumatología. Meramente a modo de ejemplo, las obras del Espíritu en un determinado momento deben ser consideradas a la luz de la historia. La tercera persona divina tuvo actuaciones concretas en momentos históricos, como fue el tiempo antediluviano, el de capacitación de algunos para la construcción del tabernáculo en el desierto, las obras portentosas de los jueces, etc. Tales eventos tienen que ser examinados a la luz de la historia del momento en que se produjeron. Esto no supone, como se ha dicho antes, que no exista una enseñanza doctrinal general en cada una de ellas, que permanece en el tiempo.

La filología es otro elemento importante en el análisis de los datos bíblicos, ya que el idioma no siempre se ha mantenido en el tiempo del mismo modo. Los datos filológicos ayudarán para asegurarse de que los elementos estudiados y evaluados estén en armonía con la investigación y análisis de los mismos.

La filosofía debe servir de ayuda a los análisis de los datos recogidos, de modo que pueda expresarse con la mayor precisión e incluso suplemente lo que, sin estar directamente escrito, sea preciso para aclaración y precisión de la verdad. Por supuesto, cualquier ciencia humana servirá en su caso y necesidad como elemento complementario en el análisis, pero en ningún modo podrá condicionarlo. De otro modo, las ciencias están al servicio de la teología, que no está subordinada a ellas.

No cabe duda de que en la selección de los datos están presentes las acciones que evidencian la realidad de la deidad del Espíritu. Pero el análisis, que abre la puerta a la pneumatología sistematizada, no se establece desde la mera reflexión del hombre, sino desde la revelación de Dios. Por tanto, la pneumatología y lo que tiene que ver con la fe sobre el Espíritu, su persona y obra, no se establece por deducción o incluso por inducción basada en las obras de poder que el Espíritu realizó desde el principio de la creación, sino en la revelación divina que permite responder a la pregunta: ¿Quién es el Espíritu Santo? Solo así se puede afirmar su condición de persona divina y no una manifestación de la omnipotencia de Dios.

*Conclusión*

La selección, clasificación y análisis de los datos bíblicos permitirán alcanzar la conclusión final de la pneumatología, que es la respuesta a una pregunta: ¿Qué quiere decir la Escritura con los datos seleccionados? O, de otro modo, ¿qué significa esto?

Aunque aparentemente la conclusión tendría que ser la misma en modo atemporal, la doctrina tiene que ser expresada contemporáneamente, es decir, para el tiempo en que se comunica. Es más, el entorno social condiciona la expresión de la verdad, haciéndola reconocible conforme a ese entorno. En esto está claramente presente el entorno cultural del medio humano al que se presenta la verdad, ya que, en el caso concreto de la pneumatología que nos ocupa, da las respuestas a las cuestiones que en entorno social y cultural plantea. No se trata de tener un postulado y establecer luego la pregunta que pudiera utilizarlo, sino que el modo en que se formulen las preguntas establece la orientación resultante del principio teológico concreto. El contenido de la respuesta es inamovible, pero la situación hace que la formulación de la pregunta sea distinta en el entorno sociocultural en que se enuncie.

El contexto teológico-religioso puede convertir la verdad en elemento de rechazo, de modo que las verdades serán cuestionadas por su propia naturaleza al entrar en confrontación con la tradición teológica en conflicto. Así ocurre con ciertos aspectos de la pneumatología que se relacionan con acciones motivadas por la obra del Espíritu, y que obedecen a enseñanzas establecidas en tradiciones no bíblicas, por ejemplo, la operatividad de los dones del Espíritu.

Debe establecerse también el motivo central, el eje sobre el que pivote el todo de la pneumatología. El teólogo debe buscar ese elemento centralizador que, como se ha indicado antes, no puede entrar en conflicto con la Escritura en general. Por consiguiente, el núcleo del desarrollo de esta parte de la teología sistemática ha de ser la persona y obra del Espíritu Santo en conformidad con lo revelado en la Escritura. Esto lleva aparejada la selección de materiales, que se ha tratado en el primer punto de este apartado. Sin embargo, debe superar la forma de las citas bíblicas que la sustenten para entrar en panorámicas más amplias de la doctrina. De esta manera, podremos tener un enfoque de la gloriosa perspectiva de Dios Espíritu Santo como un todo panorámico que está presente en toda la Escritura.

**Relación de la pneumatología**

Siendo esta una materia dentro de la teología sistemática, necesariamente existe una relación con las otras doctrinas fundamentales de la fe cristiana, como se aprecia:

a) *Relación con la teología propia.* La vinculación de la tercera persona divina en el seno trinitario es elemento de vital importancia en el desarrollo de la pneumatología. La unidad y relación interpersonal está presente en la inmanencia divina; es necesario hacer mención de esto, pero sin extenderse a aspectos que deben ser tratados en el apartado correspondiente a la Trinidad.

b) *Relación con la antropología.* El Espíritu Santo actúa en la creación del hombre y efectúa operaciones directas con la criatura creada, de forma especial en cuanto a la recuperación de la condición del hombre, deteriorada a causa del pecado, alejado de Dios.

c) *Relación con la soteriología.* En lo que tiene que ver con la ejecución de la salvación y su aplicación a los perdidos, el Espíritu tiene una acción incuestionablemente necesaria. Es quien puede generar la convicción de pecado, justicia y juicio en la comprensión espiritual del pecador (Jn. 16:8). Es también quien capacita al hombre caído para salvación (1 P. 1:2). El Espíritu establece la certeza de salvación sellando al creyente como propiedad de Dios y dándose a sí mismo como arras de la herencia hasta la redención de la posesión adquirida (Ef. 1:14).

d) *Relación con la eclesiología.* La iglesia comienza con el descenso del Espíritu Santo (Hch. 2). Es el Espíritu el que conduce la acción de la iglesia; el que capacita a los creyentes para el ministerio; el que llama a la obra misionera (Hch. 13); el que asiste en la toma de decisiones sobre conducta y vida cristiana (Hch. 15); el que conduce la evangelización en determinados lugares, impidiéndola en otros (Hch. 16); es también el que da dones a la iglesia (Ro. 12; 1 Co. 12); es el que santifica y conduce al creyente en la vida victoriosa (1 Ts. 2:13). No se puede estudiar pneumatología sin vincularla, aunque sea tangencialmente, con la eclesiología.

e) *Relación con la escatología.* Es la persona divina que actuará en la resurrección y transformación de los creyentes. De igual manera, actúa también en la labor de contención del programa satánico que pretende colocar un hombre en el trono de Dios (2 Ts. 2:7).

f) *Relación con la bibliología.* El autor divino de la Escritura es el Espíritu Santo (2 P. 1:21; 2 Ti. 3:16). La confección humana del escrito obedece a la acción inspiradora e iluminadora de la tercera persona divina.

g) *Relación con la cristología.* No puede desligarse el Verbo que se encarna del Espíritu que concibe su naturaleza humana. El Espíritu está permanentemente vinculado con Cristo, que tiene el Espíritu sin medida (Jn. 3:34). Las señales mesiánicas, especialmente la expulsión de demonios, fueron hechas por Jesús en el poder del Espíritu (Mt. 12:28; Lc. 11:20). Es el Espíritu quien condujo acciones determinadas de Jesús, como impulsarlo al desierto para ser tentado por el diablo (Mt. 4:1).

Es evidente que no se pueden desvincular las doctrinas de la teología sistemática. La Escritura está plenamente cohesionada y forma un todo unido entre sí; de ahí la dificultad de tratar separadamente cada una.

## Conclusión

Cerrando el capítulo introductorio de la pneumatología, debe precisarse en el método a seguir la razón de una posición que antes llamamos *del descenso*, que servirá de parámetro a toda esta parte de la teología sistemática. Es evidente que la discusión sobre el lugar de partida de la investigación —bien sea desde Dios, para que partiendo de ahí se descienda al hombre y sus situaciones, o desde el hombre con sus propias dificultades y vivencias para ascender hasta Dios— permanece también en el estudio del Espíritu Santo. Sin embargo, cuando se inicia la aproximación a la pneumatología se aprecia inmediatamente que Dios es soberano, que actúa permanentemente hacia nosotros y también en nosotros, manifestando en cada momento su omnipotencia, soberanía y perfecciones. Es por tanto que entendemos que la pneumatología, si es realmente bíblica, tiene que ser desde la posición del descenso.

Tratar cualquier aspecto de la teología partiendo desde arriba exige necesariamente el uso de figuras de dicción, que nos permitan entender el tránsito desde la gloria de Dios a la limitación del hombre. Es interesante el párrafo que escribió al respecto el Dr. Schweizer:

> Naturalmente que nosotros, siempre que hablamos de nuestras experiencias, hablamos en imágenes. Todo el vivir humano, incluso el no religioso, se expresa en lenguaje figurado o de imágenes. Y sin duda hay en toda vida realidades observables. Por ejemplo, un enamoramiento puede manifestarse en una subida de la presión de la sangre, que se puede medir con exactitud, o en un temblor de manos, cuya amplitud se podría expresar en centímetros. Pero por medio de esos datos bien controlados no se habría dicho nada de lo que en fin de cuentas es ahí importante. De eso se puede hablar solo en imágenes de tal manera que surja en el oyente un movimiento semejante o

> se acuerde de movimientos o emociones similares, tal como él las ha experimentado. Así más o menos hablamos nosotros de Dios cuando decimos que irrumpe en nuestra vida "desde arriba" o incluso "directamente desde arriba" o también "desde el cielo". Al hablar así, sabemos nosotros naturalmente que no existe ningún cielo, que se halle geográficamente "arriba" sobre la tierra. Pero con eso pretendemos decir que nosotros, en nuestra vida, terrena, hemos experimentado algo parecido a esto. O al menos tratamos de rogarle que se imagine que un hombre puede experimentar algo que en realidad no es idéntico a su propio yo, pero que habla a ese yo, lo mueve, lo llama, le da fuerzas, lo consuela... Si nosotros decimos Dios, decimos evidentemente algo más que eso. Decimos que ese algo es un tú, que Él nos habla y que le debemos o podemos responder con nuestra alegría, con nuestro agradecimiento, con nuestra oración y con nuestra obediencia.[7]

El hecho de que la expresión de operaciones relacionadas con el hombre deba expresarse de este modo para evitar un subjetivismo que deteriore la expresión precisa de las conclusiones sobre la pneumatología no debe usarse para evitar posibles confrontaciones entre distintos puntos de vista en el análisis doctrinal. La doctrina del Espíritu Santo ha sufrido, y está sufriendo, continuos ataques de aquellos que, situados en uno u otro campo en razón de las posiciones de su escuela teológica, utilizan esta doctrina como base de sus especulaciones, muchas veces fantasiosas, para producir agrias disputas entre sí, que generan verdaderas divisiones entre quienes se llaman a sí mismos creyentes y hermanos en Cristo. Tal situación es el testimonio más negativo de la falta de comprensión real de la pneumatología. Los puntos de vista de las diferentes escuelas teológicas han condicionado el pensamiento de muchos creyentes que caen en la carnalidad de no admitir otra forma de pensar que no concuerde plenamente con la suya. En vista de ello, algunos han optado por no exponer esta doctrina o, en caso de hacerlo, tocarla superficialmente, considerando solo los aspectos más generales de la misma. Esto ha traído una notable pérdida de bendición en la vida de los creyentes.

Por esa razón, antes de seguir adelante considerando los diversos aspectos de la doctrina sobre el Espíritu Santo, el propósito que mueve esta tesis es el de la investigación bíblica sobre la

---

[7] Schweizer, 1998, p. 19.

pneumatología según una interpretación literal, ajustando las conclusiones al conjunto de la revelación sobre cada uno de los puntos que se considerarán. Esto no supone asumir la exclusividad de la verdad, considerando con mucho respeto y amor cristiano a otras posiciones discordantes.

# CAPÍTULO II
## DEIDAD

El método de la teología del descenso exige iniciar el estudio de la pneumatología partiendo de la deidad. Aceptar la existencia de Dios —tratada en el apartado sobre teología propia y Trinidad— es, en cierta medida, plegarse a la evidencia de su existencia, conociendo sus atributos o perfecciones. Sin embargo, una compleja sección de la teología es la que estudia el modo de la existencia divina. Es preciso determinar si Dios es, en ese sentido, una absoluta unidad como ser y persona, o subsiste eternamente en una pluralidad de personas.

Llegados a ese punto, debe determinarse —siempre desde la revelación bíblica— qué clase de personas son estas y cuál es su número. La fe cristiana reconoce la presencia de tres personas divinas, lo que se conoce con el término de Trinidad, que es el modo de existencia eterna de la deidad. Sin embargo, ha de admitirse también que tal término no se encuentra en la Escritura y, todavía más, que la doctrina relativa a ella no se enseña directamente desde el texto sagrado. Con todo, es evidente que las distinciones en la deidad se observan continuamente en la enseñanza de la Biblia, especialmente en el Nuevo Testamento. El Padre, el Hijo y el Espíritu Santo son personas distintas entre sí, en el seno de la deidad, con operaciones específicas que corresponden a cada una de ellas. Todos los atributos divinos, así como los elementos distintivos de toda personalidad, son atribuidos igualmente al Padre, al Hijo y al Espíritu Santo, lo que impide poner en duda el modo trino de existencia en el ser divino. La Trinidad está formada por tres personas unidas, subsistentes en el ser divino, con existencia individual, pero no separada.

Es notable que el Espíritu Santo no se describe de forma sistematizada en la Palabra, por lo que la doctrina sobre la tercera persona divina se ha visto rodeada de mucha controversia, especialmente en lo que tiene que ver con su deidad. Sin embargo, un estudio intensivo y desprejuiciado pone de manifiesto que no solo es Dios, el único Dios verdadero, sino que es una persona divina.

En el primer capítulo se ha hecho notar ya la importancia del estudio de la pneumatología, de forma especial en relación con la experiencia cristiana, ya que el Espíritu Santo se hace íntimo y personal para el cristiano. Es cierto que las tres personas divinas están presentes y residentes en el nuevo templo de Dios que es cada creyente (y conjuntamente en la iglesia); sin embargo, la acción del Espíritu y nuestra relación con Él lo hace más íntimo y personal. Tal vez, en una apreciación un tanto subjetiva, parece que la obra de la tercera persona divina se hace más notoria que la de las otras dos. Incluso a lo largo de toda la historia se ha producido una atención especial hacia cada persona divina según el tiempo. De este modo ocurre con el Padre en los tiempos anteriores al Nuevo Testamento, donde la teología conduce a los hombres a centrar la atención en Él. Del mismo modo ocurre en el primer y segundo siglo de la iglesia, donde la atención principal se centra en el Hijo. Es a partir de entonces cuando el Espíritu Santo centra la atención de la teología, que permite definir su naturaleza y conocer su deidad y personalidad.

Al entrar al estudio de la deidad del Espíritu Santo no puede obviarse la realidad de que este estudio es, por lo menos aparentemente, más difícil de precisar que el de las otras dos personas divinas. Una de las razones es que la revelación sobre el Espíritu es menor que la que corresponde al Padre y al Hijo. ¿Por qué ocurre esto? Acaso sea porque el ministerio del Espíritu es glorificar al Hijo (Jn. 16:14). Aspectos puntuales sobre la doctrina del Espíritu no se encuentran organizados en la Palabra, a excepción de las enseñanzas que sobre Él hizo Jesús en el último tiempo con los discípulos, recogidas en el Evangelio según Juan 14–16.

Conviene recordar que la Escritura utiliza una larga serie de tipos y símbolos para referirse al Espíritu Santo. Estos serán considerados en el correspondiente capítulo, pero constituyen una dificultad añadida al tener que interpretarlos, especialmente los que se relacionan con la deidad de la tercera persona.

La existencia eterna del único Dios verdadero se manifiesta trinitariamente. Las distinciones personales en el seno de la deidad son claramente expresadas. El Padre ni procede ni es enviado por ninguna otra persona, es comunicado, como fuente absoluta de toda procesión. El Espíritu, enviado del Padre y del Hijo, es la persona divina que orienta todo hacia el Padre, fuente suprema de todo. Sin duda esta es una expresión *ad extra*, que se ejerce y se posee bajo la unidad y la identidad del Padre, del Hijo y del Espíritu Santo, necesariamente en base a la inmanencia trinitaria.

El Espíritu Santo está manifestando al Hijo en el plano de la humanidad y glorificándolo; en cierta medida actúa en un ministerio de servicio vicario, ejecutando la voluntad del Padre y del Hijo en el programa trazado eternamente para esta dispensación, que es también la voluntad suya. En cierto modo se repite el ministerio terrenal del Hijo, en cuyo tiempo estuvo en relación subordinada al Padre, teniendo siempre presente que el aspecto de subordinación no supone en relación con el Espíritu ningún tipo de inferioridad, como tampoco lo supuso en relación con el Hijo. Una posición de inferioridad es la expresión propia del arrianismo.

En su momento se considerará el desarrollo de la pneumatología a lo largo de la historia de la iglesia, limitándonos en este capítulo a presentar las evidencias de la deidad de la tercera persona divina.

**Revelación trinitaria en el Nuevo Testamento**

Este tema se ha considerado en el estudio de la Trinidad, en el tomo III de esta teología sistemática. Se remite al lector a dicho volumen para una extensión mayor de las consideraciones que siguen. Se hace a continuación una simple referencia textual necesaria para asentar la relación y presencia trinitaria.

El triple nombre de la deidad está presente en pasajes del Nuevo Testamento; así se lee al final del Evangelio según Mateo: "Por tanto, id, y haced discípulos en todas las naciones, bautizándolos en el nombre del Padre, y del Hijo, y del Espíritu Santo" (Mt. 28:19; RVR). En el texto, la palabra *nombre* aparece en singular, aunque es el del Padre, del Hijo y del Espíritu Santo juntos. Con la autoridad divina se proclama en el bautismo de agua, por el testimonio de fe del que se bautiza, que habiendo creído es hijo de Dios (Jn. 1:12) y, por tanto, ciudadano del cielo (Fil. 3:20); nadie más que Dios puede conceder esta bendición y nadie más que el salvo puede testificar de ella en el bautismo. En la invocación del nombre de las tres personas divinas, la ordenanza alcanza el testimonio de la santificación del creyente, es decir, el que se bautiza proclama que por su relación con Dios ha sido separado por Él para salvación, santificación y esperanza de gloria. A causa de la relación con las tres personas divinas, el que se bautiza testifica haber sido introducido en la familia de Dios y vive en la vida nueva que es eterna por la participación en la divina naturaleza (2 P. 1:4), de manera que la fe cristiana adquiere en el testimonio del bautismo la expresión trinitaria, al confesar que hay una relación de hijo a Padre con la primera persona, a quien confiesa como Padre; que hay una relación con la segunda persona, a la que reconoce como Hijo y, por tanto como Señor, confesándolo también como único y suficiente Salvador personal (1 Ti. 2:3); y finalmente, reconociendo que se entrega plenamente a la conducción, dependencia y control del

Espíritu Santo como santificador, maestro, guía y consolador (Jn. 3:5; 14:16, 26; 15:26; 16:7, 13-15).

La comunidad del Padre y del Hijo y del Espíritu Santo se pone de manifiesto en el hecho de ser tres personas distintas en un solo nombre. Cada una de estas personas es el único Dios verdadero. La deidad del Padre está suficientemente acreditada; del mismo modo ocurre con la del Hijo, atestiguada en diversos pasajes (cf. Jn. 1:1, 18; 20:28; Ro. 9:5; Fil. 2:6; Tit. 2:13; He. 1:8; 1 Jn. 5:20). La del Espíritu Santo será considerada en lo que sigue.

Es evidente que las dos líneas de enseñanza sobre el nombre de Dios en el Nuevo Testamento están presentes. Por un lado, la unidad de la deidad (1 Co. 8:4; Stg. 2:19). El Padre y el Hijo no son una misma persona, pero son una misma esencia o substancia y naturaleza individual (Jn. 10:30). Por otro lado, se aprecia la distinción entre las personas divinas (Mt. 3:16, 17; 28:19; 2 Co. 13:14) que, siendo un solo Dios, se muestran en actividades distintas y personales (He. 10:7-17): el Padre quiere (v. 8), el Hijo opera (v. 12), el Espíritu Santo testifica (v. 15).

Como persona divina, el Espíritu Santo no es creado, sino que procede eternamente del Padre y del Hijo, es decir, es enviado por ellos. De ahí que se lo llama Espíritu de Dios y también Espíritu de Cristo. Esto no solo está en el Nuevo, sino también en el Antiguo Testamento.

**La deidad del Espíritu Santo**

*Nombres divinos*

Los nombres genéricos que se pueden aplicar a Dios son cuestionados para designar a una persona porque ninguno de ellos sería individual o personal. Esto ocurre con el nombre *Dios*, y también con el de *Espíritu Santo*. Ambos son comunes a las tres personas divinas. Si el primero es propio y exclusivo de Dios, el segundo, *Espíritu Santo*, está vinculado en ocasiones con la primera persona; a modo de ejemplo, el profeta escribió: "El Espíritu del Señor Jehová está sobre mí" (Is. 61:1). En otras ocasiones, es el mismo Hijo el que se refiere al Espíritu de la misma manera: "Si yo echo fuera los demonios en virtud del Espíritu de Dios…" (Mt. 12:28; RVR). Con esta introducción, pasamos a considerar los nombres que se dan al Espíritu Santo.

*Dios*

Al Espíritu Santo se le asignan nombres que solo corresponden a Dios, entre ellos este mismo nombre. Moisés escribe sobre el pueblo de Israel, en relación con una manifestación de rebeldía, estas palabras: "Y llamó el nombre de aquel lugar Masah y Meriba, por la rencilla de los hijos de Israel, y porque tentaron a Jehová, diciendo: ¿Está, pues, Jehová entre nosotros, o no?" (Ex. 17:7; RVR). Directamente, el texto no alude al Espíritu Santo, pero algunas comparaciones lo aplican en ese sentido: "Mas ellos fueron rebeldes, y contristaron a su Santo Espíritu; por lo cual se les volvió enemigo, y él mismo peleó contra ellos" (Is. 63:9; RVR).

Con ocasión de la falsedad realizada por el matrimonio de Ananías y Safira —que procuró engañar a los apóstoles con el importe de la venta de una propiedad suya al afirmar que el importe que traían era la totalidad del precio de la venta, cuando era solo una parte del mismo—, el apóstol Pedro dijo: "Ananías, ¿por qué llenó Satanás tu corazón para que mintieses al Espíritu Santo, y te quedases con parte del precio de la heredad? Reteniéndola, ¿no se te quedaba a ti?; y vendida, ¿no estaba en tu poder? ¿Por qué pusiste esto en tu corazón? No has mentido a los hombres, sino a Dios" (Hch. 5:3, 4; RVR). Pedro, que antes había dicho que había mentido al Espíritu Santo (v. 3), hace luego una afirmación precisa: "No has mentido a los hombres, sino a Dios".

Del mismo modo, el apóstol Pablo usa *Dios* para referirse a la tercera persona: "¿No sabéis que sois santuario de Dios, y que el Espíritu de Dios mora en vosotros?" (1 Co. 3:16; RVR). Es evidente que, si se habla del santuario de Dios, el Espíritu Santo no puede ser considerado como una expresión de Dios, sino que tiene necesariamente que ser Dios.

En otro lugar, escribe: "Toda Escritura es inspirada por Dios..." (2 Ti. 3:16). A su vez, el término *Dios* es aplicado por el apóstol Pedro al Espíritu Santo, cuando afirma: "Porque nunca la profecía fue traída por voluntad humana, sino que los santos hombres de Dios hablaron siendo inspirados por el Espíritu Santo" (2 P. 1:21). La inspiración es aplicada a Dios por el apóstol Pablo y al Espíritu por el apóstol Pedro; quiere decir esto, por tanto, que el Espíritu Santo que inspira la Escritura es llamado Dios y le corresponde ese nombre.

## *Señor*

El título traduce el nombre *Yahveh*, conocido como Tetragrámaton, el nombre sagrado de Dios para Israel. En ese sentido, tienen gran importancia los textos del apóstol Pablo, que dicen: "Ahora bien, el Señor es el Espíritu; y donde está el Espíritu del Señor, allí hay libertad. Así, todos nosotros, que con el rostro descubierto reflejamos como en un espejo la gloria del Señor, somos transformados a su semejanza con más y más gloria por la acción del Señor, que es el Espíritu" (2 Co. 3:17, 18; NVI).

También agrega: "Vamos siendo transformados de gloria en gloria a la misma imagen como por la acción del Señor, del Espíritu" (2 Co. 3:18). La última frase del texto es precisa. El apóstol utiliza dos nombres, ambos en genitivo, que son el nombre de la persona divina que hace la obra, a la que denomina *Señor Espíritu*. No es el *Espíritu del Señor*, sino el Señor que es Espíritu.

*Espíritu Santo*

Aparentemente no se trata de un nombre formal, como ocurre con las otras dos personas divinas, a quienes se llama Padre e Hijo, y aún más personalizado, cuando se lo llama Señor Jesucristo. Es evidente que el nombre que se considera es más bien descriptivo. En caso de la deidad de la tercera persona, le corresponde, como a las otras dos, un término de deidad en el que el Espíritu infinito y eterno está presente y la santidad infinita es la única forma que corresponde a Dios. Sin embargo, cuando se encuentra este título se aprecia la vinculación a una determinada persona que se distingue de las otras, tanto en el Antiguo como en el Nuevo Testamento. En este, las referencias en que se usa el título *Espíritu Santo* son numerosas, de manera que el nombre *Espíritu* se encuentra en 262 pasajes.

Por otro lado, los nombres de las personas divinas indican relación, pero el de *Espíritu Santo* se usa para referirse a una persona divina, aunque es también el propio del ser divino y de cada una de las tres personas que, siendo Dios, son espíritu y son santas. El término *Espíritu* es expresión de la inmaterialidad de Dios, y corresponde por esa razón a las tres personas. De igual manera, el término *Santo* define la pureza infinita de cada persona de la deidad. Si es demostrable, a la luz de la Escritura, la existencia de la tercera persona, a esta corresponde y conviene el nombre de Espíritu Santo.

A estas observaciones responde Tomás de Aquino:

> Hay que decir: en Dios, dos son las procesiones. Una de ellas, la procesión por amor, no tiene nombre, como ya se dijo (q. 27, a. 4, ad 3). Por eso, y como también dijimos (q. 28, a. 4), las relaciones derivadas de esa procesión no tienen nombre. Por lo cual y por lo mismo, la persona que resulta de esa procesión

tampoco tiene nombre propio. Pero, así como por el uso del lenguaje encontramos algunos nombres que aplicamos para indicar tales relaciones, como procesión y espiración, los cuales, por su concreto significado, parecen los más apropiados para indicar tanto los actos nocionales como las procesiones, así también, para indicar la persona divina resultante de la procesión por amor, por el uso que hace la Escritura, se ha encontrado, como nombre más apropiado, el de Espíritu Santo.[8]

Tendríamos que recorrer cada uno de los textos en que aparece el nombre, pero es tarea impropia de un trabajo como este. Por consiguiente, haremos una selección suficiente para examinar su uso.

La primera referencia en el Nuevo Testamento aparece en el Evangelio según Mateo, en el pasaje con que se inicia el relato sobre la vida de Cristo, donde se lee: "El nacimiento de Jesucristo fue así: Estando su madre María desposada con José, antes de que viviesen juntos se halló que estaba encinta por obra del Espíritu Santo" (Mt. 1:18; RVR). Es evidente que el término *Espíritu Santo* corresponde aquí al nombre de una persona divina.

Otra referencia donde se usa el nombre Espíritu Santo está en este mismo Evangelio: "A cualquiera que diga una palabra contra el Hijo del Hombre, le será perdonado; pero al que la diga contra el Espíritu Santo, no le será perdonado ni en esta época ni en la venidera" (Mt. 12:32; RVR). El nombre no es genérico, sino que se hace distintivo en relación con el otro nombre, el de Hijo del Hombre, que designa a Jesús.

Del mismo modo es evidente la expresión Espíritu Santo como nombre de la tercera persona divina en el siguiente versículo, relacionado con el bautismo de Jesús. Es también evidente su carácter de pasaje trinitario, ya que las tres personas divinas se hacen presentes: el Hijo, siendo bautizado; el Padre, dando testimonio desde el cielo; y el Espíritu Santo, haciéndose presente en forma corporal visible. Dice así: "Y descendió sobre Él el Espíritu Santo en forma corporal, como una paloma" (Lc. 3:22; RVR). El mismo Lucas escribe también: "Porque el Espíritu Santo os enseñará en esa misma hora lo que se debe decir" (Lc. 12:12; RVR).

La promesa del Salmo se llevará a cabo en la experiencia de quienes, por causa de Cristo, son llevados a juicio: "Encomienda a Jehová tu

---

[8] Tomás de Aquino, 2001, p. 362.

camino, y confía en Él; y Él hará. Exhibirá tu justicia como la luz, y tu derecho como el mediodía" (Sal. 37:5, 6). En ocasiones, el camino del justo es abrumador por las contradicciones. Muchos se levantarán para acusarlo injustamente. La carga se hace tan difícil de llevar que se convierte en inquietud angustiosa. La solución de Dios es sencilla y produce descanso: el oprimido pone su carga sobre el Señor y espera la acción divina en su causa. Lo importante, a efectos de nuestro estudio, es que en la cita se reconoce que la acción es hecha por una persona, a la que se llama *Espíritu Santo*, a la que antecede el artículo determinado *el*, lo que solo puede ser aplicado a una persona y exclusivamente a ella.

Nuevamente Lucas escribe: "Mientras estaban estos celebrando el culto del Señor, y ayunando, dijo el Espíritu Santo: Apartadme a Bernabé y a Saulo para la obra a que los he llamado" (Hch 13:2; RVR). La singularidad de este texto es evidente para calificar el título Espíritu Santo como nombre personal de la tercera persona de la Trinidad. Quien llama a Pablo y a Bernabé no fue Dios expresándose por su condición de Espíritu, sino la persona divina, a quien se le da el nombre de *Espíritu Santo*. No es una fuerza divina sino una persona que actúa y como Dios manifiesta su soberanía.

En su despedida a los corintios, el apóstol Pablo escribe: "La gracia del Señor Jesucristo, el amor de Dios, y la comunión del Espíritu Santo sean con todos vosotros" (2 Co. 13:14). La epístola se cierra con una bendición de corte trinitario, en la que están presentes las tres personas divinas, como fuente de bendición: el Señor Jesucristo en relación con la gracia, el Padre vinculado al amor y el Espíritu Santo unido a la comunión.

## Títulos

Muchos de los títulos pudieran considerarse como nombres del Espíritu Santo. Pueden ser considerados independientemente, pero una observación más precisa de cada uno de ellos sugiere agruparlos ordenadamente en base a relaciones que los ligan. De este modo, se pueden establecer dieciséis títulos que vinculan al Espíritu con las otras dos personas de la deidad. De ellos, once están relacionados con el Padre y cinco con el Hijo.

### *Relacionados con el Padre*

Once títulos se relacionan con la primera persona de la deidad, y son los siguientes:

*Espíritu de Dios*

Se usa tanto en el Antiguo como en el Nuevo Testamento. Así aparece en el Génesis: "Y la tierra estaba desordenada y vacía, y las tinieblas estaban sobre la superficie del abismo, y el Espíritu de Dios se movía sobre la superficie de las aguas" (Gn. 1:2; RVR). La primera manifestación de la Biblia relativa a la creación es que Dios es el Creador, que trae a la existencia aquello que no existía. La creación necesitó un proceso de ordenación, que tuvo lugar a lo largo de los seis llamados *días*. Es Dios el que habla, y de lo que era un caos, surge un cosmos. No es una evolución accidental u ocasional, ni el resultado de la acción de una deidad inferior, sino el Dios trino y uno que se manifiesta como omnipotente. Igualmente cabe destacar que la creación, aunque progresa hacia una forma definitiva, tenía dimensiones concretas. Los términos "desordenada y vacía" significan simplemente no terminada en cuanto a su forma final, y no habitada por seres vivos (cf. Is. 45:18, 19; Jer. 4:23). El término abismo se usa para describir la superficie de la tierra cubierta por las aguas, antes de que Dios hiciese emerger la tierra y pusiese límites a los mares (Gn. 1:9, 10). En el principio, "el Espíritu de Dios se movía sobre la superficie de las aguas". Este era el *ruah* de Dios, que es al mismo tiempo soplo, viento y espíritu. Dios creaba los cielos y la tierra (Gn. 1:2; 2:1), que no son elementos o campos separados, sino que en el contexto semita, esto significaba todo el universo. En una acción ordenadora, Dios separa el caos informe para generar los cielos, el agua y la tierra.

En el primer día Dios crea la luz, separándola de las tinieblas, y se producen el día y la noche (Gn. 1:3-5). En el segundo día, separa las aguas y crea el cielo (Gn. 1:6-8). En la primera parte del tercer día, separa la tierra del mar (Gn. 1:9, 10). Este ordenamiento permitirá vivir a los seres que crearía luego. Más tarde, en ese tercer día, crea la vida vegetal (Gn. 1:11-13). El cuarto día hace brillar el sol, la luna y las estrellas en los cielos que había creado (Gn. 1:14-19). Las diversas especies de animales marinos y aves vinieron a la existencia en el día quinto (Gn. 1:20-23). Es en el sexto día cuando creó los animales terrestres y, finalmente, al hombre (Gn. 1:24-31). Todas estas cosas proceden de la acción divina conjunta: el Padre establece el programa, el Verbo ordena la acción y el Espíritu ejecuta la obra. No se trata de una fuerza divina o de un viento divino, sino de una persona divina a la que se le da el título de Espíritu de Dios, es decir, el Espíritu que es Dios.

### Espíritu del Señor

Un título semejante es el de Espíritu del Señor, que aparece en el Evangelio según Lucas: "El Espíritu del Señor esta sobre mí" (Lc. 4:18). Lucas usa la versión LXX en el versículo de la profecía (Is. 61:1). La frase literalmente traducida del texto griego es *Espíritu de Señor*, que hace referencia a la identidad de la tercera persona con la deidad.

La expresión no puede tratarse del mismo profeta Isaías, puesto que estaría atribuyéndose una obra que solo Dios puede realizar, y que además, por el contexto profético, debe aplicarse al Siervo de Jehová. Este no puede ser otro que Jesús mismo, como va a hacer notar a todos el Señor al interpretar las palabras del texto leído. La referencia a la unción con el Espíritu que estaba sobre Él, ha de entenderse a la luz del bautismo de Jesús (Lc. 3:22). Cuando iba a comenzar el ministerio público, el Espíritu descendió sobre Él; por esa razón, fue llamado el Cristo, esto es, el ungido.

### Espíritu de nuestro Dios

Se registra en un escrito del apóstol Pablo: "Y esto erais algunos; mas ya habéis sido lavados, ya habéis sido santificados, ya habéis sido justificados en el nombre del Señor Jesús, y por el Espíritu de nuestro Dios" (1 Co. 6:11). La vida cristiana es la consecuencia de un cambio radical que Dios opera en quien ha creído. Todo ello es posible por la acción del Padre, a quien Pablo llama aquí "nuestro Dios". Dios hace posible la salvación enviando al Hijo para ser Salvador del mundo (Jn. 3:16; Gá. 4:4) y también al Espíritu Santo, procedente del Padre y del Hijo (Jn. 14:16).

El título Espíritu de nuestro Dios es dado a una persona divina que participa con las otras dos en la salvación de los perdidos.

### Su Espíritu

Este título se encuentra en una cita del Antiguo Testamento: "Y Moisés le respondió: ¿Tienes tú celos por mí? Ojalá todo el pueblo de Jehová fuese profeta, y que Jehová pusiera su Espíritu sobre ellos" (Nm. 11:29). El término pudiera considerarse como genérico, a no ser que en muchos lugares se hace notar que se trata de la presencia personal de Dios sobre algunos. Por esa razón, David pide, en la confesión de su pecado: "No retires de mí tu Santo Espíritu" (Sal. 51:11; RVR). El Espíritu, en la antigua dispensación, no residía en las personas, pero venía a ellas y estaba a su lado, como el Señor dijo a los doce, anunciándoles la futura residencia en ellos mismos (Jn. 14:17). Por esta razón, se trata de un título dado al Espíritu Santo.

*Espíritu de Jehová*

El título está en otro libro del Antiguo Testamento. "Y el Espíritu de Jehová vino sobre él" (Jue. 3:10). La misma razón apuntada para el texto anterior debe aplicarse aquí. Jehová es el término que traslada el llamado Tetragrámaton, aplicado exclusiva y excluyentemente para el Dios eterno. Por consiguiente, este es el Espíritu que es Dios y viene a actuar en el hombre.

*Tu Espíritu*

En Salmos, se lee: "¿Adónde me iré lejos de tu Espíritu? ¿Y adónde huiré de tu presencia?" (Sal. 139:7; RVR). Sin duda alguna, el salmista está refiriéndose al Dios omnipresente. Nadie puede estar fuera del alcance de la presencia divina. Este reconocimiento en el Salmo está necesariamente relacionado con el Espíritu, al que se califica como *tu Espíritu* en la primera pregunta y se identifica con Dios en la segunda.

*Espíritu del Señor Jehová*

El profeta Isaías escribe: "El Espíritu del Señor Jehová está sobre mí..." (Is. 61:1; RVR). El Siervo está reconociendo el señorío de quien lo envía y su unción por parte del Espíritu Santo. El Siervo ha recibido ya el Espíritu del Señor (Is. 42:1). Es el Espíritu quien conducirá su ministerio en la tierra y lo llevará al desierto para ser tentado por el diablo (Mt. 4:1). El título afirma por vinculación e identificación con Dios la deidad del Espíritu Santo.

*El Espíritu de vuestro Padre*

En esta misma relación de títulos vinculados con el Padre, se encuentra este: "Porque no sois vosotros los que habláis, sino el Espíritu de vuestro Padre el que habla en vosotros" (Mt. 10:20). No se trata de una manifestación del Espíritu, sino de una persona divina, a la que se llama Espíritu de vuestro Padre por vinculación con la deidad y por procedencia del Padre.

*El Espíritu del Dios vivo*

Es el apóstol Pablo el que usa este título: "Siendo manifiesto que sois carta de Cristo expedida por nosotros, escrita no con tinta, sino con el

Espíritu del Dios vivo; no en tablas de piedra, sino en tablas de carne del corazón" (2 Co. 3:3). El evangelio no alcanzó a los corintios —ni a ningún otro creyente en cualquier tiempo— por palabras de hombres, sino por el poder del Espíritu que hace eficaz el mensaje de salvación. Así lo recordaba a los tesalonicenses: "Pues nuestro evangelio no llegó a vosotros en palabras solamente, sino también en poder, en el Espíritu Santo" (1 Ts. 1:5).

## Mi Espíritu

Es suficiente con esta referencia bíblica: "Y dijo Jehová: No contenderá mi Espíritu con el hombre para siempre" (Gn. 6:3). Esta es la segunda vez que se menciona al Espíritu Santo en Génesis. La primera se ha considerado antes y tiene que ver con la creación. Esta aparece antes de la destrucción de la humanidad por la abundancia del pecado. No se trata del Padre al que se refiere aquí como Espíritu, ya que sería Él y no su espíritu el que contendería con el hombre. Es, por tanto, un título divino dado al Espíritu Santo, que lo relaciona con la primera persona de la deidad.

## Espíritu de aquel

En la epístola a los Romanos, el apóstol usa las siguientes palabras: "Y si el Espíritu de aquel que levantó de los muertos a Jesús habita en vosotros…" (Ro. 8:11; RVR). El Espíritu que mora en nosotros es el mismo que levantó a Cristo de entre los muertos. El sujeto de la primera cláusula de la oración es el Padre, que levantó a su Hijo (1 Co. 6:4; Gá. 1:1; Ef. 1:20). El cuerpo del creyente es el santuario de Dios. El título *Espíritu de aquel*, en referencia al Padre, hace que este sea un calificativo propio del Espíritu Santo.

### Títulos relacionados con el Hijo

Cinco títulos relacionan al Espíritu Santo con el Hijo, que son los siguientes.

## Espíritu de Cristo

"Mas vosotros no vivís según la carne, sino según el Espíritu, si es que el Espíritu de Dios mora en vosotros. Y si alguno no tiene el Espíritu de Cristo, el tal no es de él" (Ro. 8:9; RVR). El versículo tiene una notoria importancia en relación con el Espíritu. En el texto se alude a

Él en tres modos: *Espíritu, Espíritu de Dios* y *Espíritu de Cristo*. La segunda referencia lo llama Espíritu de Dios por haber sido enviado por Él (Jn. 14:26); la tercera vincula al Espíritu con Cristo porque también es enviado por Él (Jn. 15:26). La Biblia llama al Espíritu Santo "Espíritu de Cristo" en varias ocasiones (Hch. 5:9; Ro. 8:9; 2 Co. 3:17; Gá. 4:6; Fil. 1:19; 1 P. 1:11).

Otra referencia al título procede del apóstol Pedro, quien, hablando de los profetas, escribe: "Escudriñando qué persona y qué tiempo indicaba el Espíritu de Cristo que estaba en ellos" (1 P. 1:11). El testimonio profético o, si se prefiere, la profecía en sí, obedecía a la acción del Espíritu Santo, que aquí llama Espíritu de Cristo.

*Espíritu de Jesucristo*

El título está en un escrito del apóstol Pablo: "Sé que por vuestra oración y la suministración del Espíritu de Jesucristo, esto resultará en mi liberación" (Fil. 1:19). No cabe duda de que esta es una referencia al Espíritu Santo. El apóstol descansaba en la provisión que vendría de Él y que sostuvo a Jesús desde el plano de su humanidad en su ministerio y pruebas. Del mismo modo, lo haría también con él; esto redundaría en su liberación de la cárcel.

*Espíritu de Jesús*

Se lee de este modo: "Y cuando llegaron a Misia, intentaron ir a Bitinia, pero el Espíritu de Jesús no se lo permitió" (Hch. 16:7; RVR). Es Lucas quien dice aquí que el impedimento venía del Espíritu de Jesús. Esta es la forma más atestiguada y firme en los textos griegos. Este título no se utiliza en ningún otro lugar, pero no hay duda alguna de que es una forma de referirse al Espíritu Santo por la procedencia de quien es enviado.

*Espíritu de su Hijo*

El título también es usado por el apóstol Pablo: "Y por cuanto sois hijos, Dios envió a vuestros corazones el Espíritu de su Hijo, el cual clama: ¡Abba, Padre!" (Gá. 4:6). En el pasaje se aprecia claramente el contexto trinitario: el Padre enviando, el Hijo como enviado y el Espíritu enviado del Padre y del Hijo. El Espíritu enviado por el Padre tiene la misma relación con el Hijo porque también es enviado de Él (Jn. 15:26).

*Espíritu del Señor*

El título aparece en Hechos. "Y Pedro le dijo: ¿Por qué os pusisteis de acuerdo para tentar al Espíritu del Señor?" (Hch. 5:9; RVR). Anteriormente Pedro refirió al Espíritu como Espíritu Santo y afirmó que era Dios; ahora la vinculación se da con el Hijo, el Señor Jesucristo. El texto es importante, tanto por la relación del Espíritu con el Señor como por el reconocimiento de su deidad.

## Otros títulos

No menos de diecisiete títulos permiten demostrar atributos divinos que corresponden a la persona del Espíritu Santo.

*Un Espíritu*

De este modo aparece en Efesios: "Hay un solo cuerpo, y un solo Espíritu" (Ef. 4:4; RVR). Este título tiene que ver con la unidad del Espíritu. Es evidente que el título hace referencia a la unicidad de la tercera persona, quien, siendo Dios, puede estar presente en todos los creyentes y es uno solo, el único de esa condición.

*Siete espíritus*

La referencia está en Apocalipsis. En el texto se lee: "Juan, a las siete iglesias que están en Asia: Gracia y paz a vosotros, del que es y que era y que ha de venir, y de los siete espíritus que están delante de su trono; y de Jesucristo el testigo fiel..." (Ap. 1:4, 5). El saludo, al comienzo del libro, se convierte en bendición trinitaria.

El título aparece también más adelante en el mismo libro: "Escribe al ángel de la iglesia en Sardis: El que tiene los siete espíritus de Dios, y las siete estrellas, dice esto..." (Ap. 3:1).

Estos *siete espíritus*[9] son *de Dios*[10], debiendo considerarse esta expresión como un hebraísmo de superlativo, que se usa para denotar potencialidad (cf. Sal. 80:10; 2 Co. 11:2). El genitivo *de Dios* expresa también la relación intratrinitaria del Espíritu Santo y su eterna procesión del Padre y del Hijo.

---

[9] Griego: ἑπτὰ πνεύματα.
[10] Griego: τοῦ Θεοῦ.

## El Señor

En el corpus paulino está escrito de este modo: "Y todos nosotros, mirando a cara descubierta como en un espejo la gloria del Señor, vamos siendo transformados de gloria en gloria a la misma imagen, como por la acción del Señor, del Espíritu" (2 Co. 3:18). El texto —que se ha considerado antes en relación con los nombres del Espíritu Santo— afirma la identidad del Espíritu en el seno trinitario. No hay duda de que puede traducirse como "el Espíritu del Señor", pero realmente el texto griego es muy preciso y literalmente se lee "por la acción del Señor, del Espíritu".[11] El calificativo adjetival *Señor* va unido al nombre *Espíritu*, por lo que al Espíritu se lo llama mediante un título que corresponde solo a la deidad.

## Espíritu eterno

Está en la epístola a los Hebreos de esta forma: "¿Cuánto más la sangre de Cristo, el cual mediante el Espíritu eterno se ofreció a sí mismo sin mancha a Dios?" (He. 9:14). El título corresponde plenamente al Espíritu Santo que, como persona divina, es eterno y está en la subsistencia e inmanencia del único Dios verdadero.

## Espíritu de gloria

Es el apóstol Pedro el que usa este título: "Si sois vituperados por el nombre de Cristo, sois dichosos, porque el Espíritu de gloria y de Dios reposa sobre vosotros" (1 P. 4:14; RVR). El Señor está presente en las pruebas del creyente y, por tanto, la gloria de Dios se manifiesta siempre que está presente (Ex. 33:9, 10; 40:34, 35). Las pruebas y aflicciones son evidencia de que no son del mundo; por eso el creyente debe gozarse.

## Espíritu de vida

Corresponde el título a escritos paulinos: "La ley del Espíritu de vida en Cristo Jesús me ha librado de la ley del pecado y de la muerte" (Ro. 8:2). El texto aplicado como título al Espíritu Santo es evidente. Las dos veces que se menciona el término *ley* en el versículo es para expresar un principio de vida o de muerte. El contraste con la ley del pecado es claro: mientras la del Espíritu es vida, la segunda es muerte

---

[11] Griego: καθάπερ ἀπὸ Κυρίου Πνεύματο".

(Ro. 7:5); mientras que la ley del pecado es derrota, la del Espíritu es victoria.

Como confirmación está el texto del apóstol Juan: "Y después de tres días y medio, entró en ellos un espíritu de vida enviado por Dios, y se pusieron de pie, y cayó gran temor sobre los que los veían" (Ap. 11:11; RVR). Aunque no se hace una mención directa al Espíritu Santo, es evidente que, como ocurrió en el principio de la dotación de vida al hombre, el soplo del Espíritu es también el responsable en el caso de los dos testigos de Apocalipsis.

*Espíritu de santidad*

El apóstol Pablo, refiriéndose a Cristo, escribe: "Fue declarado Hijo de Dios con poder, según el Espíritu de santidad, por la resurrección de los muertos" (Ro. 1:4). La acción participativa de las tres personas divinas en la resurrección y exaltación de Cristo permite entender que el título puede aplicarse al Espíritu Santo.

*Espíritu de sabiduría*

A Dios se le llama "único y sabio Dios" (Ro. 16:27; 1 Ti. 1:17; Jud. 1:25); de ahí la condición del Espíritu Santo como Dios: "Y reposará sobre él el Espíritu de Jehová, espíritu de sabiduría..." (Is. 11:2). El Espíritu de sabiduría llenó también a los que hacían las vestiduras sagradas para el sacerdocio aarónico (Ex. 28:3). Al interpretar el Antiguo Testamento debe proyectarse sobre él la luz del Nuevo, como ocurre con este título, usado por el apóstol Pablo: "Para que el Dios de nuestro Señor Jesucristo, el Padre de gloria, os dé espíritu de sabiduría y de revelación en el conocimiento pleno de él" (Ef. 1:17).

*Espíritu de verdad*

El título está en el Evangelio según Juan: "El Espíritu de la verdad, al cual el mundo no puede recibir, porque no le ve, ni le conoce" (Jn. 14:17; RVR). También aparece más adelante en el mismo Evangelio: "Pero cuando venga el Espíritu de verdad, él os guiará a toda la verdad; porque no hablará por su propia cuenta, sino que hablará todo cuanto oiga, y os hará saber las cosas que habrán de venir" (Jn. 16:13; RVR).

*Espíritu de gracia*

La primera referencia está en el Antiguo Testamento: "Y derramaré sobre la casa de David, y sobre los moradores de Jerusalén, espíritu de gracia y de oración" (Zac. 12:10). El profeta escribe sobre la restauración y liberación futura de Jerusalén. El Espíritu de gracia hace referencia a la obra de misericordia del Espíritu Santo, que conduce al arrepentimiento de aquellos que habían sido rebeldes a Dios por tiempo, estimulándolos al arrepentimiento y a la oración de confesión, volviéndose a Dios y mirando por fe al Mesías que habían traspasado. La acción se produce por el Espíritu. En el Nuevo Testamento, de igual manera, se lee: "¿Cuánto mayor castigo pensáis que merecerá el que haya hollado al Hijo de Dios, y haya tenido por inmunda la sangre del pacto en la cual fue santificado, y haya ultrajado al Espíritu de gracia?" (He. 10:29; RVR).

### Títulos relacionados con obras divinas

Aunque, en cierto modo están vinculados con los que tienen que ver con las *perfecciones divinas*, se pueden agrupar en los que se relacionan con obras divinas.

#### Consolador o Paracletos

El término aparece cinco veces en el Nuevo Testamento, todas ellas en escritos de Juan: cuatro en el Evangelio (Jn. 14:16, 26; 15:26; 16:7) y la quinta en una de sus epístolas (1 Jn. 2:1). Aunque esta última se aplica a Cristo en sentido de abogado junto al Padre, y por si pudiera haber alguna dificultad en determinar quién es este Consolador, Jesús hace una identificación absoluta: "Mas el Consolador, el Espíritu Santo, a quien el Padre enviará en mi nombre…" (Jn. 14:26). Nuevamente en el texto aparece el nombre con una doble relación articular: *el Espíritu, el Santo*, indicando la deidad de la tercera persona divina.

#### Espíritu de adopción

Uno de los aspectos de la salvación tiene que ver con la posición de los salvos como hijos de Dios (Jn. 1:12). Sobre esto escribe el apóstol Pablo: "Pues no habéis recibido el espíritu de servidumbre para recaer en el temor, sino que habéis recibido el espíritu de adopción como hijos, por el cual clamamos: ¡Abba, Padre!" (Ro. 8:15; RVR).

#### Espíritu de fe

En su segundo escrito canónico a los corintios, el apóstol Pablo, dice: "Teniendo el mismo Espíritu de fe…" (2 Co. 4:13). La fe —que es un don de Dios (Ef. 2:8, 9)— nace en el corazón del pecador por la acción del Espíritu Santo y se convierte en actividad del hombre cuando se ejerce depositándola en el Salvador.

*Espíritu de fortaleza, amor y dominio propio*

Es también en un escrito del apóstol Pablo donde aparece este título: "Porque no nos ha dado Dios espíritu de cobardía, sino de poder, de amor y de cordura" (2 Ti. 1:7; RVR).

El Espíritu de Dios actúa en el creyente y lo conduce a una vida de poder victorioso. El espíritu que condicionaba la vida antes de ser cristianos era el de temor, del que hemos sido liberados (Ro. 8:15); ese espíritu convertía a los hombres en esclavos, sujetos a la servidumbre del pecado, incapaces de liberarse de esa condición (He. 2:15). La liberación del temor prepara al creyente para enfrentarse con valentía a cualquier circunstancia adversa que surja en la vida cotidiana (1 P. 3:14).

*Amor*

El Espíritu de Dios da al creyente otro recurso para el ejercicio del ministerio: el amor. El Espíritu comunica la capacidad de amar y derrama amor en el corazón del creyente (Ro. 5:5), generando o produciendo la misma calidad de amor; por tanto "el que no ama, no ha conocido a Dios; porque Dios es amor" (1 Jn. 4:8). Ese amor divino que se comunica al creyente se hace operante por el Espíritu (Gá. 5:22).

Hay otros títulos que pueden ser considerados también como nombres; esto ha generado discusiones teológicas. Así ocurre con el nombre *Amor*. A modo de ejemplo, se trasladan unos párrafos de Tomás de Aquino que, recogiendo las objeciones sobre este nombre, escribió lo siguiente:

> Dice Agustín en XV *De Trin.*: Desconozco por qué así como el Padre, el Hijo y el Espíritu Santo son llamados sabiduría, y todos no constituyen a un tiempo tres, sino una sola sabiduría, no se tiene que llamar amor al Padre, el Hijo y el Espíritu Santo, constituyendo todos a un tiempo un solo amor. Pero ningún nombre dado a cada persona en particular y a todos en conjunto es nombre propio de alguna persona. Luego Amor no es nombre propio del Espíritu Santo.
> 
> Más aún. El Espíritu Santo es persona subsistente. Pero el amor no está indicado como una determinada acción que

pasa del que ama al amado. Luego Amor no es nombre propio del Espíritu Santo.[12]

A estas objeciones, responde:

> Hay que decir: En Dios, el nombre Amor puede ser tomado en sentido esencial y en sentido personal. En sentido personal, es el nombre propio del Espíritu Santo, como Palabra es el nombre propio del Hijo. Para demostrarlo, hay que tener presente que, como ya se probó [q. 27, a. 1, 3, 5], en Dios hay dos procesiones; una por el entendimiento, la de la Palabra; otra por la voluntad, la del amor. Porque la primera nos es más conocida para indicar cada uno de los aspectos que se pueden analizar encontramos más nombres adecuados. Pero no sucede así con la procesión del amor. Por eso hacemos uso de ciertos circunloquios para indicar la persona que resulta de tal procesión. Y las relaciones resultantes también de dicha procesión, las denominadas, tal como ya dijimos [q. 28, a. 4], procesión y espiración. Dichos nombres, sin embargo, atendiendo solo a los nombres, son más de origen que de relación. Sin embargo, ambas procesiones deben ser analizadas como semejantes.[13]

Respondiendo a las dos objeciones, dice:

> A la primera hay que decir: Agustín habla del amor en Dios tomándolo en sentido esencial, tal como dijimos.
> 
> A la segunda hay que decir: entender, querer y amar, aun cuando se indiquen como acciones que pasan al objeto, sin embargo, son acciones que permanecen en quienes las hacen, como ya dijimos [q. 14, a. 2; q. 18, a. 3]; y permanecen, no obstante, implicando cierta relación con el objeto. Por eso el amor, también entre nosotros, es algo que permanece en quien ama, y la palabra mental permanece en quien la pronuncia; y sin embargo, se relacionan con el objeto amado o expresado con la palabra.
> 
> Pero en Dios, en quien no hay accidentes, sucede algo más. Porque tanto la Palabra como el Amor subsisten. Así, pues, cuando se dice que el Espíritu Santo es el Amor del Padre hacia el Hijo o a cualquier otra cosa, no se está indicando algo que pasa a otro, sino solo la relación entre el amor y lo amado;

---

[12] Tomás de Aquino, *Suma teológica*, q. 37.
[13] *Ibid.*

como en la Palabra está implícita la relación entre la Palabra y lo expresado por la Palabra.[14]

Quiere decir esto que el nombre *Amor* puede ser dado al Espíritu Santo, no como algo genérico de Dios, sino como designación de la tercera persona de la deidad.

## *Don*

Lo mismo ocurre con la discusión sobre el nombre *Don*, aplicado al Espíritu Santo. Como ejemplo recurrimos nuevamente a Tomás de Aquino, que escribe primero en las objeciones a ese nombre:

> 1. En Dios, todo nombre personal implica alguna distinción. Pero el nombre Don no implica distinción alguna, pues dice Agustín en XV *De Trin.*: el Espíritu Santo se da como don de Dios para que Él también se dé a sí mismo como Dios. Luego Don no es nombre personal.
> 2. Más aún. A la esencia divina no le corresponde ningún nombre personal. Pero la esencia divina es el Don que el Padre da al Hijo, como dice Hilario en IX *De Trin.* Luego Don no es nombre personal.
> 3. Todavía más. Según el Damasceno, en Dios nada está sometido, ni hay servidumbre. Pero el don implica cierta dependencia tanto para quien lo da como para quien lo recibe. Luego Don no es nombre personal.
> 4. Por último. El Don implica relación con la criatura, y así parece que se dice de Dios desde el tiempo. Pero en Dios los nombres personales, como Padre e Hijo, se dicen desde la eternidad. Luego Don no es nombre personal.[15]

A esto contesta:

> Hay que decir: En el nombre Don está implícita la aptitud para ser dado. Y lo que se da implica relación tanto con el que lo da como con aquel a quien se da; pues alguien no lo daría si no fuera suyo, y lo da a alguien para que sea suyo...
>
> A la primera objeción hay que decir: El nombre Don implica distinción personal, en cuanto que, por el origen se dice que el don es de alguien. Sin embargo, el Espíritu Santo se da a sí mismo, en cuanto que se pertenece pudiéndose usar

---
[14] *Ibid.*
[15] *Ibid.*, q. 38.

o, mejor, disfrutar, como también decimos que el hombre libre dispone de sí mismo. Esto es lo que dice Agustín en *Super Ioan*, cuando escribe: ¿Qué hay más tuyo que tú mismo? O, mejor dicho, es necesario que, de algún modo, el don sea de quien lo da. Pero la frase ser de quien lo da tiene varios sentidos. 1) Uno, sentido de identidad, como dice el mismo Agustín en *Super Ioan*. En este sentido, don y dador no se distinguen, solo se distinguen de aquel a quien se da. Así es como se dice que el Espíritu Santo se da a sí mismo. 2) Otro, el sentido de pertenencia. Cuando algo es de alguien, como la propiedad o el siervo. En este sentido, es necesario que don y dador se distingan esencialmente. Así es como el don de Dios es algo creado. 3) El tercer sentido, cuando se dice que algo es de alguien solo por su origen. Así el Hijo es del Padre, y el Espíritu Santo de ambos. En este sentido, don y dador se distinguen personalmente, y, por lo tanto, don es nombre personal.

    2. A la segunda hay que decir: La esencia divina es don del Padre en el primer sentido; porque la esencia es del Padre por identidad.

    3. A la tercera hay que decir: En Dios, Don en cuanto a nombre personal y con respecto al dador, no implica sometimiento, sino solo origen. Y con respecto a quien lo recibe, implica, como se ha dicho, libre uso y disfrute.

    4. A la cuarta hay que decir: No se llama don porque algo sea realmente dado, sino porque algo tiene aptitud para ser dado. Por eso, la persona divina es llamada Don desde la eternidad, aun cuando el nombre se le dé desde el tiempo. Sin embargo, tampoco por el hecho de implicar relación con la criatura se requiere que sea esencial; sino que en su concepto esté incluido algo esencial, como la esencia está incluida en el concepto de persona, como ya se dijo anteriormente [q. 34, a. 3, ad 1].[16]

En ciertos posicionamientos de nombres específicos se requiere una investigación bíblica fundamental y principios de razonamiento que tienen que ser ayudados por la filosofía para poder ser expresados. Sin embargo, lo importante es que los muchos títulos del Espíritu Santo con sus muchos significados expresan las glorias de la persona y lo admirable de sus atributos divinos.

---

[16] *Ibid.*, p. 375.

### Atributos divinos

Los atributos de la deidad han sido estudiados ya en el apartado de teología propia y Trinidad, por lo que remitimos al lector al tercer volumen de esta colección, tomando en consideración de manera especial el objeto de estudio de la pneumatología: el Espíritu Santo.[17]

Al considerar los atributos del Espíritu Santo, tanto los incomunicables como los comunicables, es necesario entender que estos no son independientes a la persona, o complementarios a ella. Son —como se puede expresar, en otros términos— las virtudes divinas (1 P. 2:9). Hablar de atributos en relación con el Espíritu implica recordar que cada una de esas perfecciones constituye la expresión de la persona; por tanto, todos los atributos, siendo infinitos, actúan infinitamente en la plenitud del Espíritu, en plena armonía e igualdad. No existe posible oposición entre ellas, ni el actuar de la persona divina puede producirse independientemente de ellas, puesto que los atributos corresponden y competen al ser divino y constituyen esencia o substancia divina, de la que cada persona es consustancial.

Como ocurre con la deidad, el único camino seguro para conocer los atributos de la persona divina del Espíritu Santo es la Escritura, puesto que es la revelación que Dios hace de sí mismo. Por otros medios, como la revelación natural, el hombre puede intuir a Dios (Sal. 19:1; Ro. 1:20), pero solo la Escritura revela quién y cómo es Dios.

La clasificación de los atributos del Espíritu Santo tiene que concordar absoluta y plenamente con los atributos de Dios. La clasificación de los de la persona tiene que ser la misma que se ha tratado en relación con la clasificación de los del ser divino.

### Obras divinas

En el estudio de la deidad del Espíritu Santo, junto con sus nombres divinos y sus atributos divinos, deben considerarse también sus obras. Cada una de ellas reviste una condición sobrenatural que necesariamente las vincula a Dios y pone de manifiesto la deidad del Espíritu Santo.

A modo de introducción trasladamos un párrafo de L. S. Chafer, que resume lo que hemos considerado antes y sirve para abrir la puerta a este nuevo apartado, donde se lee:

---

[17] Cf. Pérez Millos, 2024, pp. 161-234.

El Dr. William Cooke, al presentar este tema en su *Christian Theology*, escribe: "Hemos visto las obras de la creación atribuidas al Padre y al Hijo, y la misma autoridad se le atribuye al Espíritu Santo. Después del *fiat* que hizo existir al universo, la primera agencia que encontramos empleada en la confección del universo es la del Espíritu Santo. [...] La maravillosa economía de la Providencia implica la misma agencia omnipotente y omnipresente como la obra de la creación. Es, realmente, una creación continua; una renovación o reproducción perpetuas. [...] En la economía de la gracia, el Espíritu ejecuta una parte benigna y conspicua. Él inicia, lleva adelante y completa la obra de la salvación en los corazones de su pueblo. Es imposible estimar la inmensa suma de bien moral y espiritual que resulta de su influencia santa sobre el corazón humano. Él es el gran manantial de luz y de gracia para el mundo: la fuente de santidad, amor y gozo; y, exceptuando el don de Cristo, la dádiva de su agencia es la más grande y más importante bendición jamás concedida a nuestro mundo caído" (pp. 154-155).

Aun cuando mucho ha sido insinuado anteriormente en estos volúmenes sobre la obra del Espíritu Santo y mucho de lo que todavía aparece ha de ser sobre este mismo tema, para un análisis del aspecto presente de la verdad es esencial indicar en orden algunas de las obras del Espíritu Santo que proporcionan evidencias respecto a su deidad. Estas obras que vamos a enumerar las encaramos con este propósito a la vida. Después, las enumeraremos de nuevo y clasificaremos cuando el carácter esencial de cada una de ellas haya de ser considerado.[18]
Este es el mismo orden y propósito del apartado que se considerará seguidamente.

### *Creación*

En la operación creadora, cada una de las personas divinas tuvo participación. Aunque hay ciertas acciones que se vinculan con una u otra persona divina, es difícil establecer una separación radical en ellas, ya que "por la Palabra de YHVH fueron hechos los cielos, y todas sus constelaciones por el aliento de su boca" (Sal. 33:6; BT).

En el primer relato bíblico sobre la creación, se sitúa en ella al Espíritu Santo: "Pero la tierra estaba desolada y vacía, y había tinieblas sobre la faz del abismo, y el Espíritu de Dios se cernía sobre la faz de

---

[18] Chafer, 1986, Tomo II, p. 860.

las aguas" (Gn. 1:2; BT). El término *cernir* significa batir un terreno para registrarlo; otras versiones traducen el término como *moverse*. El sentido de la palabra tiene que ver con revolotear. No cabe duda de que Dios es el único Creador. La Biblia dice que: "Todos los dioses de los pueblos son ídolos; pero Jehová hizo los cielos" (Sal. 96:5).

La creación comenzó por un *Sea* que trae a la existencia cuanto antes no existía. Sin embargo, requirió un tiempo de acción divina para convertir el caos, lo que es informe, en un cosmos debidamente ordenado. Fue el Espíritu Santo quien hizo posible el cambio con su acción omnipotente, pasando de solo tinieblas a día y noche, hacer brotar la vida, poner los astros en sus órbitas, establecer las separaciones de agua y tierra, etc. Solo quien siendo Dios conoce la intimidad de Dios establece la creación en el orden que Dios había determinado (1 Co. 2:11). La Biblia enseña que Dios hizo el mundo por su Espíritu (Job 26:13; Sal. 33:6). Él es el autor de todo ser, el manantial de la vida y la fuente de toda moción. La materia estaría perpetuamente muerta si Él no le comunicase vida.

Son importantes las referencias al Espíritu en la creación en el que —con seguridad— es el libro más antiguo de la Escritura, el de Job. Notemos estas referencias: "Su Espíritu serenó los cielos; su mano traspasó la serpiente tortuosa" (Job 26:13; RVR). Las palabras del texto envueltas en un lenguaje propio de la poesía denotan que el Espíritu domina todo con su fuerza y lo amansa con su inteligencia. Esa omnipotencia se despliega en el brillo de los cielos, que permite verlo en el tiempo de serenidad, sin nubes. La victoria sobre la serpiente huidiza hace referencia al triunfo de Dios ordenando todo sobre la situación de caos para culminar con la misma observación divina: "Y vio Dios todo lo que había hecho, y he aquí que era bueno en gran manera" (Gn. 1:31).

En el mismo libro de Job se lee: "Que todo el tiempo que mi alma esté en mí, y haya hálito de Dios en mis narices..." (Job 27:3). La vida, como hálito de Dios, le fue comunicada al hombre por el Espíritu Santo. Así se entiende: "Entonces YHVH 'Elohim modeló al hombre de la tierra roja, e insufló en sus narices aliento de vida. Y el hombre llegó a ser alma viviente" (Gn. 2:7; BT). Dios sopla la vida tanto biológica como espiritual en el hombre. Primero presenta a Dios como un alfarero trabajando en la modelación de un cuerpo material al que imprime el hálito de vida, y por ello se convierte en un ser animado, un ánima viviente (Gn. 2:7). El soplo es figura del Espíritu que, como el viento, actúa sin que pueda ser visto. La tercera persona divina tiene el simbolismo del aire, soplo procedente de Dios, que comunica vida.

Una cita más: "El Espíritu de Dios me hizo, y el soplo del Omnipotente me dio vida" (Job 33:4; RVR). Lo que pudiera inducirse de la referencia anterior se confirma plenamente en esta. Es la omnipotencia del Espíritu de Dios que hizo al hombre y su soplo el que le comunicó vida. El que se mueve sobre la creación realiza el prodigio de la vida donde antes no la había.

De este modo, el salmista establece la misma verdad a la que se hizo referencia antes: "Por la palabra de Jehová fueron hechos los cielos, y todo el ejército de ellos por el aliento de su boca" (Sal. 33:6). Las personas divinas aparecen en el texto. La palabra de Jehová es referencia a la segunda, ya que Cristo es la Palabra de Dios. El aliento de su boca es el Espíritu de Dios y el Padre está presente en el término genérico *Jehová*, referido a Dios. El aliento de Dios es la fuerza creadora de Dios, que no puede ser sino el Espíritu que se movía en la creación, que estableció el poderoso mundo celestial, tanto visible (estrellas) como invisible (ángeles). Una sola palabra de Dios y un solo soplo de su aliento fueron suficientes para crear todo el universo.

Otra cita de los Salmos dice: "Envías tu soplo, y son creados, y renuevas la faz de la tierra" (Sal. 104:30; RVR). Dios quita el hálito a los animales y terminan el ciclo de su vida, pero el Espíritu, soplo de Dios, renueva por su poder sustentador de la vida la faz de la tierra. La enseñanza es extensa, pero puede resumirse en que el Espíritu Santo es el sustentador de la vida biológica del planeta Tierra.

Se ha mencionado ya que en el segundo versículo de la Biblia se afirma la acción creadora del Espíritu Santo (Gn. 1:2). Sin duda, como se ha dicho ya, el texto ofrece serias dificultades sobre el desorden *(kaos)* en que se encontraba la creación y que es conducido al orden *(kosmos)* por el Espíritu actuante en ella. El Espíritu Santo cubría la creación, es decir, por su incubación se produjo todo ser viviente. El Espíritu Santo es el primero que se mueve en la creación. Se movía sobre la faz de las aguas para generar vida y orden. A modo de ilustración, como Eliseo sobre el niño muerto, para darle vida (2 R. 4:34), o como la gallina sobre sus pollos para calentarlos y cuidarlos (Mt. 23:37); de igual modo, también el ejemplo del águila sobre su nidada (Dt. 32:11).

El tema es extenso, pero las referencias bíblicas consideradas establecen la base para afirmar que el Espíritu Santo es el agente divino en la creación, es decir, es Dios Creador. No es una fuerza impersonal de Dios, sino Dios en la persona del Espíritu Santo.

## Contención

Otra obra divina propia del Espíritu Santo es la contención. Sobre esto se lee en el Antiguo Testamento: "Y dijo Jehová: No contenderá mi Espíritu con el hombre para siempre, porque ciertamente él es carne; mas serán sus días ciento veinte años" (Gn. 6:3; RVR). El Espíritu estaba realizando una acción de contención en relación con el pecado del hombre. Contendía con los pecadores por medio de la convicción de pecado, advirtiéndoles por medio de sus conciencias para que atendiesen el mensaje de gracia que Noé estaba predicando y se volviesen a Dios. Sin embargo, cuando el Espíritu es resistido, aunque contienda por un tiempo, no lo hará para siempre, como Dios dijo a Israel: "Efraín está ligado a los ídolos; déjalo" (Os. 4:17; RVR). La razón de la interrupción de esta obra del Espíritu se debe, en el tiempo anterior al diluvio, a la misma observación que hace Dios: "Porque ciertamente él es carne" (Gn. 6:3). La corrupción de la naturaleza no iba a variar y no se volverían a Dios. La inclinación del alma del hombre se oponía abiertamente a la acción de contención del Espíritu y la hacía ineficaz. Nadie es desechado por el Espíritu, sino aquel que antes desechó al Espíritu. La gracia de Dios da tiempo suficiente al hombre para un retorno a Él; de ahí que limite la acción de contención del Espíritu a un tiempo de ciento veinte años. Terminado el tiempo, Dios Espíritu Santo cesa la operación que estaba realizando y el juicio de Dios se manifiesta.

## Inspiración e iluminación

El tema de la inspiración se ha tratado abundantemente en *Bibliología*, volumen II de esta colección, a donde se remite al lector para mayor precisión y desarrollo.

Entre las obras divinas del Espíritu relacionadas directamente con la Escritura se encuentra la *iluminación*, entendida como la acción que el Espíritu Santo hace en el corazón del lector de la Palabra para que este pueda entenderla, no tanto en la comprensión intelectual de la lectura en sí misma, sino del contenido espiritual que comunica en el mensaje revelador de Dios.

La iluminación es necesaria, ya que solo el autor de la Escritura puede dar el alcance del mensaje, para comprensión espiritual de su contenido. Esto resuelve el problema fundamental que ocasiona el pecado en el corazón del hombre no regenerado, ya que "el hombre natural no capta las cosas que son del Espíritu de Dios, porque para él son locura, y no las puede conocer, porque se han de discernir espiritualmente" (1 Co. 2:14; RVR).

A esto debe añadirse la acción diabólica que entenebrece el área cognoscitiva, ampliando la incapacidad natural de conocer el mensaje divino que se ha de alcanzar espiritualmente: "Pero si nuestro evangelio está aún encubierto, entre los que se pierden está encubierto; en los cuales el dios de este mundo cegó los pensamientos de los incrédulos, para que no les resplandezca la iluminación del evangelio de la gloria de Cristo, el cual es la imagen de Dios" (2 Co. 4:3, 4; RVR).

Para remediar todo esto acude el Espíritu Santo en su misión iluminadora, resplandeciendo en el corazón del hombre para conducirlo a la comprensión del mensaje de Dios. El Espíritu abre el entendimiento para una correcta comprensión de las Escrituras. Así ocurrió con los discípulos que, siendo conocedores de la Palabra, no entendían el alcance espiritual de la profecía contenida en ella: "Y les dijo: Estas son las palabras que os hablé, estando aún con vosotros: que era necesario que se cumpliese todo lo que está escrito de mí en la ley de Moisés, en los profetas y en los Salmos. Entonces les abrió la mente, para que comprendiesen las Escrituras" (Lc. 24:44, 45; RVR). Lo que Jesús hizo entonces, lo sigue haciendo el Espíritu Santo.

Jesús dijo que una de las misiones del Espíritu sería guiar a los creyentes a toda verdad (Jn. 16:13). Todo el mensaje de Dios, el Logos escrito, está presente y dimensionado hasta el absoluto en el Logos encarnado; en esta esfera está todo el contenido de la Escritura y la capacidad para interpretar correctamente el mensaje de Dios. La iluminación no se produce desde fuera, sino desde el interior del corazón, donde el Espíritu resplandece: "Porque Dios, que mandó que de las tinieblas resplandeciese la luz, es el que resplandeció en nuestros corazones, para iluminación del conocimiento de la gloria de Dios en la faz de Jesucristo" (2 Co. 4:6).

Sobre la iluminación, escribe el Dr. L. S. Chafer:

> La posición dentro del corazón del creyente que ahora ocupa el Espíritu Santo asegura la más estrecha relación, de modo que Él, el Espíritu mismo, es así capaz de crear impresiones en la conciencia del cristiano que parecen haber ocurrido solo en su propia mente finita. Toda verdad espiritual debe ser impartida por el Espíritu morador en esta forma. [...] Cristo implica que "toda verdad" debe ser mostrada al creyente por el Espíritu Santo (Jn. 16:12-15). La apelación práctica que los cristianos confrontan aquí revela la necesidad de un ajuste del corazón

y la vida a la mente y la voluntad del Espíritu Santo para que todo progreso en el aprendizaje espiritual no esté estorbado.[19]

## Concepción virginal de Jesús

Esta es, sin duda, una operación solo posible por la condición divina del Espíritu Santo. El tema se ha considerado con más extensión en el primer volumen de esta colección, *Cristología*; remitimos allí al lector para un desarrollo más detenido y minucioso.

## Restricción

Es un ministerio que el Espíritu Santo tiene en el tiempo presente, que alcanza no a individuos en particular, sino al cosmos en conjunto. Tiene que ver con la acción divina que impide la ejecución del propósito satánico de colocar a un hombre en lugar de Dios. No es una operación de la omnipotencia divina que impide el mal, sino que lo controla en los límites que Dios ha determinado.

No se trataba de algo que el apóstol revelase en el tiempo que escribía la epístola, sino que fue parte de su enseñanza cuando estaba con los tesalonicenses:

> Y ahora vosotros sabéis lo que lo detiene, a fin de que a su debido tiempo se manifieste. Porque ya está en acción el misterio de la iniquidad; solo que hay quien al presente lo detiene, hasta que él a su vez sea quitado de en medio. Y entonces se manifestará aquel inicuo, a quien el Señor matará con el espíritu de su boca, y destruirá con el resplandor de su venida. (2 Ts. 2:6-8)

Pablo está recordando a los tesalonicenses las enseñanzas dadas anteriormente, en las que tuvieron un espacio los eventos futuros relativos al tiempo anteriormente inmediato a la segunda venida. El apóstol precisa lo que les había dicho antes, y les hace notar que el programa satánico para colocar al Anticristo en el trono sobre las naciones y hacerlo pasar por Dios no sería posible hasta un determinado tiempo, en el que se quitaría de en medio el impedimento que lo restringía.

Hay actividades del Espíritu Santo que cesarán en su momento, algunas cuando la iglesia sea trasladada, pero eso no significa que el

---

[19] Chafer, 1986, Tomo II, p. 871.

Espíritu Santo sea retirado, sino simplemente que esas operaciones suyas cesarán. Esta operación de restricción sobre Satanás y su programa solo es posible por la omnipotencia divina, de modo que es una evidencia más de la deidad de Dios Espíritu Santo.

## *Convicción*

Esta obra divina afecta directamente a la soteriología. Es, fundamentalmente, la acción que el Espíritu hace en el pecador para llevarlo a la convicción de su condición delante de Dios. Cristo mismo asigna esta tarea al Espíritu: "Pero yo os digo la verdad: Os conviene que yo me vaya; porque si no me fuera, el Consolador no vendría a vosotros; más si me fuere, os lo enviaré. Y cuando él venga, convencerá al mundo de pecado, de justicia y de juicio" (Jn. 16:7, 8).

Se ha abordado este tema en la sección "Sobre el Espíritu Santo" de *Cristología*, primer volumen de esta colección, a donde remitimos a los lectores para mayor desarrollo.[20]

## *Regeneración*

Otro de los elementos propios de la soteriología —que tendrá un estudio más amplio dentro de esta colección en el volumen destinado a esa doctrina— es la regeneración. Jesucristo prometió vida eterna a quienes creyesen en Él, ya que la condición espiritual del hombre es la de un ser "muerto en delitos y pecados" (Ef. 2:1). Toda esta operación de la gracia permite a Dios capacitar al hombre creyente para ser su templo en Espíritu (1 Co. 3:16). Es en el regenerado donde la Trinidad puede establecer residencia de presencia y comunión, imposible en la condición pecadora y pecaminosa de todo hombre.

La regeneración comprende también la comunicación de vida eterna. Esta es la promesa de Dios para el salvo (Jn. 3:5). El que es eterno y tiene vida eterna es enviado, en el plan de redención, por el Padre para que haga posible la obra de salvación que comunique al creyente la vida eterna, haciéndolo partícipe de ella por vinculación con Cristo (2 P. 1:4). Esta identificación con el Hijo permite al creyente recibir y experimentar la vida eterna. Esta unión vital es resultado también del bautismo del Espíritu, que liga a cada miembro con la cabeza, que es Cristo, creando el cuerpo, que es la iglesia: "Porque

---

[20] Cf. Pérez Millos, 2023a, pp. 671-684.

por un solo Espíritu fuimos todos bautizados para formar un solo cuerpo" (1 Co. 12:13; RVR).

La regeneración produce una resurrección espiritual. El muerto espiritual viene a la vida por unión con el resucitado: "Y juntamente con él nos resucitó, y asimismo nos hizo sentar en los lugares celestiales con Cristo Jesús" (Ef. 2:6). El adverbio de modo expresa literalmente la causa eficiente de la resurrección: al juntarnos con Él.

Es cierto que en el contexto inmediato del texto que se cita está Dios Padre, "que es rico en misericordia" (Ef. 2:4), pero la operación de salvación en unión vital con Cristo es una operación de la omnipotencia del Espíritu Santo, como se dijo antes (1 Co. 12:13). La vida que recibe el creyente no es otra que la del Cristo resucitado (Jn. 14:6). El Señor había venido para que el pecador, por fe en Él, pudiera tener vida (Jn. 10:10). Extinguida por Cristo la responsabilidad penal del pecado, queda la opción divina de dar vida eterna a quien crea, conforme a su demanda: "Porque la paga del pecado es muerte, más la dádiva de Dios es vida eterna en Cristo Jesús Señor nuestro" (Ro. 6:23).

La vida eterna obedece a una posición en Cristo. Por unión vital con Él se recibe la vida de Dios que fluye de Cristo y alcanza a quien viene a ser uno en Él. Solo es posible recibir esta vida en unión con Cristo porque solo en Él está la vida (Jn. 1:4). La vida eterna es el resultado de creer en el Hijo (Jn. 3:36) y de la vinculación con Dios en Cristo, ya que la vida eterna es que "te conozcan a ti, el único Dios verdadero, y a Jesucristo, a quien has enviado" (Jn. 17:3). Jesucristo, que es el único Salvador, es constituido por el Padre a causa de la resurrección como Señor (Fil. 2:9-11); por tanto, es el Señor de cada uno de los creyentes. Señorío y salvación van unidos.

El nuevo nacimiento da al hombre regenerado una nueva forma de vida, de plena comunión con Dios y de participación en la naturaleza divina (2 P. 1:4). El cambio operado es tan radical que, como se dijo antes, solo es equiparable a un nuevo nacimiento, como Jesús hizo notar a Nicodemo.

La regeneración produce, por tanto, una nueva forma de vida. Así lo enseña el apóstol Pablo: "¿O ignoráis que todos los que hemos sido bautizados en Cristo Jesús, hemos sido bautizados en su muerte? Fuimos, pues, sepultados juntamente con él para muerte por medio del bautismo, a fin de que como Cristo resucitó de los muertos por la gloria del Padre, así también nosotros andemos en novedad de vida" (Ro. 6:3, 4; RVR).

La regeneración dota al nuevo hombre en Cristo de un corazón nuevo. Es la promesa que Dios hizo a su pueblo por medio del profeta:

"Y les daré un corazón, y les infundiré un espíritu nuevo, y quitaré el corazón de piedra de en medio de su carne, y les daré un corazón de carne, para que anden en mis ordenanzas, y guarden mis decretos y los cumplan, y me sean por pueblo, y yo les sea por Dios" (Ez. 11:19, 20; BT). Aún más preciso es cuando dice: "Os daré un corazón nuevo... y pondré dentro de vosotros mi Espíritu..." (Ez. 36:26, 27; BT). El corazón, en sentido del centro de vida y sentimientos, antes endurecido por el pecado, es cambiado por otro nuevo, sensible a Dios y capaz para orientar la vida al cumplimiento de sus demandas. Esta vida nueva o novedad de vida es la propia de quienes "no son engendrados de sangre, ni de voluntad de carne, ni de voluntad de varón, sino de Dios" (Jn. 1:13).

## *Ayuda*

Incluido en uno de los nombres del Espíritu Santo, que se ha considerado antes, se repite aquí en su dimensión de obra divina. Jesús dijo a los suyos que les enviaría el ayudador, que es el significado del término griego *Paracletos*, que aparece varias veces en las palabras del Señor en los capítulos 13–17 del Evangelio según Juan. Las referencias son claras: "Y yo rogaré al Padre, y os dará otro Consolador para que esté con vosotros para siempre" (Jn. 14:16). Del mismo modo: "Mas el Consolador, el Espíritu Santo, a quien el Padre enviará en mi nombre, él os enseñará todas las cosas, y os recordará todo lo que yo os he dicho" (Jn. 14:26). Más adelante: "Pero cuando venga el Consolador, a quien yo os enviaré del Padre, el Espíritu de verdad, el cual procede del Padre, él dará testimonio acerca de mí" (Jn. 15:26). Una última referencia, dice: "Pero yo os digo la verdad: Os conviene que yo me vaya; porque si no me fuera el Consolador no vendría a vosotros; más si me fuere, os lo enviaré" (Jn. 16:7).

La traducción del sustantivo griego[21] como *consolador* o *confortador* no es muy precisa; esa es la razón por la que algunas versiones mantienen la palabra *Paracleto*, ya que el término tiene las acepciones de acudir en ayuda, ser abogado defensor o intercesor. De modo que si Paracletos es uno llamado al lado para ayudar, esto implica la suficiencia infinita de Dios. Así lo enseña el apóstol Pablo: "El Espíritu nos ayuda en nuestra debilidad; pues qué hemos de pedir como conviene, no lo sabemos, pero el Espíritu mismo intercede por nosotros con gemidos indecibles" (Ro. 8:26).

---

[21] Griego: παράκλητο .

La deidad del Espíritu Santo se hace evidente a causa de que es el compañero intercesor de cada creyente en cada momento, lo que requiere la omnipresencia, atributo incomunicable de la deidad.

## Testimonio

Otra obra divina de Dios Espíritu Santo es la del testimonio. Sobre esto escribe el apóstol Pablo: "El Espíritu mismo da testimonio a nuestro espíritu de que somos hijos de Dios" (Ro. 8:16). Tiene una estrecha relación con la comprensión del hecho de que "a todos los que le recibieron, a los que creen en su nombre, les dio potestad de ser hechos hijos de Dios" (Jn. 1:12).

El Espíritu es enviado a la tierra para dar testimonio de Cristo (Jn. 15:26). En esa misión de testimonio viene para glorificar al Hijo, tomando de lo suyo y haciéndolo conocer (Jn. 16:14), pero la misión de testificar de Cristo es dada a cada creyente, como dijo el Señor: "Y vosotros daréis testimonio también, porque estáis conmigo desde el principio" (Jn. 15:27; RVR). En el tiempo inmediatamente anterior a la ascensión, el Señor Jesús dijo a los suyos que debían esperar en Jerusalén hasta que fuesen bautizados con el Espíritu Santo (Hch. 1:4, 5).

El Espíritu actúa en el creyente preservando el testimonio para que sea correcto: "Pero cuando venga el Espíritu de verdad, él os guiará a toda verdad; porque no hablará por su propia cuenta sino que hablará todo lo que oyere, y os hará saber las cosas que habrán de venir. Él me glorificará; porque tomará de lo mío y os lo hará saber" (Jn. 16:13, 14). Por consiguiente, la obra de testimonio del Espíritu hace que el testimonio cristiano sea el resultado conjunto y el instrumento testificante en el creyente: "Y nosotros somos testigos suyos de estas cosas, y también el Espíritu Santo, el cual ha dado Dios a los que le obedecen" (Hch. 5:32).

## *Bautismo*

La palabra *bautismo*[22] procede del verbo que denota sumergir, hundir, mojar, y se usa para hablar del tinte de los tejidos, de una pieza de tela que se sumerge en el tinte, incluso de meter una espada en la funda. En este sentido, expresa una idea de introducir y requiere luego la acción contraria de sacar aquello que se ha sumergido. El verbo

---

[22] Griego: βάπτω.

*bautizar*[23] también expresa la idea de sumergir, pero sin que necesariamente se exija una acción contraria. En el griego clásico se usa para referirse, por ejemplo, a sumergir algo en el mar.

La unidad de la iglesia se produce por el bautismo del Espíritu y cumple la petición de Cristo en la oración al Padre: "Que sean uno" (Jn. 17:11, 21, 22, 23). Todo salvo ha sido bautizado por el Espíritu Santo en el momento del nuevo nacimiento; quien no lo haya sido, no ha sido salvo.

Un grave problema teológico es confundir la acción del Espíritu bautizando al salvo en Cristo con otras operaciones suyas; más grave es confundir el bautismo con la plenitud del Espíritu.

Esta obra divina del Espíritu Santo se considerará con más amplitud en los volúmenes sobre soteriología y eclesiología.

## Sello

Una obra divina propia del Espíritu Santo es el sello, que alcanza a cada uno de los que creen. Sobre esta operación divina escribe el apóstol Pablo: "… Dios, el cual también nos ha sellado, y nos ha dado las arras del Espíritu en nuestros corazones" (2 Co. 1:22). Así también aparece en otro escrito del apóstol: "En Él también vosotros, habiendo oído la palabra de verdad, el evangelio de vuestra salvación, y habiendo creído en él, fuisteis sellados con el Espíritu Santo de la promesa" (Ef. 1:13). El sello es la garantía de que Dios reconoce a los que son suyos (2 Ti. 2:19).

Este asunto ha sido abordado con más detenimiento en *Trinidad*, volumen III de esta colección, a donde remitimos a los lectores.[24]

## Plenitud

Esta es otra obra divina en la que está presente el atributo de la omnipresencia y en la que se manifiesta la inmanencia del Espíritu en cada creyente. Esta plenitud se refiere al hecho de ser controlado absoluta y totalmente por el Espíritu. También este aspecto ha sido abordado de manera más detenida en *Trinidad*, volumen III de esta colección, a donde remitimos a los lectores.[25]

---

[23] Griego: βαπτιζω.
[24] Cf. Pérez Millos, 2024, pp. 595-597.
[25] Cf. Pérez Millos, 2024, pp. 599 ss.

## *Intercesión*

La referencia a esta obra divina del Espíritu Santo es esta: "Y de igual manera el Espíritu nos ayuda en nuestra debilidad; pues qué hemos de pedir como conviene, no lo sabemos, pero el Espíritu mismo intercede por nosotros con gemidos indecibles" (Ro. 8:26). Así escribe, William R. Newell, comentando este versículo:

> Notemos que la palabra "flaqueza" está en singular, porque en nosotros no hay sino flaqueza. No sabemos orar como debemos. ¡Cuidémonos de la voluble e íntima cháchara del predicador modernista en sus oraciones! Él quisiera adular tanto al Todopoderoso como a sus oyentes, y más que todo a sí mismo, en sus hermosos y elocuentes discursos para Dios. No así Pablo ni los verdaderos santos de Dios, quienes tienen el Espíritu Santo. En ellos existe el sentido de la necesidad suprema e ilimitada, y a la par, el sentido de la ignorancia y la incapacidad. No obstante —¡bendito sea Dios!— con todo esto existe también el sentido de la ayuda sin límites del Espíritu Santo.
>
> El Espíritu mismo intercede por nosotros con gemidos indecibles. Sabemos que Cristo intercede por nosotros a la diestra de Dios, pero aquí el Espíritu intercede dentro de nosotros; el Espíritu, que conoce la vasta e insondable necesidad de cada uno de nosotros, conoce esa necesidad hasta el último detalle. […]
>
> Hay necesidades nuestras que nuestra mente ignora y que nuestro lenguaje no podría expresar si pudiéramos percibirlas, pero forma parte del gran plan de Dios para nuestra salvación el que esta oración eficaz tenga su lugar —la oración, cuyo mismo significado no podemos comprender—. Hombres de Dios han testificado que el espíritu de oración los ha postrado en profundos y frecuentes "gemidos", largamente continuados. Creemos que en este versículo se incluye tal conciencia de la oración del Espíritu, pero la más importante o principal parte de los gemidos del Espíritu dentro de nosotros quizá jamás alcance la conciencia de nuestro espíritu.[26]

## *Santificación*

Este tema se considerará en el apartado correspondiente más adelante, por lo que aquí solo se da una panorámica en relación con las obras divinas del Espíritu.

---

[26] Newell, 1949, p. 264 ss.

Los términos *santo, santificar, santificación,* etc. tienen la connotación de separar algo para alguien. En el sentido bíblico, se refieren a la operación del Espíritu en los creyentes —los que, por salvación, Dios separa para sí— apartándolos de la condición que anteriormente tenían.

El tema es extenso en el Nuevo Testamento. Así, el escritor de la epístola a los Hebreos enseña: "Porque con una sola ofrenda ha hecho perfectos para siempre a los que son santificados" (He. 10:14; RVR). Dios hace posible separar a personas, antes pecadores perdidos y destinados a condenación eterna, para formar un pueblo de hijos suyos para sí mismo, sobre la base de la obra redentora de Cristo. Así también el apóstol Pablo, escribiendo a los tesalonicenses, dice: "Pero nosotros debemos dar siempre gracias a Dios respecto a vosotros, hermanos amados por el Señor, de que Dios os haya escogido desde el principio para salvación, mediante la santificación por el Espíritu y la fe en la verdad" (2 Ts. 2:13).

La santificación se hace experimental para el creyente durante su vida terrenal (1 Ts. 4:3, 4), pasando a ser definitiva en la glorificación (Ro. 8:29; Ef. 1:4; Jud. 24; 1 Jn. 3:1-3).

**Conclusión**

Se ha procurado hacer una aproximación a la doctrina del Espíritu Santo para afirmar bajo la autoridad de la Biblia que es Dios, el único Dios verdadero, en la unidad del Padre y del Hijo. Sin duda, no se ha agotado el tema; la extensión y profundidad de esta verdad requiere introducirse en el estudio de cada una de las particularidades que se han considerado en los párrafos anteriores. Es necesario entender que no es posible agotar ningún tema de la Escritura, puesto que, siendo Palabra de Dios, adquiere la dimensión de quien la expresa, que es Él mismo.

Nada mejor para cerrar el capítulo que acudir a las conclusiones del Concilio de Nicea:

> Creemos en un solo Dios Padre, Todopoderoso, Creador del cielo y de la tierra, de todo lo visible y lo invisible; y en un solo Señor, Jesucristo, el unigénito de Dios, nacido del Padre antes de todos los siglos, luz de luz, Dios verdadero de Dios verdadero; engendrado, no creado, consustancial con el Padre, por quien todo fue hecho; que por nosotros los hombres y por nuestra salvación bajó del cielo y se encarnó por obra del Espíritu Santo de María la Virgen y se hizo hombre; por nuestra causa

fue crucificado en tiempo de Poncio Pilato y padeció y fue sepultado, y resucitó al tercer día según las Escrituras y subió al cielo; y está sentado a la derecha del Padre; y de nuevo vendrá con gloria, para juzgar a vivos y muertos, y su reino no tendrá fin.

Y en el Espíritu Santo, Señor y dador de vida, que procede del Padre; que con el Padre y el Hijo recibe una misma adoración y gloria, que habló por los profetas. Creemos en la iglesia una, santa, católica y apostólica. Confesamos un solo bautismo para la remisión de los pecados. Esperamos la resurrección de los muertos y la vida del mundo futuro. Amén.

# CAPÍTULO III
# PERSONALIDAD Y PROCEDENCIA

Demostrada ya la deidad del Espíritu Santo, debe establecerse qué relación hay en el seno trinitario y cómo ha de considerarse en relación con las otras dos hipóstasis en el ser divino.

Dios se revela en la Escritura como un ser personal, en el que subsisten tres personas, la del Padre, la del Hijo y la del Espíritu Santo. Tal revelación conduce inevitablemente a la Trinidad, esto es, un Dios en tres personas, asunto que se ha tratado en el tercer volumen de esta sistemática, a donde remitimos al lector para una reflexión más extensa.

En el ser divino se aprecia la subsistencia de tres unos distintos, plenamente caracterizados individualmente y que, sin embargo, no son independientes —lo que resultaría en tres Dioses—, sino individuales; sin embargo, cada una de las individualidades es a su vez el único Dios verdadero.

No cabe duda de que esto es una novedad del Nuevo Testamento y de la doctrina que los apóstoles transmitieron. Algunos tratando de ser fieles a lo que siempre se había enseñado y con el deseo de mantener la unidad divina o, si se prefiere, con el deseo de defender la unidad de Dios, trataron de enseñar que cada una de las manifestaciones reveladas en la Escritura, bien sea en el Padre o en el Hijo o en el Espíritu Santo, son solo formas o manifestaciones de Dios uno y único en distintos aspectos, conforme a lo que convenía para Él. Por esa razón, unas veces es Padre; otras, Hijo; y otras, Espíritu. Todas estas son manifestaciones o tendencias subordinacionistas, que pretenden eliminar la interrelación trinitaria y, sobre todo, la verdad de la consustancialidad de vida entre las tres personas divinas, presentándolas como sujetos de acción o modalidades de aparición que no son otra cosa que figuras de revelación histórica del Uno. De este modo escribía Hilario de Poitiers:

> Los herejes, aunque no pueden cambiar en modo alguno estas cosas en cuanto a su realidad, aducen, con todo, doctrinas nuevas e invenciones humanas; así, Sabelio dice que el Padre se extiende en el Hijo a sí mismo y cree que la distinción entre el

Padre y el Hijo es cuestión de nombres más que de realidad, pues imagina que el Hijo es el mismo que el Padre.[27]

Más adelante, dice:

Y con esto, ¿qué tiene de admirable que tengan también una idea distinta acerca del Espíritu Santo aquellos que de modo tan temerario afirman que el que lo concede ha sido creado, está sometido al cambio o puede desaparecer? Y así deshacen la verdad de este perfecto misterio inventando una diversidad de sustancias donde reina una tan gran comunión: niegan al Padre cuando privan al Hijo de la verdadera filiación, desconocen al Espíritu Santo cuando ignoran su posesión por nosotros y a aquel de quien proviene. De este modo, llevan a la perdición a los inexpertos cuando afirman la racionalidad de esta doctrina y engañan a los oyentes privando a los nombres de la realidad de su naturaleza, ya que no pueden quitar los nombres a esta realidad.[28]

Si bien en el principio del establecimiento de la doctrina, sobre todo en los padres apostólicos, la Escritura excluía cualquier otra expresión que no estuviese en ella, debido a la necesidad de expresar asuntos de fe y también refutar herejías que se producían, se vieron en la necesidad de utilizar o incluso crear expresiones que fuesen útiles para excluir el error y afirmar la fe. Aunque estas palabras, que en sí mismas expresan conceptos no estén registradas en los escritos bíblicos, no por ello dejan de ser imprescindibles para expresar correctamente la fe. A modo de ejemplo, *Trinidad* no aparece en la Biblia, pero es el vocablo necesario para referirse no a un triteísmo, sino a la unidad de Dios en tres personas. De igual manera, el término *consubstanciación* no está en la Escritura, pero es el único que podemos usar para referirnos a la participación de las personas divinas en la única substancia. Así ocurre también con inmanencia, para expresar la presencia de cada persona divina en las otras, sin mezcla, esto es, guardando la individualidad sin independencia.

Especialmente por las herejías que nacen de un mal entendimiento de las verdades sobre Dios, se tuvo que recurrir a la búsqueda de palabras apropiadas para conceptos puntuales. Nuevamente escribe Hilario de Poitiers:

---

[27] Hilario de Poitiers, 1986, p. 74.
[28] *Ibid.*, p. 73.

> Por los errores de los herejes y blasfemos, nos vemos obligados a hacer lo que no es lícito, a escalar lo escarpado, a hablar de lo inefable, a atrevernos a lo prohibido. Y aunque hubiera sido más conveniente cumplir con la sola fe lo que está ordenado, es decir, adorar al Padre, venerar con él al Hijo y tener en abundancia al Espíritu Santo, nos vemos obligados a ampliar nuestro humilde lenguaje hasta hablar de las cosas que son inexpresables; a causa del error ajeno, nos encontramos forzados a exponernos al error, de modo que aquello que hubiera tenido que quedar oculto en la devoción de nuestros corazones, ahora ha de ser sometido a los peligros del lenguaje humano.[29]

Se entiende que, a lo largo del tiempo, para precisar la doctrina conforme a la revelación, fue necesario el uso de palabras que, por ser del lenguaje humano, no expresan, sino aproximadamente, las realidades espirituales que se intuyen en ella. De este modo, el uso de la palabra *persona* para expresar las tres realidades subsistentes en el ser divino es la más próxima para referirse a las tres individualidades personales consustanciales en el Dios único.

**Persona divina**

El término persona procede etimológicamente del griego y conlleva la idea de *rostro, lo que se ve de otro, lo que está delante*, también *expresión facial, semblante*, de ahí una aplicación a *máscara*, que se usaba en el teatro para cambiar la faz de un actor. De igual modo ocurre también con el término latino *persona*, que se traduce habitualmente del mismo modo y contempla el sentido de máscara, que es lo que se ve de la forma del rostro de una persona.

La metafísica utiliza el término para referirse a la expresión del ser que tiene que ver con la individualidad y racionalidad. En cuyo caso, no se excluyen las imperfecciones, que son propias del ser, y aquello que puede ser transmitido de una persona a otra, así como sus propiedades y causas primeras. Tales aspectos tienen que estar necesariamente excluidos en todo lo relacionado con Dios. Sin embargo, desde la comparación del hombre como persona podemos acercarnos a la existencia trina en el ser divino, teniendo presente que cuantas debilidades e imperfecciones puedan darse en la persona humana están absolutamente ausentes de las personas divinas.

---

[29] *Ibid.*, p. 72 ss.

Como se ha tratado este tema con cierta extensión en los volúmenes primero y tercero de esta colección —*Cristología y Trinidad*, respectivamente—, remitimos allí a los lectores para obtener un detalle extenso de la temática, teniendo en consideración de manera especial las realidades y particularidades que conlleva el tratamiento de la persona de Dios Espíritu Santo.[30]

**Personalidad del Espíritu Santo**

Considerado el amplio sentido del concepto persona aplicado a la deidad es que dicho término no se utiliza en la Biblia para referirse a las tres distinciones en la eterna existencia divina; sin embargo, los elementos constituyentes de la personalidad se aplican a cada miembro de la deidad. Debe llegarse, pues, a la conclusión de que hay tres subsistencias,[31] que poseen autosubsistencia, distintivas una de la otra y comunicables entre sí, a las que se llama *personas*. Cada una de ellas tiene la naturaleza divina, que incluye todos los atributos pertenecientes al ser divino.

Estas tres personas, participantes de una y la misma esencia, existen eternamente en mutua relación, procediendo la segunda persona de la primera, y la tercera de la primera y la segunda. La relación se expresa por medio de los nombres de Padre, Hijo y Espíritu Santo, siendo el Padre la fuente de la esencia de la que participan las otras dos. Vinculada a ello está la procedencia, relativa a la segunda persona como generación y a la tercera como emanación afectiva, sin que en ningún modo pueda considerarse ni tan siquiera como un atisbo de inicio de vida, ya que ninguna de ellas fue creada, sino que existen eternamente en igualdad y comunión en el seno trinitario.

Las bases mínimas de la doctrina sobre la Trinidad son imprescindibles a la hora de estudiar la persona de Dios Espíritu Santo como una de las tres subsistentes en la deidad, de modo que permitan luego proseguir con el estudio de la tercera persona divina.

*Poseedor de atributos propios de una persona*

*Intelecto*

Esto se aprecia tanto en el Antiguo como en el Nuevo Testamento. Refiriéndose al Mesías, dice Isaías: "Y reposará sobre él el Espíritu de

---

[30] Cf. Pérez Millos, 2023a, cap. III; Pérez Millos, 2024, cap. VIII.
[31] Griego: ὑπόστασι .

Jehová; espíritu de sabiduría y de inteligencia, espíritu de consejo y de poder, espíritu de conocimiento y de temor de Jehová" (Is. 11:2). En el Nuevo Testamento, el apóstol Pablo, escribe: "Para que el Dios de nuestro Señor Jesucristo, el Padre de gloria, os dé espíritu de sabiduría y de revelación en el conocimiento de Él" (Ef. 1:17). Se trata de una petición para recibir, mediante la acción del Espíritu, la capacitación para entender la revelación acerca de Dios mismo. El Espíritu Santo ilumina al creyente para comprender y descubrir las cosas de Dios, es decir, para conocer mejor a Dios, sus obras y propósitos.

*Sensibilidad*

Solo una persona puede ser sensible. Por esa razón, cuando se habla de sensibilidad en relación con el Espíritu Santo, se lo está situando en el plano de la persona. Entre otras evidencias bíblicas del Antiguo Testamento se encuentran las palabras de la profecía: "Mas ellos fueron rebeldes, e hicieron enojar su Santo Espíritu" (Is. 63:10). Del mismo modo que el Ángel de su faz (v. 9) es la manifestación de la segunda persona divina, que actúa en relación con su pueblo, así también el Espíritu es una persona que puede ser contristada, como hizo el pueblo de Israel. También el apóstol Pablo enseña sobre la intercesión del Espíritu (Ro. 8:26), texto que se ha comentado antes; es propio de una persona el ministerio de intercesión, cosa imposible de asignar a un atributo personal de Dios, ya que es el mismo Espíritu quien intercede.

*Oye*

El Señor Jesucristo, al anunciar el envío del Espíritu Santo, manifestó que "cuando venga el Espíritu de verdad, él os guiará a toda la verdad; porque no hablará por su propia cuenta, sino que hablará todo lo que oyere, y os hará saber las cosas que habrán de venir" (Jn. 16:13).

*Escudriña*

En un texto que se mencionó antes, el apóstol Pablo escribe: "El Espíritu todo lo escudriña, aun lo profundo de Dios. Porque ¿quién de los hombres sabe las cosas del hombre, sino el espíritu del hombre que está en él? Así tampoco nadie conoció las cosas de Dios, sino el Espíritu de Dios" (1 Co. 2:10, 11). La capacidad de escudriñar no es de una fuerza o de un elemento de la persona, sino de la persona misma, quien, siendo Dios, conoce en plenitud la intimidad de la deidad y con ello la de cada una de las personas subsistentes en ella.

## Habla

Las referencias a esta acción personal están mayoritariamente en el libro de Hechos. No es posible determinar cómo habló, pero no cabe duda de que se trata de mensajes que el Espíritu les hizo percibir. Así ocurrió con Felipe: "Y el Espíritu dijo a Felipe: Acércate y júntate a ese carro" (Hch. 8:29). No se trata de un ángel dando instrucciones, como había sucedido antes (vs. 26), sino del mismo Espíritu, que le habla directamente.

Otra referencia tiene que ver con la instrucción a la iglesia en Antioquía para que separasen a Pablo y Bernabé para la obra misionera: "Mientras estos estaban celebrando el culto del Señor, y ayunando, dijo el Espíritu Santo: Apartadme a Bernabé y a Saulo para la obra a que los he llamado" (Hch. 13:2; RVR).

## Controla

En alguna ocasión, los planes que el apóstol Pablo tenía sobre el cumplimiento de su misión evangelizadora fueron impedidos por el Espíritu: "Y atravesando Frigia y la región de Galacia, les impidió el Espíritu Santo hablar la palabra en Asia; y cuando llegaron a Misia, intentaron ir a Bitinia, pero el Espíritu de Jesús no se lo permitió" (Hch. 16:6, 7; RVR). Los planes misioneros se sujetan en todo a la acción y dirección del Espíritu, supeditando los deseos personales a la voluntad de Dios.

## Enseña

En su condición de persona divina, se le reconoce al Espíritu Santo otra obra personal; como dijo Jesús a los suyos: "El Consolador, el Espíritu Santo, a quien el Padre enviará en mi nombre, él os enseñará todas las cosas, y os recordará todo lo que yo os he dicho" (Jn. 14:26). Solo quien es persona puede ejercer una actividad personal como es la de enseñar.

## Juzga

El Espíritu Santo juzga, como persona que es. La conclusión del Concilio de Jerusalén, para juzgar el comportamiento de los judaizantes, concluye con la decisión del concilio: "Porque ha parecido bien al Espíritu Santo, y a nosotros, no imponeros ninguna carga más que estas cosas necesarias" (Hch. 15:28). El triunfo no había sido de los creyentes que consideraron y aprobaron el acuerdo alcanzado, sino del Espíritu, que condujo la acción de cada uno conforme a su propósito.

*Convence de pecado*

De esta manera se lee en el Evangelio según Juan: "Y cuando él venga, convencerá al mundo de pecado, de justicia y de juicio" (Jn. 16:8). La convicción, que deja al pecador sin excusa a causa del pecado y le aclara el alcance de la obra de salvación, tiene que ver con la acción personal del Espíritu Santo.

Este aspecto se ha considerado anteriormente, y volverá a tenerse en cuenta al hablar del Espíritu en la salvación.

*Ejerce voluntad*

Sin acciones volitivas no puede reconocerse a una persona. Hablando de los dones que el Espíritu Santo otorga, el apóstol Pablo concluye de este modo: "Pero todas estas cosas las hace uno y el mismo Espíritu, repartiendo a cada uno en particular como él quiere" (1 Co. 12:11). Esta es una evidente demostración de la personalidad del Espíritu Santo que, como persona divina, tiene voluntad y capacidad de obrar.

*Escoge y envía*

En dos textos se aprecia la acción de elección y envío que hace el Espíritu Santo. El primero es un texto de Hechos: "Ministrando estos al Señor, y ayunando, dijo el Espíritu Santo: Apartadme a Bernabé y a Saulo para la obra a que los he llamado" (Hch. 13:2).

Más adelante en el mismo libro, con ocasión de la despedida del apóstol Pablo de los líderes de la iglesia en Éfeso, se lee: "Por tanto, mirad por vosotros, y por todo el rebaño en que el Espíritu Santo os ha puesto por obispos, para apacentar la iglesia del Señor, la cual Él ganó por su propia sangre" (Hch. 20:28).

*Guía*

Una manifestación más de las obras personales del Espíritu Santo se indica en el siguiente texto de Pablo: "Porque todos los que son guiados por el Espíritu de Dios, estos son hijos de Dios" (Ro. 8:14). Jesús había dicho a los discípulos que cuando recibiesen el Espíritu Santo que iba a ser enviado, Él les enseñaría todas las cosas (Jn. 14:26). El apóstol Pablo hace mención en el texto de esa actividad de la tercera persona divina.

*Intercede*

Una obra divina personal del Espíritu Santo es el ministerio de intercesión. El apóstol Pablo, escribe: "Mas el que escudriña los corazones sabe cuál es la intención del Espíritu, porque conforme a la voluntad de Dios intercede por los santos" (Ro. 8:27). La palabra que utiliza aquí el apóstol, traducida como *intención*,[32] denota lo que se piensa, la convicción y orientación con que el Espíritu intercede por los santos.

Podría considerarse este apartado con mayor extensión y comentar cada una de las obras personales que el Espíritu Santo realiza, pero el propósito en esta ocasión es la demostración de que Él es, además de Dios, una persona divina. La verdad es incuestionable y nos permite afirmar definitivamente esta realidad personal en el seno trinitario.

## Personalización del Espíritu Santo

### Consideraciones generales

Se ha hecho notar anteriormente que la persona del Espíritu Santo reviste ciertas dificultades en comparación con el Padre y el Hijo. Una de ellas está en la continua vinculación con las otras personas, de manera que se lo identifica con el Padre, cuando se lo llama, tanto en el Antiguo como en el Nuevo Testamento, *Espíritu de Yahvé* (cf. Jue. 3:10; 6:34; 11:29; 13:25; 14:6, 19; 15:14; 1 S. 10:6; 16:13, 14; 2 S. 23:2; 1 R. 22:24; 2 R. 2:16; 2 Cr. 18:23; 20:14; Is. 11:2; 40:13; 59:19; 61:1; 63:14; Ez. 11:5; Mi. 2:7; 3:8). En el Nuevo Testamento también se vincula con el Padre en muchos lugares (cf. Mt. 3:16; 12:28; Ro. 8:9, 14; 15:19; 1 Co. 2:11, 14; 3:16; 7:40; 12:3; 1 P. 4:14; 1 Jn. 4:2). Del mismo modo se vincula con el Hijo (cf. Ro. 8:9; Fil. 1:19; 1 P. 1:11). Por este motivo, pareciera estar rodeado de una forma de misterio.

Así escribe el Dr. Lucas F. Mateo:

> Se ha escrito con razón que el Espíritu Santo es la persona más misteriosa de la Santísima Trinidad, pues al igual que en el hombre su espíritu indica su intimidad, el Espíritu Santo expresa la invisibilidad de Dios, su profundo secreto y su incomprensibilidad. En el Espíritu Santo nos encontramos con el misterio más profundo de la vida trinitaria, de la misma

---

[32] Griego: φρόνημα.

forma que nos topamos con lo más secreto del hombre cuando conocemos su espíritu y su alma. No tiene nada de extraño, pues el que se haya calificado al Espíritu Santo tantas veces como el Gran Desconocido. Ya Tomás de Aquino advertía que existe una auténtica pobreza de vocablos —*vocabulorum inopia*— para expresar lo que se refiere al Amor y, en consecuencia, para expresar lo referente al Espíritu Santo.[33]

A esto se le añade la dificultad de expresar convenientemente la generación de la tercera persona divina. En contraste con la generación de la segunda —que, como Verbo eterno, se personifica por la vida del intelecto como expresión plena, infinita y exhaustiva de la mente eterna del Padre, engendrado sin origen ni final, por generación inmanente—, la del Espíritu se torna compleja al entender la personalización por la vía del amor. Todavía más, las procedencias de las personas divinas van desde la de la segunda en relación con la primera como paterno-filial, y esa procedencia se hace única en relación a origen, es decir, el Hijo procede únicamente del Padre que, como principio sin principio, no tiene procedencia. En cambio, la del Espíritu Santo se revela como una procedencia de las dos personas: la primera y la segunda. Mientras el Verbo, Hijo eterno del Padre, es enviado por este y procede de Él, no ocurre así con el Espíritu, que procede tanto del Padre como del Hijo.

A dichas dificultades, expresadas de un modo sucinto, se añade la controversia no resuelta definitivamente del *filioque*, voz latina que se traduce como "y del Hijo", y que es una cláusula insertada por la teología latina de la iglesia en el símbolo niceno-constantinopolitano del Concilio de Constantinopla I del año 381. Este tema se abordará más adelante.

Es preciso reincidir en la expresión de la verdad trinitaria. En el ser divino existe eternamente la subsistencia de tres personas. Basta la lectura del Nuevo Testamento y, de forma muy destacada, del libro de Hechos de los Apóstoles para descubrir que el Espíritu no es una fuerza activa de Dios, como los de la corriente arriana y su derivado el socinianismo pretenden hacer creer, sino que es descrito como uno, y se lo presenta precedido en muchos lugares del artículo determinado *el*, usando también el pronombre personal en primera persona para mencionarlo.

---

[33] Mateo-Seco, 1998, p. 124.

Una manifestación clara de la persona divina se encuentra en el bautismo de Jesús, donde, en un texto eminentemente trinitario, las tres personas divinas se hacen notoriamente presentes: el Padre testificando acerca del Hijo, el Hijo bautizándose en su naturaleza humana y el Espíritu descendiendo en forma corporal como paloma. La distinción de personas es notable. La primera afirma que Jesús es su Hijo y que le ama infinita y permanentemente, de ahí que sea el amado del Padre, mientras que la humanidad del Verbo desde el agua ora al Padre en un diálogo temporal que expresa visiblemente el diálogo eterno en el seno trinitario, y el Espíritu, por su parte, al descender pone de manifiesto como revelación divina al Bautista que aquel es el Mesías, el enviado del Padre (Mt. 3:13-17; Mr. 1:9-11; Lc. 3:21, 22).

La distinción personal se aprecia con toda precisión en la ordenanza del bautismo, que se establece en el nombre del Padre y del Hijo y del Espíritu Santo (Mt. 28:19). El artículo determinado masculino singular (*el* nombre) se manifiesta en tres personas diferentes, pero que son el único Dios verdadero.

Otra presencia trinitaria se encuentra en la bendición apostólica con que Pablo cierra la segunda epístola a los Corintios, donde también aparecen el Padre y el Hijo y el Espíritu Santo (2 Co. 13:14).

### *Personalidad del Espíritu Santo*

*Modo*

La constitución de la tercera persona es por vía del amor, mientras que la de la segunda es por vía del intelecto. Por esa razón, el nombre de la segunda persona es Hijo, el de la primera es Padre y el de la tercera es Espíritu. Las palabras para expresar la realidad personal del Espíritu, lo mismo que la de las otras, quedan limitadas, puesto que el idioma humano no encuentra etimología para denotar la realidad infinita que se produce en la deidad. Por esa razón, es necesario explicar el sentido que quiere dársele a los vocablos relativos a Dios y, en forma especial en este caso, a los que han de ser aplicados en relación con la constitución de la persona del Espíritu Santo.

Si usamos el sustantivo *origen*, debemos entender que las acepciones de esta palabra tienen que ver con principio, nacimiento, manantial, raíz, causa de algo. Si afirmamos que el amor es el principio de constitución de la tercera persona, hemos de atender al término que denota primer instante del ser de algo, la causa y el origen de algo. Al usar cualquiera de las dos palabras es necesario comprenderlas no como comienzo existencial y mucho menos temporal, puesto que Dios es eterno y las personas divinas lo son también necesariamente. Ninguna de ellas tiene origen en el sentido de *comienzo*, ninguna de ellas tiene principio, lo que significaría una no existencia anterior.

El texto bíblico afirma que el Espíritu Santo procede del Padre y también del Hijo, porque es enviado por Él (Jn. 15:26). Jesús dijo que al Espíritu lo enviaría el Padre en su nombre (Jn. 14:26). El Espíritu enviado descendería sobre los apóstoles y en general sobre los creyentes (Hch. 1:4, 8). El Señor Jesucristo se comprometió a enviar sobre ellos la "promesa de mi Padre" (Lc. 24:49). Este envío supone necesariamente una procedencia tanto del Padre como del Hijo. La vinculación de procedencia hace que se le llame en ocasiones *Espíritu del Señor* (2 Co. 3:17), otras veces *Espíritu de Cristo* (Ro. 8:9) y otras *Espíritu de Jesús*[34] (Hch. 16:7).

El sentido de procedencia señala el término de una relación, de la cual es principio otra persona; en este caso, se habla de procedencia en relación con la primera y la segunda persona. Sin embargo, es necesario entender correctamente que el envío *ad extra* no puede producirse si no existe una procesión *ad intra*. Por esa razón, el Padre no puede ser enviado porque no procede de ninguna otra persona. En cambio, el Hijo es enviado porque procede del Padre. De ese mismo modo, el Espíritu es enviado por su procedencia del Padre y del Hijo. Es por eso que se dice que el Padre y el Hijo envían al Espíritu Santo, porque procede de ellos.

Es interesante un breve párrafo del Dr. Lacueva en relación al Espíritu como procedente también del Hijo: "Si el Espíritu Santo no procediese también del Hijo, no se distinguiría de Él, puesto que la única raíz de distinción real entre las personas divinas es la oposición mutua de relaciones, ya que todo lo que es absoluto es común a las tres".[35]

La procedencia del Padre y del Hijo es en realidad un solo y único principio porque cuanto es del Padre lo es también del Hijo y viceversa (Jn. 16:13-15). Tan solo las relaciones de paternidad y filiación tienen que ser individuales, puesto que son origen personalizador de la segunda persona.

Ninguna de las personas divinas tiene origen de existencia, de modo que el amor entre ellas tampoco lo tiene. Así escribía Gregorio Taumaturgo, uno de los Padres de la Iglesia, nacido ca. 213, al referirse

---

[34] Atestiguado en muchos mss., donde se lee: Πνεῦμα Ἰησοῦ.
[35] Lacueva, 1983, p. 93.

a la relación trinitaria: "Por lo tanto, no hay nada creado, nada sujeto a otro en la Trinidad; ni tampoco hay nada que haya sido añadido como si alguna vez no hubiese existido, sino que ingresó luego. Por lo tanto, el Padre nunca ha estado sin el Hijo, ni el Hijo sin el Espíritu, y esta misma Trinidad es inmutable e inalterable por siempre".[36]

En la mutua relación de amor infinito y eterno en la Trinidad, el Espíritu Santo procede del Padre y del Hijo, como un solo principio, por la vía de la espiración. Esta espiración no es nunca inspiración, puesto que ninguna de las personas divinas recibe solo ella el amor de la otra, sino que las dos espiran el viento del amor eterno que se constituye, por su condición e infinitud, en la expresión del amor eterno. De modo que el Espíritu Santo se personaliza como amor *ad intra* del Padre y del Hijo, como si se dijese que es la emanación personal del corazón de Dios. Así se puede entender mejor el texto que por inspiración escribió el apóstol Pablo: "El amor de Dios ha sido derramado en nuestros corazones por el Espíritu Santo que nos fue dado" (Ro. 5:5).

No se trata tanto de la comunicación del amor, sino de la presencia de la tercera persona que lo personaliza y que, al estar en el creyente como templo suyo, lo manifiesta en sí mismo y lo comunica en Él, en la dimensión infinita que es; de ahí que no lo da, sino que lo derrama, porque la expresión del amor de Dios está en el creyente. Eso es posible porque el Espíritu nos fue dado, es el gran don de Dios. Así reflexionaba Tomás de Aquino, afirmando que el primer don de Dios es su corazón, puesto que quien da algo, lo hace desde el corazón, es decir, de su amor, sin el cual el don no tendría valor alguno. De este modo escribía Tomás, refiriéndose a la procesión del Espíritu:

> Como las procesiones divinas son dos, una de ellas, la que es por modo de amor, no tiene nombre propio, según hemos dicho, por lo cual las relaciones derivadas de esta procesión son innominadas, de donde resulta que la persona procedente de este modo tampoco tiene nombre propio. Sin embargo, así como el uso acomodó ciertos nombres a significar dichas relaciones, ya que las llamamos "procesión" y "espiración", nombres que por su propio significado más bien parecen designar actos nocionales que relaciones, así también para significar la persona que procede por el modo de amor, se acomodó, basándose en el lenguaje de la Escritura, este nombre: Espíritu Santo.[37]

---

[36] Gregorio Taumaturgo, *Ekthesis tes pisteos* (Exposición de la fe).
[37] Tomás de Aquino, 1959, I, q. 36, a. 3.

En relación a la espiración del amor de las dos personas divinas, escribe:

> Si el Hijo recibiere del Padre otra virtud numéricamente distinta para espirar al Espíritu Santo, se sigue que sería un modo de causa segunda e instrumental, y en ese caso más bien procedería del Padre que del Hijo. Pero la virtud o poder espirativo es uno y el mismo en el Padre y en el Hijo, y, por tanto, procede igualmente de los dos, aunque en ocasiones se diga que, propia o principalmente procede del Padre, porque del Padre recibe el Hijo el poder de espirar.[38]

La vía afectiva es el modo de personalización de la tercera persona de la deidad. Esto exige reiterar que nunca puede hablarse de principio como causa originadora, de lo que antes no existía, porque la persona del Espíritu Santo es coeterna con las otras dos. Nuevamente apelamos a Tomás de Aquino, que escribe: "Así como la generación del Hijo es coeterna con el que engendra, de modo que no hubo Padre antes de engendrar al Hijo, así también la procesión del Espíritu Santo es coeterna con su principio. Por tanto, el Hijo no fue engendrado antes de que procediese el Espíritu Santo, sino que ambas procesiones son eternas".[39]

Agustín de Hipona escribía:

> Si el don tiene su principio en el donante, pues de él recibe cuanto tiene, hemos de confesar que el Padre y el Hijo son un solo principio del Espíritu Santo, no dos principios. Pero así como el Padre y el Hijo son un solo Dios, y respecto a la criatura son un solo Creador y un solo Señor, así con relación al Espíritu Santo son un solo principio; y con relación a las criaturas, el Padre, el Hijo y el Espíritu Santo son un solo principio, como uno es el Creador y uno es el Señor.[40]

El Espíritu Santo es pues la expresión personalizada del amor infinito de Dios, en especial en la relación paterno-filial de las dos primeras personas divinas. Pero es preciso entender si es posible en el amor divino la expresión de un acto nocional de Dios, es decir, si los actos nocionales de las personas pueden ser atribuidos a las personas. Esto

---

[38] *Ibid.*, I, q. 36, a. 3.2.
[39] *Ibid.*, I, q. 36, a. 3.3.
[40] Agustín de Hipona, 1956, Tomo V, p. 14.

ha sido, por lo menos parcialmente, cuestionado. Basten los ejemplos de Boecio, que afirmaba que todos los géneros que se atribuyen a Dios son expresión de la sustancia divina, salvo aquellos que llevan implícita una relación. Pero la acción que se pueda atribuir a Dios pertenece a la esencia y no a la noción. Del mismo modo se aprecia un cuestionamiento semejante en Agustín de Hipona, que afirmaba en su libro *Trinidad* que cuanto pueda ser atribuido a Dios solo procede por la sustancia divina o por la relación. En cuanto a la sustancia, son los atributos esenciales los que lo expresan, mientras que las relaciones se expresan por los nombres de las personas divinas y también por las propiedades; por consiguiente, no se pueden atribuir a las personas divinas actos nocionales.[41] Sin embargo, hay actos en Dios que son necesariamente nocionales. Así ocurre con engendrar al Hijo, que es un determinado acto, de manera que es necesario atribuir a Dios actos nocionales.

Es necesario entender que el origen de algo que procede directamente de Dios, como puede ser la creación del hombre, pertenece a la esencia divina. Pero el origen[42] de las personas divinas es en razón de procedencia, de ahí que tengan que ser llamados actos nocionales, puesto que las nociones de las personas son las relaciones que guardan entre sí. Dicho en palabras de Tomás de Aquino: "Las nociones de las personas son las relaciones que las distinguen".[43]

En la breve exposición sobre noción en Dios se abre el camino de la voluntad en cuanto a la generación de las personas divinas. Así el Padre no engendró al Hijo como causa necesaria, o como expresión de una necesidad natural; sin embargo, el amor es la expresión visible de la relación entre ambos, de modo que "el Padre nos ha trasladado al reino de su amado Hijo" (Col. 1:13). Si el Hijo es el amado del Padre, es decir, el destinatario del amor, y este es un acto de la voluntad, el engendrar del Hijo no puede sino ser un acto voluntario y no necesario de Dios. El amor con que el Padre ama al Hijo procede de la misma sustancia de Dios, que es amor, pero la orientación de ese amor vincula la relación de las personas en el seno trinitario, lo que necesariamente hace del amor persona. Sin duda, este es un asunto un tanto complejo, por lo que, para cerrar este apartado, traslado dos párrafos del Dr. Francisco Lacueva:

---

[41] Síntesis tomada de Agustín de Hipona, *Trinidad*, Tomo V.
[42] Entendido no como principio de existencia, sino como fuente de procedencia.
[43] Tomás de Aquino, *Suma teológica*, I, q. 32, a. 3.

Tenemos suficiente prueba para llamar Amor al Espíritu Santo, aunque la Palabra de Dios no le aplique explícitamente tal epíteto. En efecto, la tercera persona de la deidad es el producto del amor nocional —como dicen los teólogos— del Padre y del Hijo. Así como el Logos es la expresión exhaustiva de la mente del Padre, así el Pneuma es la impresión también exhaustiva del corazón del Padre y del Hijo, ya que el amor procede por atracción (Jn. 6:44), cerrando con ese abrazo de amor el ciclo de la vida intratrinitaria, y siendo como una punta de lanza en tensión *ad extra* ("el bien que tiende a difundirse"), para fecundar amorosamente (v. Gn. 1:2; Jn. 3:5) todo lo que existe y vive en lo natural y en lo sobrenatural. Así se hace fecundo *ad extra* el Espíritu que no lo es *ad intra* por recibir ya exhaustas, tanto la vía mental, por la que procede el Hijo como Logos del Padre, cuanto la vida sentimental o afectiva, por la que procede Él mismo como Pneuma del Padre y del Hijo.

De este modo, viene a ser el Espíritu Santo el Paráclito por antonomasia; es decir, la persona divina que amorosamente atrae, ayuda, consuela, defiende y vivifica. Es un amor que brota necesariamente en el seno de la deidad, ya que Dios no puede vivir sin amar (1 Jn. 4:8, 16), pero se derrama libremente sobre nosotros, ya que ningún ser creado, relativo, limitado, puede atraer necesariamente el amor de Dios. Dios se complace necesariamente en el bien que ha creado, pero es libre para crear al bien; en otras palabras, Dios solo pone su amor de complacencia donde ha puesto antes su amor de benevolencia (gr. *eudokía* = lo que le parece bien, v. Mt. 11:26; Lc. 2:14; 10:21; Ef. 1:5, 9; Fil. 2:13), la cual se derrama de acuerdo con el libre propósito de su voluntad (v. Ef. 1:11: *'kata ten boulén tou thelématos autou'*), ya que Dios no nos necesita (v. Sal. 50:12). Al contrario, somos nosotros los que le necesitamos a Él siempre y para todo (v. Hch. 17:25, 28).[44]

El Espíritu Santo, persona divina, es el vínculo o nexo de unión *ad intra* y, por tanto, lo es también *ad extra*. Al personalizarse expresa la realidad de la comunión entre el Padre y el Hijo; de ahí que la comunión cristiana no proceda solo por la acción del Espíritu, sino que al actuar, pone en relación al Padre y al Hijo, que participan en esa comunión, por lo que el apóstol Juan dice: "Lo que hemos visto y oído, eso os anunciamos, para que también vosotros tengáis comunión con nosotros; y nuestra comunión verdaderamente es con el Padre, y

---

[44] Lacueva, 1983, p. 95.

con su Hijo Jesucristo" (1 Jn 1:3). Juan habla de comunión en relación con Dios, donde está presente el Espíritu Santo, aunque no siempre se lo cite nominalmente; tal ocurre en la afirmación del apóstol: "Y el que guarda sus mandamientos, permanece en Dios, y Dios en él. Y en esto sabemos que él permanece en nosotros, por el Espíritu que nos ha dado" (1 Jn. 3:24). En la bendición apostólica a los corintios se aprecia también esta acción del Espíritu, ya que allí se menciona "la comunión del Espíritu" (2 Co. 13:14). No es posible la comunión con Dios sin el Espíritu Santo que la genera, comunica y sustenta.

Un asunto más que distingue la procedencia de la persona del Espíritu Santo por la vía del amor es la diferencia notable en dos textos que, fuera de este aspecto, son idénticos. Uno habla de las operaciones de la segunda persona: "De cierto, de cierto, os digo: No puede el Hijo hacer nada por sí mismo, sino lo que ve hacer al Padre; porque todo lo que el Padre hace, también lo hace el Hijo igualmente" (Jn. 5:19). El otro menciona las acciones de la tercera persona: "Pero cuando venga el Espíritu de verdad, él os guiará a toda la verdad; porque no hablará por su propia cuenta, sino que hablará todo lo que oyere, y os hará saber las cosas que habrán de venir" (Jn. 16:13). Por la generación mental de la segunda persona, esta hace lo que ve hacer al Padre, puesto que lo que pertenece al Padre pertenece también al Hijo (Jn. 10:30; 16:15). De ahí que el obrar de las dos primeras personas sea siempre conjunto. Por razón de procedencia, el Hijo no obra nada de sí mismo. Del mismo modo, el Espíritu no habla nada de sí mismo, por procedencia del Padre y del Hijo, pero al tener como misión comunicar las verdades a los creyentes, no habla lo que ve, sino lo que oye. En el oír para decir implica una acción afectiva, puesto que conduce a la obediencia, y esta siempre procede del amor. Esa es la causa por la que Cristo dijo a los suyos: "Si me amáis, guardad mis mandamientos" (Jn. 14:15). El Espíritu no habla por sí mismo, sino que lo hace conjuntamente con el Padre y el Hijo, de los que procede. Como alguien dijo: "El amor es la raíz de la que brota la obediencia; no amamos por obediencia, sino que obedecemos por amor".

La personalización del Espíritu Santo se ha demostrado en las múltiples actividades personales que se indicaron antes. Con todo, no se ha llegado a esto directamente, sino después de un intenso estudio y una formulación precisa de este elemento de la doctrina trinitaria. Es evidente que en el Antiguo Testamento se ve con plena claridad la acción y persona de Padre y se descubre, pero de modo más tenue, al Hijo. En el Nuevo Testamento, la gloriosa realidad del Padre continúa siendo nítida, y lo es también la del Hijo, quedando un tanto más difuminada la del Espíritu Santo. Significa esto que la precisión de la doctrina trinitaria y, dentro de ella, la pneumatología, ha tenido necesidad de un tiempo extenso para asentar firmemente las bases de la fe trinitaria.

*Procedencia*

Gran parte de los pasajes que hacen referencia al Espíritu Santo afirman el envío de este tanto para los apóstoles como para la iglesia en general. El Espíritu, pues, es enviado tanto por el Padre en el nombre del Hijo (Jn. 14:26) como por el Hijo mismo como persona divina (Jn. 15:26). Esta acción de envío y, por tanto, de procedencia tiene lugar en relación con el Hijo tras su regreso al Padre luego de su obra redentora, cuando fue glorificado, puesto que no hubiera podido venir antes (Jn. 7:39).

Tal vez los textos en que se afirma la procedencia del Padre en el nombre del Hijo pudieran generar una pregunta: ¿Procede solo del Padre y es enviado por petición del Hijo? Estos son textos que deben ser examinados: "Y yo rogaré al Padre, y os dará otro Consolador, para que esté con vosotros para siempre; el Espíritu de verdad, al cual el mundo no puede recibir, porque no le ve, ni le conoce; pero vosotros le conocéis, porque mora con vosotros, y estará en vosotros" (Jn. 14:16, 17). El don del Espíritu es dado por el Padre como respuesta al ruego del Hijo.

Es interesante apreciar el cambio de verbos entre lo que los discípulos pedirían al Padre en el nombre de Jesús, donde se usa *pedir*[45], en sentido de súplica implorante; ahora, no obstante, el verbo es otro, aunque se traduzca también como *pedir*[46], pero es como algo a lo que se tiene derecho o, si se prefiere, una petición con autoridad. No significa que el Consolador sea dado a los creyentes como consecuencia de una súplica reiterada y expectante de Jesús, sino como resultado de la operación mediadora suya a favor de los creyentes de todos los tiempos.

La doctrina de la procedencia ha sido afirmada por la patrística y también por varios concilios de la iglesia. A modo de ejemplo, el Lateranense IV afirma lo siguiente: "Firmemente creemos y sencillamente confesamos que uno solo es el verdadero Dios, [...] Padre, Hijo y Espíritu Santo: tres personas en verdad, pero una esencia, una

---

[45] Griego: αἰτέω.
[46] Griego: ἐροτάω.

substancia o naturaleza simplicísima: el Padre es de ninguno, el Hijo es del Padre solo, el Espíritu Santo es juntamente de ambos".[47]

Con mucha precisión aparece en las formulaciones del Florentino: "Definimos [...] que el Espíritu Santo es eternamente del Padre y del Hijo, y tiene su esencia y su ser subsistente del Padre y juntamente del Hijo, y procede eternamente de uno y otro como de un solo principio y por una espiración única".[48] Hacer esta afirmación equivale a decir que en los dos, Padre e Hijo, tiene su procedencia y origen como persona divina.

Por procedencia, el Espíritu Santo recibe del Hijo todo el conocimiento de Dios para darlo a conocer a los creyentes, comenzando por los apóstoles. En esto recibe el ser, ya que, en Dios, conocimiento y ser no se distinguen. El Espíritu lo recibe del Hijo porque "todo lo que el Padre tiene es mío" (Jn. 16:15). Por esa razón, si el Padre espira al Espíritu Santo, lo hace también el Hijo. Al espirarlo ambos, procede de los dos, tanto del Padre como del Hijo. Al hecho de la espiración activa responde la espiración pasiva del Espíritu Santo, que por oposición a los que lo espiran, se constituye en persona divina. Además, Jesús mismo afirma que el Espíritu es enviado por el Padre en su nombre (Jn. 14:26): "Pero cuando venga el Consolador, a quien yo os enviaré del Padre, el Espíritu de verdad, el cual procede del Padre" (Jn. 15:26).

**Filioque**

*Introducción*

La doctrina de la Trinidad no surge directamente de la investigación de la revelación, sino que depende esencialmente de la cristología. Un problema a resolver en ese campo, desde el inicio de la iglesia, fue establecer el sentido y significado de la frase de Jesús: "Yo y el Padre somos uno" (Jn. 10:30). No podía ser que ambos fuesen una misma persona, que toma distintas formas para manifestarse y que en unas es Padre y otras Hijo, como si se tratase de tres máscaras que Dios usa para presentarse, lo que entra de lleno en el monarquianismo, modalismo o monarquianismo modalista. La resolución del problema llevó a establecer que en la unidad del único y verdadero Dios hay eternamente una subsistencia de tres personas.

---

[47] Denzinger, 428.
[48] Denzinger, 691.

Esto trajo aparejadas diversas posiciones, algunas totalmente contrarias a la verdad revelada, que fueron cuestionadas y condenadas en distintos momentos de la historia. En los primeros siglos de la iglesia, tanto la latina como la griega mantuvieron identidad de posiciones y la doctrina cristiana siguió el mismo camino. Pero a medida que se profundizaba en la doctrina, comenzaron a surgir posiciones encontradas, de forma especial en cuanto a la procedencia del Espíritu Santo. Para la Iglesia griega, el Espíritu procede del Padre por medio del Hijo, mientras que para la Iglesia latina, el Espíritu procede tanto del Padre como del Hijo.

Para afirmar la procedencia del Espíritu no solo del Padre, sino también del Hijo, nació el uso de la palabra latina *filioque*, que se traduce como "y del Hijo", y que fue introducida por la Iglesia latina en la versión del símbolo niceno-constantinopolitano del Concilio de Constantinopla I del año 381. El texto original griego decía: "… el Espíritu Santo, Señor y dador de vida, que procede del Padre"; por su parte, la redacción en latín dice: "… el Espíritu Santo, Señor y dador de vida, que procede del Padre y del Hijo". Se cree que esta cláusula se insertó en el III Concilio de Toledo de 589 y se extendió de forma espontánea por todo el mundo latino.

Las dos posiciones confrontadas desarrollaron por un largo tiempo la controversia sobre el filioque, que esencialmente comprendió tres aspectos principales: 1) La doctrina de la procedencia del Espíritu Santo, expresada por la palabra *filioque*; 2) Los anatemas que cada una de las partes pronunció contra la otra en las controversias; 3) La legitimidad para incluir la cláusula en el credo. Es interesante notar que la discusión de la Iglesia oriental y la Iglesia latina no era tanto por causa de la doctrina del filioque, sino por la inserción de la cláusula en el credo.

## *Credo de Nicea*

El primer concilio ecuménico fue el Concilio de Nicea, que tuvo lugar en el 325. El credo de Nicea es una extensión y desarrollo del llamado credo apostólico, apreciándose también en este documento la mayor extensión de la cristología por los problemas de herejías que se habían producido y se mantenían. De manera que la referencia al Espíritu Santo es sumamente breve dentro de la declaración general. El primer credo del año 325 terminaba con la frase "… y en el Espíritu Santo", sin referencia alguna a la procedencia.

En el segundo concilio ecuménico, celebrado en Constantinopla en el año 381, había comenzado ya la discusión sobre la procedencia del Espíritu Santo, del que dice que "procede del Padre", tomando la expresión de la referencia bíblica (Jn. 15:26). Se estableció entonces el llamado *credo largo*, una expansión y revisión del credo de Nicea del año 325.

## *Padres de la Iglesia*

Además de los acuerdos conciliares, es preciso tener en cuenta la posición de los Padres de la Iglesia, de los que se tomarán solo algunos ejemplos, ya que una mayor extensión excede los límites de este estudio. Un examen de los escritos de Tertuliano (c. 160–c. 220), de Jerónimo (347–420), de Ambrosio (c. 338–397) y de Agustín (354–430) descubre que todos ellos sostenían que el Espíritu Santo procedía del Padre y del Hijo; sin embargo, también hay ocasiones en que se encuentra la expresión "del Padre por el Hijo". Es Tertuliano quien, tratando este tema, afirma la consustancialidad de las tres personas divinas: procede o fluye del Padre, se extiende al Hijo y de Él al Espíritu Santo.

No puede dejar de tenerse presente en todo tema relacionado con la Trinidad y las personas divinas a uno de los grandes teólogos en este asunto, Hilario de Poitiers (c. 315–367), quien afirmaba que el Espíritu Santo procede del Padre y es enviado por el Hijo.[49] También usó la frase "del Padre por el Hijo".[50] Con una notoria precisión se refiere a la procedencia del Espíritu como "tener al Padre y al Hijo como su fuente".[51] Con todo, hay reflexiones del tiempo de Hilario que han sido ya superadas, como la pregunta sobre si "recibir del Hijo es lo mismo que proceder del Padre".[52]

Una consideración general al respecto de la patrística antigua reconoce la ausencia de discusiones o reflexiones sobre el origen del Espíritu Santo. Esto evidencia que las discusiones teológicas y las precisiones doctrinales tuvieron que ver con la cristología, de cuyos estudios deriva todo lo que se relaciona con la Trinidad y, necesariamente, con el Espíritu Santo. En cuanto a la Trinidad y al Espíritu, se busca establecer la igualdad personal como consecuencia de la

---

[49] Hilario de Poitiers, *De Trinitate*, 12.45.
[50] *Ibid.*, 12.56.
[51] *Ibid.*, 2.29.
[52] *Ibid.*, 8.20.

consustancialidad en el ser divino; eso no priva que todos los Padres reconozcan que solo el Padre es fuente del ser divino sin que eso los lleve a un monarquianismo, incluso larvado.

Recuperamos una cita más, de Ambrosio de Milán (c. 340–397), Padre de la Iglesia que afirmaba en uno de sus escritos (c. 380) que el Espíritu "procede del Padre y del Hijo", en una indiscutible unidad divina.[53]

### *La procesión del Espíritu*

En la controversia sobre la procedencia de la tercera persona divina conviene apreciar que es en el s. IV cuando se usan dos términos distintos para referirse a esto. Uno de ellos fue usado en el credo de Nicea-Constantinopla (381), y es el verbo que denota *procesión*,[54] y también el que indica la acción de *salir de*.[55] Es por esa causa que Gregorio Nacianceno (329–389), uno de los Padres de la Iglesia que contribuyó significativamente a precisar la doctrina trinitaria y cuya influencia llega hasta hoy, fue un defensor de la doctrina nicena de la Trinidad.

Gregorio dedicó cinco discursos a precisar la fe en relación con el neoarrianismo que se estaba produciendo, respondiendo una por una a sus objeciones. En ellos desarrolla la eternidad de las tres personas divinas, siendo consustanciales sin perder su particularidad personal. Explica que solo el Padre tiene la peculiaridad de ser ingénito, mientras que el Hijo es el único engendrado, y el Espíritu Santo el único que procede. Gregorio es el primero que usó el concepto de procesión para describir la relación del Espíritu con las otras dos personas divinas; de este modo lo expresaba en la quinta oración dentro de los *Cinco discursos teológicos*: "El Espíritu Santo es verdaderamente Espíritu, viniendo en verdad del Padre, pero no de la misma manera que el Hijo, pues no es por generación, sino por procesión puesto que debo acuñar una palabra en beneficio de la claridad".[56]

En otro de sus discursos, dice: "Y este es, para nosotros, el Padre, el Hijo y el Espíritu Santo; el primero es el que engendra y procede, pero yo afirmo que, sin pasión, sin tiempo, y sin cuerpo;

---

[53] Ambrosio de Milán, *Sobre el Espíritu Santo*, 1.11.20.
[54] Griego: ἐκπορεύεσται.
[55] Griego: προϊέναι.
[56] Gregorio Nacianceno, 1995, Discurso V.

de los otros dos, uno es lo engendrado y el otro, lo que procede".[57] También afirma la Trinidad cuando dice: "Permaneciendo en nuestros límites, admitimos al ser ingénito, al engendrado y al que procede del Padre".[58] En relación con el Padre y, por consecuencia, de las otras dos personas divinas, dice: "No ha habido un tiempo en que no existiese; lo mismo se puede decir del Hijo y del Espíritu Santo".[59]

Como todos los teólogos del s. IV, Gregorio dedicó atención a la deidad de Cristo; por eso afirmaba que, al tomar una naturaleza humana, Cristo no perdió ninguno de sus atributos divinos. Tenía meridianamente claro que el Verbo encarnado era perfectamente humano, con los elementos propios de la humanidad, pero también afirmó la eternidad del Espíritu Santo, no como fuerza del Padre, sino como persona divina. Reconocía que las obras del Espíritu estaban en cierta medida veladas en el Antiguo Testamento, haciéndose reconocibles plenamente en los escritos del Nuevo Testamento.

En el siglo V se usa el término *procedencia* en el sentido tanto latino[60] como griego[61], sustituyendo el término más usado hasta entonces, que también indica procedencia[62]. El termino está en escritos tanto de Oriente, como es el caso de Cirilo de Alejandría, como de Occidente, por ejemplo en un escrito del papa León I. También aparece en el credo de Atanasio, probablemente del s. V. En todos ellos se enseña que el Espíritu procede tanto del Padre como del Hijo.

La Iglesia griega no aceptaba la procedencia del Hijo del mismo modo que la del Padre, y usaba más bien la expresión "del Padre por medio del Hijo". En cierta medida, la influencia de Agustín es evidente, como ocurre con otros muchos temas de la teología. Él hizo famosa la frase: "Procede del Padre a través del Hijo". Esta expresión se usaba tanto en Occidente como en Oriente. Sin embargo, fue dejando de aplicarse en Occidente, considerándola como equivalente a *del Hijo* o también *y del Hijo*.

En el año 589 tuvo lugar el Concilio de Toledo, en el que el reino visigodo dejó de ser arriano para pasar a confesar la fe del catolicismo, religión propia de los hispanorromanos. El rey Recaredo I se sentó con los prelados en el concilio y se leyó un acta de anatema

---

[57] *Ibid.*, p. 144.
[58] *Ibid.*, p. 144 ss.
[59] *Ibid.*, p. 145.
[60] Latín: *procedere*.
[61] Griego: προϊέναι.
[62] Griego: ἐκπορεύεσθαι.

del propio rey contra Arrio y sus postulados, reconociendo también la autoridad de los concilios de Constantinopla y Nicea.

Entre los acuerdos del Concilio está la aprobación de la añadidura de la cláusula filioque, que había generado serias controversias en torno al símbolo niceno-constantinopolitano, de manera que el credo declaraba que el Espíritu Santo procede por igual del Padre y del Hijo. Así quedó redactado el párrafo del credo: "... y en el Espíritu Santo, Señor y dador de vida, que procede del Padre y del Hijo", según está documentado.[63] Esta forma era obligatoria para los conversos del arrianismo.

La fórmula se extendió por toda España y también por Francia y Alemania, siendo aceptada también en Roma en el 1014. En cierto modo, es la principal justificación de la escisión de la Iglesia oriental y la Iglesia latina, consolidada en el cisma de 1054, aunque había otras razones, como el primado del obispo de Roma sobre toda la iglesia.

Los obispos ingleses, bajo el liderazgo de Teodoro de Canterbury, declararon en un concilio, prácticamente un siglo después, que el Espíritu Santo procede del Padre y del Hijo.

Para el s. VII, la posición a favor del filioque se debe por lo menos a tres factores. Primeramente, la tradición de la patrística latina, de modo especial, la enseñanza de Agustín de Hipona (345–430), que enseñaba la procedencia del Espíritu tanto del Padre como del Hijo.[64] Pero no solo Agustín afirmaba esto, sino también otros teólogos de los siglos IV y V.

Un segundo factor es la gran cantidad de fórmulas, tanto catequéticas como bautismales, que demuestran que el credo del 381 no era la única fórmula de fe. La historia demuestra que en Occidente se mantenía el credo de los apóstoles, aunque también existían formulas bautismales sumamente cortas que contenían una referencia al Espíritu Santo como Dios en la unidad trinitaria.

Un tercer factor que influyó también en la posición occidental o latina es el llamado credo de Atanasio. No existe evidencia absoluta para afirmar que fue elaborado por quien fue obispo de Alejandría. A este símbolo se lo conoce como símbolo *quicumque*, y es realmente una profesión de fe cristiana centrada en la doctrina trinitaria y la cristología. Atribuido a Atanasio, probablemente se originó en Arlés, ca. 500. Es llamado de este modo porque comienza con las palabras *quicumque vult*. Este símbolo era desconocido en Oriente,

---

[63] Denzinger, 202.
[64] Cf. *De Trinitate* 4.29; 15.10, 12; 29.37.

pero estaba muy extendido en Occidente; tiene hasta hoy una notoria influencia. Se apoyaba en el tratado sobre la Trinidad de Agustín de Hipona y afirmaba que el Espíritu Santo procede del Padre y del Hijo. La cristología presente en el símbolo, que es realmente el centro del credo, era su cristología, totalmente contraria al arrianismo. Al tratar al Espíritu como procedente del Padre y del Hijo implicaba que este no era inferior al Padre, sino consustancial con Él. Este credo influyó notablemente en el uso del filioque en la versión latina del credo de Constantinopla, firmemente implantada a partir del s. VI.

## Controversia fociana

Las posiciones teológicas orientales (opuestas al filioque) y las latinas u occidentales se incrementaron hasta llegar a generar un cisma en la iglesia. En la ruptura final tuvo influencia capital la controversia fociana.

### Focio

Es conocido también como Focio el Grande. Nació en Constantinopla ca. 820 y murió en Armenia en 893. Fue un escritor bizantino y patriarca de Constantinopla. Su trabajo lo llevó a ser la figura más influyente en la evangelización de los eslavos, pero sobre todo en el llamado Cisma de Focio. Era de familia noble y muy religiosa. Tuvo una preparación académica muy esmerada, llegando a ser considerado como uno de los hombres más cultos de su tiempo en muchas áreas, como gramática, oratoria, dialéctica, Biblia, teología y derecho.

### La controversia

La diferente forma de entender la procedencia del Espíritu Santo se mantuvo entre Oriente y Occidente. En torno al año 860 se incrementó a causa de la controversia entre Focio y el patriarca Ignacio de Constantinopla. Siete años después, en 867, Focio había llegado a ser Patriarca de Constantinopla. Desde esa condición escribió una encíclica a los patriarcas de Oriente, convocando un concilio en Constantinopla. En él acusó a la Iglesia occidental de herejía, provocando el cisma que aún persiste, entre otras cosas por la incorporación del filioque al credo.

La doctrina de procedencia se hizo para Focio intransigente hasta el punto de negar no solo la procedencia del Hijo, sino todavía más, condenaba incluso a quienes sostenían que el Espíritu procedía solo del Padre por medio del Hijo o a través del Hijo. Para él esta forma solo trataba de explicar la misión temporal del Espíritu Santo, es decir, el tiempo del envío. Focio sostuvo que la procesión eterna del Espíritu es solo del Padre. Este concepto doctrinal representaba una novedad incluso para la Iglesia oriental.

La controversia fociana perduró en el tiempo, manteniendo en Oriente esta línea crítica que ha dificultado continuamente la reconciliación entre la Iglesia oriental y la occidental. La disidencia se hizo firme en el Concilio de Constantinopla de 869, que revirtió el anterior y fue promulgado por Roma. La adopción del filioque en el rito romano se consolidó en 1014, cuando el papa Benedicto VIII hizo cantar el credo con el añadido *y del Hijo*. Desde entonces, la cláusula filioque se incluye en el credo latino.

## Cisma Oriente-Occidente

Aunque se justifica el cisma en razón del filioque, hay otro tema político-religioso de fondo: la autoridad del obispo de Roma sobre toda la cristiandad que los orientales no aceptaban. Con todo, la posición de procedencia del Espíritu desde el Padre y el Hijo fortaleció el Cisma de Oriente de 1054. Aunque se celebraron concilios para resolver el problema, no hubo solución.

En el 1274 se celebró el segundo Concilio de Lyon, donde se aceptó que el Espíritu Santo procedía del Padre y del Hijo, y se condenó a todos los que negaban la eterna procedencia, incluyendo a quienes pudiesen negar que la procedencia del Padre y del Hijo fuese como de dos principios y no de uno solo. La Iglesia de Oriente no aceptó estos acuerdos, con lo que el Cisma se profundizó.

El Concilio de Florencia —conocido también como Concilio de Basilea-Ferrara-Florencia— comenzó en Basilea en 1431, luego se trasladó a Ferrara en 1438, luego a Florencia en 1439 y concluyó en Roma en 1445. Sus objetivos principales fueron resolver el Cisma Oriente-Occidente, erradicar la herejía husita y reformar la iglesia. Contó con la presencia del Patriarca Ecuménico José II de Constantinopla, que asistió acompañado de otros obispos de Oriente. En trece sesiones públicas celebradas en Ferrara se debatió la cuestión del filioque. Los griegos sostenían que cualquier adición al credo, aunque fuese doctrinalmente correcta, estaba prohibida por el Concilio de Éfeso; los representantes de la Iglesia latina entendían que la prohibición era para el significado, pero no para las palabras.

A pesar de la renuencia a aceptar el filioque, los griegos depusieron su posición y aceptaron la declaración latina de la doctrina. Por tanto, se incluyó una declaración sobre el filioque en una decretal que se firmó el 5 de julio de 1439; solo el obispo griego Marcos de Éfeso se negó a firmarla.

El problema no quedó resuelto, de modo que volvió a tratarse con más rigor en el Concilio de Jerusalén de 1583. En él se condenó a los que creen que el Espíritu Santo procede solo del Padre en esencia y del Padre y del Hijo en cuanto a tiempo.

El cisma continuó, lo que, entre otras razones, condujo a convocar otro Concilio de Jerusalén en 1672; en esta ocasión, la convocatoria fue de la Iglesia griega. El concilio afirmó la procesión del Espíritu Santo únicamente del Padre.

## *Importancia histórica del filioque*

Dejando ya los datos históricos, que entendemos han sido suficientes para centrar la situación —y reconociendo que ampliarlos sería entrar en un apartado especial de la historia de las doctrinas, lo que no es objeto de este trabajo—, debemos entrar a establecer una conclusión sobre el tema tratado.

Los textos bíblicos considerados establecen la verdad de la procedencia del Espíritu Santo del Padre y del Hijo; así se recoge en las palabras de Jesús tomadas del Evangelio según Juan, donde aparecen las dos personas, Padre e Hijo, enviando al Espíritu: "Pero cuando venga el Consolador, a quien yo os enviaré del Padre, el Espíritu de verdad, el cual procede del Padre, él dará testimonio acerca de mí" (Jn. 15:26). No cabe duda alguna de la procedencia del Hijo, juntamente con el Padre, cuando dice que el envío del Espíritu no es solo del Padre atendiendo a la petición del Hijo, sino de este mismo; así se lee en Juan: "Pero yo os digo la verdad: Os conviene que yo me vaya; porque si no me fuera, el Consolador no vendría a vosotros; más si me fuere, os lo enviaré" (16:7).

Los Padres de la Iglesia aceptaron la doctrina de la procedencia del Espíritu Santo tanto del Padre como del Hijo. Ya antes del credo del 381, escritores cristianos de Occidente —como Tertuliano (c. 160–c. 220), Jerónimo (347–420), Ambrosio (c. 338–397) y Agustín (354–430)— escribieron del Espíritu como procedente del Padre y del Hijo.

Dada la importancia teológica de las enseñanzas de Hilario de Poitiers sobre la Trinidad, a mediados del s. IV, cabe recordar que relaciona al Espíritu como procedente del Padre y enviado por el Hijo,[65] afirmando también que es del Padre por el Hijo.[66]

Padres de la Iglesia enseñaron explícitamente que el Espíritu procedía del Padre y del Hijo, como Efrén el Sirio (c. 306–373), Epifanio de Salamina (c. 306–376), Cirilo de Alejandría (c. 376–444); en España, Isidoro de Sevilla (c. 560–636).

Esto define la importancia histórica del filioque porque tiene una profunda connotación doctrinal que debemos aceptar sin reservas, llegando con esto a la conclusión de este apartado, para afirmar que el Espíritu Santo, la tercera persona de la Santísima Trinidad, procede del Padre y del Hijo, siendo este no un simple intermediario, sino el generador en unión con el Padre de la espiración que origina, sin principio, a la tercera persona, por la vía del amor.

**Aplicación personal**

La pneumatología en todos sus aspectos no es una ciencia para el intelecto, sino para la vida. Es decir, si al concluir el estudio de un tema solo afecta a la mente y no produce resultados en la vida, hemos perdido el tiempo.

Es necesario estudiar la doctrina para conocer mejor a nuestro Dios, evitando con ello el materialismo y el humanismo actuales. Pero también evitaremos el espiritualismo que busca experiencias ajenas a la Escritura y manifestaciones espectaculares como algo que debe ser la experiencia de la relación de los creyentes con el Espíritu.

La relación real, conforme a la enseñanza bíblica, es "andad en el Espíritu", lo que impide "proveer para la carne" (Gá. 5:16). Este conocimiento producirá una orientación personal que no impedirá la obra que realiza en cada creyente para hacernos semejantes a Cristo conforme al propósito del Padre (Ro. 8:29).

A medida que analizamos la Escritura, conocemos más de la admirable persona del Espíritu Santo como Dios glorioso y santísimo. Pero lo más sorprendente es que habita en nosotros (1 Co. 3:16). Siendo la Trinidad la expresión de la subsistencia personal en el ser divino, las tres personas están presentes en el creyente, haciendo de él templo de Dios en Espíritu.

---

[65] Hilario de Poitiers, *De Trinitate*, 12.55.
[66] *Ibid.*, 12.56.

Todo el que haya creído en Jesucristo tiene el Espíritu Santo morando en él, ya que es imposible la salvación sin esa presencia (Ro. 8:9). No se trata de experiencias posteriores, sino de la situación presente e inamovible; quien tiene el Espíritu de Cristo lo tiene a perpetuidad por causa de la seguridad de salvación.

Siendo el creyente morada del Espíritu Santo, ha de procurar una vida de santidad conforme a las demandas divinas (2 Co. 7:1; Ef. 4:22-24; 1 Ts. 3:13; He. 12:14; 1 P. 1:15, 16), contando para ello con la ayuda divina que "produce en nosotros tanto el querer como el hacer por su buena voluntad" (Fil. 2:13).

# CAPÍTULO IV
# TIPOS Y SÍMBOLOS DEL ESPÍRITU

La Escritura utiliza abundantemente figuras del lenguaje, tales como metáforas, símiles, símbolos, parábolas, etc. Todas estas formas de expresión contienen verdades ocultas que deben ser descifradas. El hecho de que no estén presentadas abiertamente o desarrolladas como otras enseñanzas doctrinales no significa que dejen de tener importancia, ya que "toda la Escritura es inspirada por Dios, y útil para enseñar, para redargüir, para corregir, para instruir en justicia" (2 Ti. 3:16). Abandonar alguna de las enseñanzas bíblicas, aunque esté expresada en un lenguaje figurativo, impide la bendición para la que fueron entregadas por Dios mismo. Las figuras del lenguaje de la Escritura no son las de las metáforas, parábolas o símiles humanos, sino que trascienden a todo ello para expresar verdades divinas que deben ser conocidas y apreciadas por el creyente.

Se han hecho notar anteriormente las dificultades para un conocimiento del Espíritu Santo debido a que, siendo Espíritu, escapa a la comprensión de quienes estamos acostumbrados a observar por los sentidos lo que es visible. Aun en esta área acostumbramos a racionalizar lo invisible por medio de comparaciones. De este modo escribe el Dr. Pikaza:

> Sobre la locación del Espíritu es difícil hablar en general. Nosotros, occidentales, acostumbrados a la racionalización lógica (propia de la herencia griega) y determinados por la tendencia personalizadora (distintiva del cristianismo), tendemos a identificar el mundo del espíritu con el conjunto de los "espíritus racionales" (las mentes de los hombres, las almas separadas de los ángeles, Dios como espíritu purísimo). Dejando un poco al lado esa visión resulta más difícil separar las perspectivas. ¿El espíritu es de Dios? ¿Será propio del hombre? Para ofrecer una primera respuesta resultará imprescindible superar el plano ingenuo de las objetivaciones, hablando de lo espiritual como de una realidad que estando por encima (siendo trascendente) se identifica con la profundidad de la existencia humana.[67]

---

[67] Pikaza, 1989, p. 207.

La única analogía que puede establecerse para una comprensión del Espíritu Santo es la de la antropología, ya que el hombre ha sido creado con un elemento material que es el cuerpo y una parte espiritual con distintos aspectos; es por esto que puede hablarse del Espíritu divino. Hay, sin duda, analogía, puesto que el hombre es imagen de Dios, y Dios, Espíritu, está abierto al hombre.

La Biblia, como revelación de Dios, es el asiento pleno, definitivo e inerrante que ofrece al humano la perspectiva de lo divino. Sin embargo, las riquezas de esta revelación valdrían de poco si el hombre no pudiera comprenderlas para relacionarlas con el Creador. Esto ocurre con la revelación de las personas divinas en la Palabra. Así es la capacidad de conocer a Dios como Padre, por la analogía que esto expresa en el mundo de los hombres. Puede encontrarse una analogía como Hijo para la segunda persona. Además, la manifestación visible como hombre lo hace altamente comprensible. Sin embargo, ¿a qué podemos comparar al Espíritu? Por esa razón, queriendo Dios que lo conozcamos como ser divino necesariamente tiene que hacer cognoscibles a cada una de las personas, siendo la tercera el Espíritu Santo. Por esa razón, la Escritura acude a tipos y símbolos que permiten una comprensión que responda a las preguntas *quién* y *cómo* es el Espíritu Santo.

Muchos tipos y símbolos en la Escritura tienen relación con las personas divinas. Los referidos a la segunda han tenido absoluto cumplimiento en Cristo y su obra, haciéndose plenamente visibles en Jesús, Verbo encarnado de Dios. Los aplicables a la tercera expresan una referencia espiritual, ya que el Espíritu es invisible, pero esos tipos y símbolos hacen comprensible a la inteligencia humana muchos aspectos de su obra personal. No cabe duda de que las enseñanzas sobre el Espíritu descansan en lo que la Escritura dice más que lo que se ve o siente. Por tanto, es preciso prestar atención a cualquier referencia, aunque se presente bajo figuras del lenguaje, para completar el conocimiento sobre la tercera persona de la deidad.

Finalmente, es necesario destacar que hay un gran número de símbolos relativos al Espíritu Santo que están en un segundo nivel de importancia; en las siguientes notas se mencionan los más relevantes en cuanto a descripción de la persona del Espíritu Santo.

**Conceptos generales**

Aunque este tema corresponde a la hermenéutica, se hace una breve referencia para recordar los conceptos básicos antes de seguir el desarrollo del tema.

## Concepto de tipo

Tipo es una persona, lugar, objeto, oficio, institución o suceso divinamente preparado para configurar una realidad espiritual.

## Ejemplos de tipo

Personas como tipos: Adán, figura o tipo del postrer Adán, que es Cristo, que había de venir (Ro. 5:14); Abraham, figura de la entrega en impulso de fe, e Isaac, que es tipo de Cristo, a quien Dios levantó de la muerte (He. 11:17-19); Moisés, figura de Cristo en cuanto a que sería el profeta definitivo que Dios enviaría (Dt. 18:18; Jn. 1:21, 45; Hch. 7:37); Josué, tipo del reposo que se alcanza en Cristo (Jos. 1:15; He. 4:8); Melquisedec, tipo de Cristo, el sacerdote perpetuo (He. 6:20–7:25; Sal. 110:4); David, figura de Cristo (Hch. 2:25-32; Is. 55:3); Salomón, ejemplo del reino eterno de Jesucristo (2 S. 7:12-16; Mt. 12:42); Jonás, figura de Jesús, que estuvo tres días en el sepulcro (Mt. 12:40).

Oficios como tipos: profeta, sacerdote, rey, libertador, juez, etc. Todos ellos tuvieron su cumplimiento en Cristo.

Eventos como tipos: el diluvio, ejemplo del bautismo del creyente (1 P. 3:20, 21); la salida de Israel de Egipto, tipo de la salida de Jesús de Egipto (Os. 11:1; Mt. 2:15); el velo de Moisés, tipo de la ceguera espiritual de los judíos en tiempos de Jesús y Pablo (2 Co. 3:13-16); la serpiente en el desierto, tipo de Cristo levantado sobre una cruz que salva a quienes lo miran con fe (Jn. 3:14; Nm. 21:4-9); el llanto de las mujeres en la destrucción de Jerusalén (586 a. C.) como tipo del llanto de las mujeres de Belén en la matanza de los niños (Jer. 31:15; Mt. 2:17, 18); el sumo sacerdote entrando una vez al año al Lugar Santísimo, como tipo de que, a través de Cristo, el creyente puede acercarse directamente al Padre (He. 10:11-22), etc.[68]

Objetos como tipos: el arca de Noé, la tierra de Canaán, Egipto, el desierto, Jerusalén, etc.

Instituciones como tipos: el descanso sabático y el descanso espiritual del creyente (Gn. 2:2, 3; He. 3:7-11; 4:4-11); el cordero pascual y Cristo, nuestra pascua, el Cordero de Dios (Ex. 12; Jn. 1:29; 1 Co. 5:7; He. 9:1–10:18); el tabernáculo y varias verdades relacionadas con el cielo (He. 8:5; 9:24); etc.[69]

---

[68] Resumen tomado de Fasold, 2016, p. 285.
[69] *Ibid.*

Objetos como tipos: el maná y Cristo, el pan de vida para el creyente (1 Co. 10:3); la roca de la que salió agua en el desierto y Cristo, que provee refrigerio al creyente (Ex. 17:6; 1 Co. 10:4); etc.[70]

***Concepto de símbolo***

Símbolo es algo real y visible que representa algo invisible como idea, cualidad o realidad espiritual a causa de alguna relación o asociación entre los dos.

*Ejemplos de símbolo*

El león en la Biblia simboliza fuerza o realeza, pero también puede representar lo malo: Cristo es llamado "león de la tribu de Judá" (Ap. 5:5) y a Satanás se lo llama "león rugiente" (1 P. 5:8).

**Tipos y símbolos del Espíritu Santo**

De los más destacables, cabe mencionar los siguientes:

*Aceite*

El aceite se usaba para sanar, iluminar, confortar y ungir para determinados propósitos; de igual modo, el Espíritu Santo sana, ilumina y consagra.

*Aceite en la ofrenda de flor de harina*

Está establecida en la regulación legal (Lv. 2:1-16). La flor de harina tipifica las perfecciones humanas de Cristo. En la ofrenda, el aceite aparece mezclado con la flor de harina, simbolizando la perfecta humanidad del Señor, engendrada y sustentada por el Espíritu.

El aceite aparece luego derramado sobre la flor de harina, representando la unción del Señor por el Espíritu Santo. De este modo se aprecia en el relato del bautismo de Jesús: "También dio Juan testimonio, diciendo: Vi al Espíritu que descendía del cielo como paloma, y permaneció sobre él" (Jn. 1:32). Juan dice que él vio como el Espíritu de Dios descendiendo del cielo como paloma se posaba sobre Jesús y se detenía en esa posición.

---

[70] *Ibid.*, p. 286.

El simbolismo del aceite tiene que ver con la unción, como se hace notar en la oración de la iglesia: "Porque verdaderamente se unieron en esta ciudad contra tu santo Hijo Jesús, a quien ungiste, Herodes y Poncio Pilato, con los gentiles y el pueblo de Israel" (Hch. 4:27). Lo destacable en el texto es la unción de Jesús, cuyo cumplimiento tuvo lugar con la presencia del Espíritu sobre Él, que lo capacitaba, desde el plano de su humanidad, para la misión que le había sido encomendada.

*Aceite en la unción del altar*

La referencia bíblica está en Éxodo: "Ungirás también el altar del holocausto y todos sus utensilios; y santificarás el altar, y será un altar santísimo" (Ex. 40:10). El altar era el mueble en el tabernáculo usado para ofrecer los sacrificios, entre los que estaban los sacrificios por el pecado. Este aceite es símbolo del Espíritu que sustenta el sacrificio en la cruz.

*Unción de Aarón*

Fue establecido en el ceremonial de la consagración del sumo sacerdote y regulado de este modo: "Y harás vestir a Aarón las vestiduras sagradas, y lo ungirás, y lo consagrarás, para que sea mi sacerdote" (Ex. 40:13). La primera acción era vestirlo de vestiduras sagradas y luego ungirlo con el aceite especial preparado para la consagración. Esta es una elocuente figura de nuestro gran Sumo Sacerdote, Jesús. Fue vestido con las vestiduras de servicio, representadas en su humanidad, y ungido por el Espíritu como identificación de quién era y para qué había sido enviado, no con aceite simbólico, sino con la misma persona del Espíritu.

Moisés lo hacía en calidad de representante de Dios en el ministerio de consagrar al sumo sacerdote, ya que lo hacía en su nombre y bajo su autoridad. Por esa misma causa, se cumple el tipo en el Nuevo Testamento: "Por lo cual te ungió Dios, el Dios tuyo, con óleo de alegría más que a tus compañeros" (He. 1:9). Dios da a su Hijo el Espíritu sin medida, como recoge Juan: "Porque el que Dios envió, las palabras de Dios habla; pues Dios no da el Espíritu por medida" (Jn. 3:34). La última frase es la que conviene destacar aquí en relación al tipo que se considera. Dios da el Espíritu a Jesucristo sin medida porque la comunión intratrinitaria de las personas divinas así lo exige. Además, la presencia del Verbo encarnado tiene vinculaciones directas con el Espíritu en el plano de su humanidad, como se considerará más adelante.

## Unción de los hijos de Aarón

Lo mismo que se hacía con el sumo sacerdote se hacía también con los hijos suyos, que constituían la familia sacerdotal dentro de la tribu de Leví. Solo ellos eran ungidos para este ministerio. La unción, junto con el ritual de la consagración —que incluía, como en el caso de sumo sacerdote, los vestidos sacerdotales—, los capacitaba ante todo el pueblo para el ejercicio sacerdotal (Ex. 40:15). En la figura está representada la relación del Espíritu Santo con todos los creyentes, que somos constituidos sacerdotes de Dios para ministrar en su templo, que es la iglesia (1 P. 2:5, 9).

## Fuente de luz en el santuario

La iluminación interior del tabernáculo se conseguía por el aceite puesto en las copas del candelabro (Ex. 25:6). Esto es tipo del Espíritu Santo, ya que quien anda en el Espíritu, anda en luz. Así se exhorta: "Andad en el Espíritu" (Gá. 5:16). De modo que vivir en el Espíritu significa andar en luz, como en pleno día: "Andemos como de día, honestamente... no en contiendas y envidia" (Ro. 13:13).

El apóstol Juan insiste en esto: "Si decimos que tenemos comunión con él, y andamos en tinieblas, mentimos, y no practicamos la verdad; pero si andamos en luz, como él está en luz, tenemos comunión unos con otros, y la sangre de Jesucristo su Hijo nos limpia de todo pecado" (1 Jn. 1:6, 7). Andar en la luz es vivir conforme a la doctrina y la moral que Dios ha establecido.

El sacerdote encargado de la lámpara del santuario tenía despabiladeras de oro para cortar la mecha quemada, a fin de que el pábilo estuviera siempre en contacto con el aceite. La limpieza del creyente es necesaria para poder brillar con la luz de Dios. El simbolismo se cumple en la luz de los creyentes hecha posible por la presencia y obra del Espíritu Santo.

## *Agua*

El agua, en el orden natural, es imprescindible para satisfacer la sed, para limpieza y refrigerio; de igual manera, el Espíritu es vital para el hijo de Dios. Hay varios simbolismos relacionados con el agua; uno de ellos es el baño sacerdotal. Los sacerdotes que iban a ser consagrados debían ser lavados con agua (Ex. 29:4; Lv 8:6). De esa manera, el cristiano, como sacerdote, ha sido purificado para el oficio sacerdotal de una vez y para siempre por el Espíritu Santo; en ese sentido, dice el apóstol Pablo, escribiendo sobre la iglesia: "Para santificarla, habiéndola purificado en el lavamiento del agua por la palabra" (Ef. 5:26). El amor de entrega de Cristo por la iglesia tiene como propósito santificarla, esto es, separarla para sí. La muerte de Cristo sirvió para liberar de toda culpa de pecado a la iglesia, haciéndola apta para vivir separada del mundo para Dios (He. 9:22, 23; 10:29). En la purificación de la iglesia va implícita la muerte de Cristo en entrega por ella, ya que la purificación legal, como tipo en el Antiguo Testamento, era hecha con sangre (He. 9:22, 23). El lavamiento que purifica está aquí en conexión con la palabra hablada.[71] Está relacionado con la petición de Cristo al Padre: "Santifícalos en tu verdad; tu palabra es verdad" (Jn. 17:17). Es la Palabra aplicada por el Espíritu a la vida del creyente la que tiene capacidad para santificar. De ahí que, sin ser perfectos, somos ya una nación santa (1 P. 2:9). Sin embargo, cuando Pablo escribe a quienes antes eran paganos, les dice que han sido santificados en el nombre de Jesucristo y por el Espíritu de Dios (1 Co. 6:9-11). Esa obra santificadora es operada en y por la Palabra, que procede de Dios por medio del Espíritu (2 Ti. 3:16; 2 P. 1:20, 21); la Palabra es el instrumento, pero el agente es el Espíritu.

El simbolismo del agua tiene también expresión en el fluir del Espíritu Santo como de un río que satisface. "En el último y gran día de la fiesta, Jesús se puso en pie y alzó su voz, diciendo: Si alguno tiene sed, venga a mí y beba. El que cree en mí, como dice la Escritura, de su interior correrán ríos de agua viva. Esto dijo del Espíritu que habían de recibir los que creyesen en él; pues aún no había venido el Espíritu Santo, porque Jesús no había sido aún glorificado" (Jn. 7:37-39). El cristiano que vive en la plenitud del Espíritu tiene la experiencia del gozo de Dios en él (Gá. 5:22). Por estas razones, el símbolo del agua relacionada con el Espíritu se cumple plenamente.

## Fuego

El símbolo del fuego es utilizado en la Escritura para expresar diferentes manifestaciones en relación con la obra de Dios.[72] Es símbolo de la presencia divina, Dios se presentó a Moisés juntamente

---

[71] Griego: ῥῆμα.
[72] Las referencias que siguen han sido tomadas de Marsh, 1981, p. 114 ss.

como en llama de fuego (Ex. 3:2). Es también señal de aprobación divina, como ocurrió en la conducción de los hijos de Israel (Ex. 13:21) y también en la construcción del tabernáculo (Lv. 9:24) y años más tarde en la dedicación del templo (2 Cr. 7:1). El fuego fue señal en el Monte Carmelo del verdadero Dios, frente a los ídolos (1 R. 18:38). Así se establece también en la promesa divina para su pueblo (Zac. 2:5).

*Símbolo de la acción correctora de Dios*

Ocurre en la purificación de los hijos de Leví (Mal. 3:2, 3). Está presente en la acción escudriñadora de Cristo sobre las siete iglesias (Ap. 1:14). Es símbolo de la prueba de la fe cristiana (1 P. 1:7). La Biblia califica a Dios como "fuego consumidor" (He. 12:29).

*Figura de la Palabra de Dios*

Se la identifica con el fuego porque arde y calienta (Jer. 5:14; 20:9). No solo ocurre en el Antiguo Testamento, sino también en el Nuevo, como es el caso de los discípulos de Emaús (Lc. 24:32).

*Figura de la manifestación del juicio de Dios*

Este símbolo aparece en el Antiguo Testamento (Lv. 10:2).

*El fuego como símbolo del Espíritu Santo*

"Del trono salían relámpagos y truenos y voces; y delante del trono ardían siete lámparas de fuego, las cuales son los siete espíritus de Dios" (Ap. 4:5). El apóstol Juan dice que las siete lámparas de fuego son los siete espíritus de Dios. El número siete es el número prefecto; por tanto, debe entenderse como una referencia al Espíritu Santo de Dios (Ap. 1:4).

El descenso del Espíritu Santo en Pentecostés se hace visible en este simbolismo, con la aparición de lenguas repartidas como de fuego (Hch. 2:3). Se aprecia también en que su presencia permite el fervor del espíritu cristiano (Ro. 12:11), en contraste con una vida infructuosa (Ap. 3:15, 16).

### *Viento*

Otro símbolo del Espíritu es el viento, que expresa la acción de Dios desde la creación en la comunicación de vida (Gn. 2:7). La misma palabra hebrea *rûah*, usada para *espíritu*, es literalmente *viento*. Igualmente, la griega que denota *espíritu*[73] está ligada a la raíz *aire, aliento, viento,* etc.

Tras la resurrección, Cristo sopló sobre los suyos, mientras les decía: "Recibid el Espíritu Santo" (Jn. 20:22). Esa acción anticipaba la venida para iniciar su ministerio en la presente dispensación y hacerse presente, junto con las otras dos personas divinas, en el templo de Dios en Espíritu, que es la iglesia, descenso que ocurrió en Pentecostés (Hch. 2). En un acto simbólico, el Señor les anuncia el Espíritu como su don, como dice a la samaritana: "Si conocieras el don de Dios, y quien es el que te dice: Dame de beber; tú le pedirías, y él te daría agua viva" (Jn. 4:10). Jesús les enseña que es el Espíritu quien los guiaría en el ministerio que se les encomendaba, revistiéndolos de poder para ello, lo que ocurriría muy poco tiempo después (Hch. 1:8).

Así como el aliento de Dios dio vida al primer hombre, el aliento del Salvador resucitado comunica vida espiritual al hombre nacido de nuevo en esta dispensación. Ya se ha considerado antes que el Espíritu es el aliento de Cristo, el "Espíritu de Cristo", porque procede de Él, así como del Padre (Jn. 15:26; Ro. 8:9).

El aliento de Cristo implica respirar de la gracia y su poder salvador, expresión de lo que es el Dios trino, cambiado por la propiciación de un trono de ira a un trono de gracia (He. 4:16). Al igual que en el simbolismo del fuego, que se ha considerado antes, el aliento de Dios expresa el poder de su ira (Is. 11:4; 30:28; cf. 2 Ts. 2:8).

El Espíritu Santo es la persona divina que inspira la Escritura y asume la operación a fin de que la revelación se produzca, indicándose que es como un soplo divino (2 Ti. 3:16).

Cristo comparó la obra del Espíritu Santo con el viento: "El viento sopla de donde quiere, y oyes su sonido; mas ni sabes de donde viene, ni a dónde va; así es todo aquel que es nacido del Espíritu" (Jn. 3:8).

### *Paloma*

Este es el testimonio de Juan, donde aparece el símbolo que se considera: "También dio testimonio Juan, diciendo: Vi al Espíritu que descendía como paloma, y permaneció sobre él" (Jn. 1:32). El simbolismo permite comparar al Espíritu en su carácter como una paloma.

---

[73] Griego: πνεῦμα.

Es el Espíritu el que genera un carácter santo en el creyente. Este simbolismo recuerda a la paloma enviada por Noé fuera del arca, concluido el diluvio (Gn. 8:6-11). Así escribe Mackintosh al respecto:

> Y sucedió que al cabo de los cuarenta días, abrió Noé la ventana del arca que había hecho. Y envió al cuervo, el cual salió y estuvo yendo y volviendo hasta que las aguas se secaron de sobre la tierra. Esta ave inmunda al escapar del arca halló sin duda un lugar de descanso sobre algún cadáver que flotaba sobre el agua, y no sintió la necesidad de volver al arca. No así la paloma, que "no halló donde sentar la planta de su pie, y volvió a él al arca… Y volvió a enviar la paloma del arca, y la paloma volvió a él a la hora de la tarde, y he aquí que tenía una hoja de oliva tomada en su pico". Esta se ha considerado como el emblema dulce de la mente renovada, la cual, en medio de toda la desolación en derredor, busca y halla su descanso y porción en Cristo, y no solo esto, sino que se vale de las arras de su herencia y presenta las benditas pruebas de que el juicio ya ha pasado y que la tierra ha sido renovada y preparada para un nuevo uso. [...] El cristiano descansa en el arca de salud "hasta el tiempo de la restitución de todas las cosas". Que sea esta también la experiencia de mi caro lector y la mía; que Jesucristo sea el lugar de descanso y de refugio para nuestros corazones y que no busquemos una paz falsa en el mundo, que en verdad yace bajo la condenación de Dios. La paloma volvió a Noé y esperó allí hasta su tiempo de reposo. Así nosotros debemos hallar nuestro descanso con Cristo hasta que llegue el tiempo de su exaltación y gloria en el siglo venidero. "El que ha de venir vendrá, y no tardará". Necesitamos solamente un poco de paciencia y que Dios enderece nuestras almas en su amor y en la "paciencia de Cristo".[74]

En el simbolismo de la paloma, el Espíritu genera un deseo de santidad y conduce al creyente en ese camino, reproduciendo en él el carácter de Jesús.

### *Arras*

Es el apóstol Pablo quien utiliza dos veces el símbolo en sus escritos (2 Co. 1:22; Ef. 1:13, 14). La primera referencia dice: "El cual también nos ha sellado, y nos ha dado las arras del Espíritu en nuestros

---

[74] Mackintosh, 1964, p. 85 ss.

corazones". El sustantivo *arras* expresa la idea de un anticipo para garantizar una compra, generalmente una cantidad de dinero dada por adelantado.

Las arras son usadas en otro lugar por el apóstol para referirse a la seguridad de recibir la herencia venidera conforme a sus promesas (Ef. 1:14). Las arras anticipan el estado glorioso que espera al hijo de Dios en la eternidad. Ese simbolismo aparece en otros lugares, como el fruto que los espías trajeron a Israel, tomado en la tierra prometida (Nm. 13:23, 24), que anticipaba las riquezas que podrían disfrutar. Del mismo modo ocurre con las joyas que el siervo de Isaac dio a Rebeca, anticipando lo que tendría en la casa de su esposo, Isaac (Gn. 24:30, 47, 53).

## *Sello*

El simbolismo se expresa de este modo: "En él también vosotros, habiendo oído la palabra de verdad, el evangelio de vuestra salvación, y habiendo creído en él fuisteis sellados con el Espíritu Santo de la promesa" (Ef. 1:13). Si las arras son símbolo de seguridad en el disfrute de las riquezas de gloria en Cristo, reservadas en los cielos para los que creen, el sello es símbolo de la seguridad del creyente como propiedad de Dios, que marca por el Espíritu la imagen de su Hijo en el creyente. Por consiguiente, el sello implica propiedad (1 Co. 3:23) y garantiza la protección eterna sobre el creyente (Jn. 10:28-30).

Dios no solo guarda la herencia, sino también al heredero (1 P. 1:5). Este sello garantiza la redención total del cristiano. El conjunto de creyentes como cuerpo de Cristo está reservado para ser presentado delante de Él en gloria (Ef. 5:27). Este acontecimiento será el gozo de Dios como expresión de la victoria de la cruz (Jud. 24, 25). El propósito eterno de esa obra de gracia consistirá en que el pueblo redimido será el instrumento que proclamará eternamente la gloria de la gracia divina.

## *El siervo de Abraham*

El tipo está bien establecido en el relato de la misión que le fue encomendada al siervo de Abraham para buscar esposa para su hijo Isaac (Gn. 24:1-67). El pasaje habla de un padre y su hijo, que están ocultos, mientras el siervo busca la esposa. El padre y el hijo están en Canaán, figura de la gloria, donde Jesús prepara un lugar para su esposa (Jn. 14:2, 3). El siervo es enviado para ganar a la esposa en un trabajo semejante al que ejerce ahora el Espíritu Santo para salvación (Jn. 16:7-9). El siervo de Abraham hablaba de su señor ante la esposa, y de un modo semejante el Espíritu hace con la iglesia "Cuando venga el Espíritu de verdad, él os guiará a toda la verdad; porque no hablará por su propia cuenta, sino que hablará todo lo que oyere, y os hará saber las cosas que habrán de venir" (Jn. 16:13).

Indudablemente, el simbolismo no está en el siervo, ya que el Espíritu es consustancial con el Padre y el Hijo, sino en el hecho de ser enviado tanto del Padre como del Hijo para hacer conocer las glorias admirables de quienes lo envían. Especialmente notorio es el hecho de que el Espíritu "hará saber las cosas que habrán de venir". La visión del cristiano está, por este ministerio del Espíritu, orientada a lo eterno, dejando lo temporal. No es lo poco que puede tener ahora, sino la inconmensurable dimensión de lo que vendrá cuando la iglesia sea trasladada a la presencia del Señor para estar para siempre con Jesús (1 Ts. 4:17). Como ocurre con el siervo de Abraham, que condujo a Rebeca hasta el encuentro con Isaac, así también el Espíritu conduce a la esposa ante el esposo, como ocurrirá con la iglesia (Ef. 5:27).

Sin duda podrían encontrarse más símbolos o tipos del Espíritu Santo, pero lo dicho es suficiente para cubrir nuestro objetivo dentro del estudio de la pneumatología.

**Aplicación personal**

Los símbolos y tipos del Espíritu Santo deben producir un estilo de vida en el creyente. El simbolismo del fuego, por ejemplo, enseña que el creyente está llamado a una vida fervorosa en el Espíritu de Dios (Ro. 12:11). El fervor que produce en nosotros conduce a un compromiso de vida consistente en reproducir el carácter de Cristo. Una de las manifestaciones más evidentes es la entrega incondicional a Dios en sacrificio vivo y santo (Ro. 12:1).

Atender al Espíritu como agua, por su parte, conduce al creyente a una vida de limpieza personal. El Espíritu ha santificado al creyente para Dios (1 P. 1:2). La vida cristiana debe desarrollarse en santidad en todos los aspectos (1 P. 1:14, 15). Así como Jesús es santo, el Espíritu lo reproduce en nosotros, conduciéndonos a una experiencia de santidad.

Considerar al Espíritu Santo como arras y sello, por su parte, identifica al creyente como propiedad personal de Dios. La vida del creyente debe corresponder a su condición celestial (Fil. 3:20). En consecuencia, la orientación de vida no puede ser sino celestial (Col. 3:1-4). Nuestro tesoro está constituido por la herencia en Cristo y, como tal, debe llenar plenamente el corazón, que transformará la vida anhelando lo celestial en lugar de lo temporal (Mt. 6:21). Una vida de esperanza gloriosa conduce a la separación del mundo y sus cosas en el tiempo presente.

# CAPÍTULO V
# EL ESPÍRITU SANTO EN EL ANTIGUO TESTAMENTO

Las referencias a la tercera persona de la Trinidad en el Antiguo Testamento son pocas con el calificativo *Espíritu Santo*; generalmente se lo llama *Espíritu de Dios*. Por eso es difícil distinguir en la lectura del texto bíblico la presencia de una persona, salvo que se la ilumine con la revelación del Nuevo Testamento. Así escribe Millard Erickson:

> El hebreo es una lengua concreta con relativamente pocos adjetivos. Cuando en español se usa un nombre y un adjetivo, el hebreo tiende a utilizar dos nombres, uno de ellos en función de genitivo. Por ejemplo, cuando en español se habla de un "hombre recto", en hebreo normalmente encontraríamos "un hombre de rectitud". De forma similar, la mayoría de las referencias en el Antiguo Testamento a la tercera persona de la Trinidad están formadas por dos nombres: *Espíritu* y *Dios*. No parece claro según esto que haya una tercera persona implicada. La expresión "Espíritu de Dios" se podría entender perfectamente como una simple referencia a la voluntad, a la mente o a la actividad de Dios.[75]

Sin duda la revelación plena sobre el Espíritu Santo está en el contexto del Nuevo Testamento; con todo, la presencia de la persona divina es evidente en la revelación del Antiguo Testamento. Su título divino está presente ya en el segundo texto del Génesis, donde se afirma su existencia y su poder. Sin embargo, hay muchos libros del Antiguo Testamento donde no hay ninguna referencia directa al Espíritu Santo.

La Biblia enseña que el Espíritu Santo es el agente ejecutivo de la trina deidad, presentándolo mediante acciones personales que, agrupándolas, comprenden las siguientes: 1) Acciones que tienen que ver con la creación del universo. 2) Operaciones de soberanía en el control divino de hechos y personas. 3) Relación del Espíritu con el Mesías anunciado por los profetas. 4) Su obra en relación directa con individuos sobre los que descendía y en los que operaba.

---

[75] Erickson, 2008, p. 877.

La actividad creadora de Dios y, en general, lo que Dios hace, es ejecutado por el Espíritu. La persona divina de Dios, el Espíritu Santo, es la fuente de vida en la creación. En todo el cosmos —en el sentido de orden creado— el Espíritu está presente y activo. Toda la creación inanimada obedece a unas leyes debidamente establecidas por Dios. Ningún elemento actúa de forma libre e independiente, sino integrado en un orden cósmico, determinado y establecido por el Creador.

Todo cuanto tiene que ver con la vida biológica en el planeta Tierra no debe ser atribuido a la materia, en un proceso evolutivo, sino a la omnipotente acción del omnipresente Espíritu de Dios (Sal. 104:29, 30). Él fue quien, actuando soberana y omnipotentemente sobre las aguas, al principio de la creación, produjo el admirable orden donde había caos (Gn. 1:2). De igual manera, el Espíritu es la fuente de toda vida intelectual. El hombre vino a ser un ser inteligente, con capacidad de discernimiento y raciocinio en razón del aliento de vida comunicado por el soplo del Omnipotente (Gn. 2:7).

Los dones extraordinarios para alguna misión específica encomendada, conforme al propósito de Dios, a hombres a lo largo de la historia, fueron otorgados por la acción directa del Espíritu Santo (Ex. 31:2, 3, 4). El Espíritu guiaba, actuaba, dotaba a esas personas para su peculiar obra, bien se tratara de guerreros, gobernantes o profetas. Se dice repetidas veces que "el Espíritu de Dios vino sobre...", en el sentido de capacitar para una determinada misión, como ocurrió con Otoniel (Jue. 3:10), Jefté (Jue. 11:29) o Sansón (Jue. 13:25), al igual que con los reyes; ungido David para ser rey, el Espíritu vino sobre él (1 S. 16:13).

La gran actividad del Espíritu Santo en el Antiguo Testamento debe ser reconocida a la luz de la Escritura, dividiendo la historia antes de Pentecostés en tres partes: primero, la creación; en segundo lugar, desde la creación hasta Abraham; y finalmente desde Abraham hasta Cristo. Junto con ella, sin poder ubicarla en un lugar determinado del tiempo histórico correspondiente al Antiguo Testamento, debe considerarse también la relación del Espíritu Santo con el mensaje profético como revelación de Dios al hombre.

Podemos dividir el estudio de la siguiente manera:

1. El Espíritu Santo en la creación.
2. El Espíritu Santo desde la creación hasta Abraham.
3. El Espíritu Santo desde Abraham hasta Cristo.
4. La acción del Espíritu en los hombres del antiguo pacto.
5. El Espíritu Santo y el nuevo pacto.

## El Espíritu Santo en la creación

### Creación en general

De este modo comienza el Génesis: "En el principio creó Dios los cielos y la tierra" (Gn. 1:1). Las primeras palabras del libro condicionan absolutamente todo cuanto sigue. No hay argumento alguno que ocupe un espacio, por mínimo que sea, que procure demostrar la existencia de Dios. Se da por hecho como cosa ciertísima. Este Dios se revela en el escrito bíblico para que los hombres lo puedan conocer. Lo hace "por medio de las cosas hechas, de modo que no tienen excusa" (Ro. 1:20). Así lo declara el salmista: "Los cielos cuentan la gloria de Dios, y el firmamento anuncia la obra de sus manos" (Sal. 19:1). Por esa razón, al final de los tiempos actuales, cantan a Dios en su presencia: "Grandes y maravillosas son tus obras, Señor Dios Todopoderoso" (Ap. 15:3).

Solo quien está cegado por su naturaleza y enceguecido por la acción diabólica, se atreve a negar la existencia de quien ha hecho todo esto por soberanía y lo sustenta con la "palabra de su poder" (He. 1:3). La Biblia no es un libro de ciencia, aunque la contiene, sino de fe; por esa razón, "por la fe entendemos haber sido constituido el universo por la palabra de Dios, de modo que lo que se ve fue hecho de lo que no se veía" (He. 11:3). Es Dios quien nos llama en la Biblia a mirarlo y observar lo que Él es por lo que Él hizo: "Levantad en alto vuestros ojos, y mirad quién creó estas cosas; él saca y cuenta su ejército; a todas llama por sus nombres; ninguna faltará; tal es la grandeza de su fuerza, y el poder de su dominio" (Is. 40:26). A Dios se lo llama *'Elohim* en el relato de la creación, referencia al único Dios, el omnipotente.

La segunda referencia a Dios está relacionada con el Espíritu: "El Espíritu de Dios se movía sobre la faz de las aguas" (Gn. 1:2). El sentido es el de un revolotear sobre el caos dando orden y convirtiéndolo en un cosmos. El ser divino actúa en la creación. La mente divina expresada en el Padre produce por generación eterna al Hijo, que es la Palabra y que en ella expresa con infinita precisión lo que Dios había determinado para cada aspecto, grande o pequeño, de la creación. El Espíritu oye al Hijo en el *Sea* y opera con absoluta fidelidad a lo expresado por el Hijo, Palabra eterna, que revela el perfecto e infinito pensamiento de Dios. No actuó desvinculado o independientemente, sino que habla todo lo que oye (Jn. 16:13). Luego el agente ejecutor de la creación es el Espíritu Santo, no como instrumento o fuerza operativa de Dios, sino como Dios mismo que asume la acción creacional en la que el Dios trino interviene.

La misma verdad aparece en otros lugares del Antiguo Testamento. Así lo afirmaba Job: "Su Espíritu adornó los cielos" (26:13). Probablemente no sea una referencia directa a la creación, ya que se lee literalmente "su Espíritu serenó los cielos", pero, en cualquier caso, es la acción omnipotente sobre lo creado. La dotación de la vida al hombre es una operación creadora del Espíritu: "Que todo el tiempo que mi alma esté en mí, y haya hálito de Dios en mis narices..." (Job 27:3), lo que se confirma más directamente con estas palabras: "El Espíritu de Dios me hizo, y el soplo del Omnipotente me dio vida" (Job 33:4). La vida biológica del planeta Tierra está encomendada al Espíritu, de manera que —en lenguaje figurado— Dios esconde el rostro de un ser vivo, le quita el hálito, dejan de ser y vuelven al polvo, pero "envías tu Espíritu, son creados, y renuevas la faz de la tierra" (Sal. 104:30). No se trata de un acontecimiento pasado, y por tanto único, sino de la acción permanente y continuada del Espíritu. Este enunciado quiere decir que toda criatura vive por el poder creador de Dios y por su acción renovadora.

El orden perfecto de la creación es el resultado de la acción omnipotente de Dios Espíritu Santo: "¿Quién midió las aguas con el hueco de su mano y los cielos con su palmo, con tres dedos juntó el polvo de la tierra, y pesó los montes con balanza y con pesas los collados? ¿Quién enseñó al Espíritu de Jehová, o le aconsejó enseñándole?" (Is. 40:12, 13). Las grandes galaxias y los pequeños microbios existen por la acción del Espíritu, que además de omnipotente es también omnisciente, y no necesita consejería alguna para realizar su obra creadora.

### *Creación de los ángeles*

Relacionada con la creación de los espíritus, los ángeles, se encuentra la acción creadora del Espíritu: "Por la palabra de Jehová fueron hechos los cielos, y todo el ejército de ellos por el aliento de su boca" (Sal. 33:6). Aunque pudiera referirse a los astros, no es normal usar el término *ejércitos de los cielos* en este sentido, sino en referencia a los ángeles, los ejércitos celestiales (Lc. 2:13). Los orbes más gloriosos y los ángeles más poderosos vinieron a la existencia por la omnipotencia del Espíritu. Una sola palabra suya, un soplo de su aliento fue suficiente para crear a los ejércitos celestiales. Crear para Él fue tan fácil como respirar para nosotros, y todavía más infinitamente fácil para Él puesto que el aliento para nuestra vida lo hemos recibido prestado del hacedor.

## La vida del hombre

Se trata de otra admirable obra del Espíritu Santo. La creación del hombre se expresa como un consenso divino, un consenso trinitario. El plural está presente en el acto de la creación: "Entonces dijo 'Elohim: Hagamos al hombre conforme a nuestra imagen conforme a nuestra semejanza" (Gn. 1:26; BT). Nótense los dos plurales: *hagamos* y *nuestra*. Los liberales procuran generar duda en relación con la expresión trinitaria (a la luz del Nuevo Testamento), hablando de plural mayestático, cuando lo que hay en el texto es un consenso trinitario para la creación del hombre. Lo que es común a las tres personas divinas, su naturaleza, va a ser comunicado al hombre por consenso divino.

Sobre este asunto escribe el Dr. Lacueva:

> El hombre fue hecho el último de todas las criaturas para que no pudiese sospecharse que pudo ser, de algún modo, un ayudante de Dios en la creación del mundo. Con todo, fue un honor y un favor para él haber sido hecho el último: un honor, por cuanto el método de la creación fue un avance desde lo menos perfecto hasta lo más perfecto; y un favor, porque no estaba bien que fuese hospedado en un palacio designado para él hasta que dicha mansión estuviese completamente acondicionada y amueblada para recibirlo. El hombre, tan pronto como fue creado, tuvo delante de sí toda la creación visible, tanto para contemplarla como para sacar provecho de ella.
>
> La creación del hombre fue una señal más importante y un acto más inmediato del poder y la sabiduría de Dios que la de las otras criaturas. Hasta ahora, Dios había dicho: "Sea la luz", y "Haya expansión", y "Produzca la tierra o las aguas" tal cosa; pero ahora la voz de mando se vuelve en voz de consulta y deliberación, "Hagamos al hombre, por cuya causa fueron hechas el resto de las criaturas; esta es una obra que tenemos que tomar a pecho". En los otros casos, Dios habla como quien tiene autoridad; en este, como quien siente un profundo afecto; como si dijera: "Habiendo tomado ya las medidas preliminares, pongamos ahora manos a la obra; hagamos al hombre". El hombre tenía que ser una criatura diferente de todas las que habían sido hechas hasta ahora. Carne y espíritu, cielo y tierra, deben ser juntados en él y debe ser hecho aliado de ambos

mundos. Y, por eso, no solo es Dios mismo el que se encarga de hacerlo, sino que le place expresarse como si llamase a consejo para considerar el asunto de hacer al hombre: Hagamos al hombre. Las tres personas de la Trinidad, Padre, Hijo y Espíritu Santo, consultan sobre esto y convienen en ello. Dejemos que gobierne al hombre el que dijo: Hagamos al hombre.[76]

La comunicación de vida al hombre procede del Espíritu: "Entonces YHVH 'Elohim modeló al hombre de la tierra roja, e insufló en sus narices aliento de vida. Y el hombre llegó a ser alma viviente" (Gn. 2:7; BT). La palabra *vida* está en plural, de manera que Dios comunicó al hombre aliento de *vidas*: la biológica, por lo que vino a la condición de ser vivo, y la espiritual, por la que puede relacionarse con Dios.

Génesis describe minuciosamente la creación del hombre porque de ello depende la comprensión de la relación que la criatura puede tener con el Creador. La naturaleza del hombre consta de materia, aquí de tierra roja, generalmente polvo de la tierra, y de un principio vital que es espiritual; no se trata de distinguir aquí esta parte espiritual de la del resto de seres vivos, sino de puntualizar el aliento de vida que el Espíritu le comunicó. Este aliento soplado es la *ruah* en acción, es decir, el Espíritu actuando. El hombre formado del polvo inerme llega a ser un ser vivo. Existe la tendencia de suponer que Dios creó de tierra la parte material del hombre y después de eso, en forma mecánica, el aliento de vida lo convirtió en un ser viviente. La palabra ha de entenderse en el sentido de algo como corresponde al pensamiento de Dios;[77] de otro modo, hecho conforme al pensamiento divino expresado por Dios. Así el hombre por un acto de la omnipotencia divina surgió de la tierra y, en ese mismo instante, cuando el polvo fue modelado por Dios en forma humana, fue invadido por el divino aliento de vida, y creó Dios un ser viviente. En ese sentido debe evitarse pensar que el cuerpo surgió antes del alma, porque el cuerpo sin alma no es hombre y el alma sin cuerpo tampoco; por tanto, el hombre fue creado como cuerpo y alma al mismo tiempo, aunque la descripción tenga que ajustarse a la temporalidad propia del escrito. Es evidente que lo que el Espíritu sopló en el hombre no fue el hálito que respira, sino el soplo de vida que respiró. El soplo de vida del

---

[76] Cf. Henry, 1989, p. 11.
[77] Griego: θεοπρεπω .

Espíritu es la esencia de la personalidad del hombre, que lleva en sí la imagen y semejanza del Creador.

Este pasaje y los restantes del Antiguo Testamento han de ser considerados desde el entorno histórico gramatical en que fueron escritos, en un contexto israelita. Así lo entiende Eduard Schweizer:

> El desarrollo más importante tiene lugar cuando Israel comienza a describir conscientemente toda la vida, y, por tanto, también la humana como expresión del Espíritu de Dios. Así el Sal. 104:29, 30 habla de la cabra montés en las altas peñas, del joven león en el desierto, y de los extraños monstruos en el mar: "Si tú escondes tu rostro, se conturban; si les quitas el hálito (el espíritu), expiran y vuelven al polvo. Si mandas tu aliento (tu Espíritu), se recrían". Aquí se presenta al Espíritu de Dios de una manera sumamente vívida: Dios exhala su aliento, y su hálito penetra como la vida en sus creaturas; Dios respira de nuevo y les retira su hálito y entonces se mueren. Donde se habla del despertar a la vida, se habla del hálito o del Espíritu de Dios; mas cuando se trata de la muerte, se habla del hálito o espíritu suyo (de ellos) que se retira, pues Dios se ve asociado de un modo tan claro con la vida que en la muerte no se habla a gusto del Espíritu de Dios, si bien es Él ciertamente el que penetró en sus criaturas y allí se convirtió en su espíritu. En Job 34:14, 15 se utilizan dos palabras distintas: "Si él volviera a sí su soplo y retrajera a sí su aliento, expiraría a una toda carne y el hombre volvería al polvo". Especialmente respecto al hombre, se habla más bien del "aliento de vida", y, por tanto, de su fuerza vital que Dios le ha regalado. Esto también lo muestra Job en 27:3: "Mientras en mí quede un soplo de vida y el hálito de Dios aliente en mis narices...". Naturalmente, ambas cosas son lo mismo, pues el Espíritu de Dios está "en mis narices". Pero si el israelita trata de destacar y de alabar el origen que nos otorga la vida, entonces habla del "Espíritu de Dios", y primero describirá cómo experimenta el hombre ese Espíritu de Dios en su vida y luego hablará de la "fuerza vital" del "hálito vital". Así en Gn. 2:7 se narra cómo Dios sopló el "hálito de la vida" en las narices del hombre, mientras que, en 6:3, se habla del "espíritu de Dios en el hombre"; en 6:17 del "espíritu de vida" y en 7:22 se cambian ambas expresiones. [...] La vida no es realmente una posesión del hombre, sino que sigue siendo propiedad de Dios, o mejor, actuación de Dios, efecto de Dios.[78]

---

[78] Schweizer, 1998, p. 30 ss.

Para no entrar en el terreno de lo que se dirá en el volumen sobre *Antropología* —donde se desarrollará con mayor extensión lo relativo a la creación del hombre—, es suficiente aquí con recordar que, en la acción creadora del Dios trino, el Espíritu Santo alienta la parte espiritual de la criatura. Esa es la afirmación del texto bíblico: "El espíritu de Dios me hizo, y el soplo del Omnipotente me dio vida" (Job 33:4). El hombre es la creación suprema de Dios, exaltado sobre los demás seres vivos de la creación por la razón especial de la acción del Espíritu en él. Además, es la individualización del aliento divino en la criatura que actúa en la materia. Aunque el Espíritu de Dios se manifiesta en la creación de la totalidad del mundo, el espíritu del hombre procede por inspiración directamente de Dios; esta inspiración se encarna en la corporeidad individual del hombre, por cuya acción este se hace persona.

Una vez creado y hecho ser viviente, la vida biológica del hombre es sostenida por el hálito divino: "Que todo el tiempo que mi alma esté en mí, y haya hálito de Dios en mis narices..." (Job 27:3). Este texto, establecido en el núcleo del juramento con que Job reasume su discurso, afirma que su alma no es otra cosa que el hálito que el Espíritu de Dios puso en el hombre el día de la creación y que sustenta a cada ser humano.

### El Espíritu Santo desde la creación hasta Abraham

#### *Dios comunicándose*

El Creador habló con los hombres individualmente, comenzando por el primer creado: "Y mandó Jehová Dios al hombre, diciendo: De todo árbol del huerto podrás comer; más del árbol de la ciencia del bien y del mal no comerás; porque el día que de él comieres, ciertamente morirás" (Gn. 2:16, 17). Dios habló al hombre indicándole los principios de bendición y de maldición, el primero por obediencia y el segundo por desobediencia. El conocimiento del bien y del mal no era una simple experiencia entre lo bueno y lo malo, sino un concepto moral concordante con la naturaleza que había recibido.

Posterior a la caída, Dios siguió hablando al hombre: "Mas Jehová Dios llamó al hombre, y le dijo; ¿Dónde estás tú?" (Gn. 3:9). No es que ignorase donde estaba, sino para traerlo a la confesión del pecado cometido. Se aprecia que Dios hablaba al hombre habitualmente; de ahí que "oyeron la voz de Jehová Dios que se paseaba en el huerto, al aire del día" (Gn. 3:8). Sobre el diálogo de Dios con el hombre, escriben Keil y Delitzsch:

El hombre se había apartado de Dios, pero Dios no lo dejará solo ni puede hacerlo. Al caer el sol, cuando fue tiempo de la capacitación espiritual, Él viene a ellos como un hombre va a otro. Esta fue la forma de revelación divina más temprana. Dios conversó con el primer hombre en una forma visible, como Padre e instructor de sus hijos. Él no adoptó esta forma por primera vez después de la caída, sino que la empleó desde el periodo de tiempo en que trajo las bestias a Adán, y le dio a la mujer para que fuera su esposa (Gn. 2:19, 22). Esta forma humana de relacionarse entre Dios y el hombre no es una mera figura de lenguaje, sino una realidad que tiene su fundamento en la naturaleza de la humanidad, o antes bien, en el hecho de que el hombre fue creado a imagen de Dios.[79]

Dios dialogó con Caín (Gn. 4:6-9). Lo mismo hizo con Noé antes del diluvio (Gn. 6:13) y después de haberse producido, dándoles instrucciones que expresaban su voluntad para ellos (Gn. 9:1 ss.).

La revelación no da detalles sobre cómo se produjeron esas acciones divinas hablando con el hombre, ni cuál fue el modo de hacerlo. Sin embargo, la revelación de Dios se produce por acción del Espíritu Santo en cuanto a profecía (2 P. 1:21); por consiguiente, es natural entender que la comunicación de Dios con el hombre fue hecha por el Espíritu Santo. Además, es del todo notorio que el Espíritu Santo estaba en el mundo obrando entre los hombres (Gn. 6:3).

## *Contendiendo con los hombres*

En el tiempo anterior al diluvio se revela la acción que el Espíritu Santo estaba haciendo en el mundo de los hombres: "Y dijo Jehová: No contenderá mi espíritu con el hombre para siempre; porque ciertamente él es carne; mas serán sus días ciento veinte años" (Gn. 6:3). El verbo hebreo traducido como *contender* tiene el sentido de gobernar y juzgar. El Señor quitaría de los hombres el espíritu de vida que les había dado para que aquella perversa humanidad fuese eliminada, con lo que también acabaría su conducta pecaminosa, opuesta a Dios y desobediente a su Palabra.

La acción del Espíritu consistía en alguna medida en estar presente en el mensaje que Noé —"pregonero de justicia" (2 P. 2:5)— daba a aquella generación corrompida al respecto del juicio que Dios había determinado sobre ellos. Tal vez fuese una acción semejante a

---

[79] Keil & Delitzsch, 2008, Tomo I, p. 58.

la de convicción que se le asigna como ministerio en el tiempo presente en que se predica el evangelio (Jn. 16:8). En cualquier caso, era una labor de amonestación y convicción, señalándoles su pecado con objeto de hacerles volver a Dios. Lo que es evidente es que el Espíritu Santo estaba anunciando a Cristo, en la figura del arca, a los pecadores antediluvianos: "En el cual [el Espíritu] también fue y predicó a los espíritus encarcelados, los que en otro tiempo desobedecieron, cuando una vez esperaba la paciencia de Dios en los días de Noé, mientras se preparaba el arca, en la cual pocas personas, es decir, ocho, fueron salvadas por agua" (1 P. 3:19, 20). Era el Espíritu que conducía y hacía comprensible el mensaje de salvación proclamado por Noé en sus días. Esa acción duró ciento veinte años, los que Dios dio en gracia a aquellos pecadores antes de exterminarlos de sobre la tierra (Gn. 6:3).

El Espíritu anunció al Cristo preencarnado en la figura del arca, vitalizando el mensaje de Noé. Esta acción del Espíritu fue rechazada por la inmensa mayoría, ya que tan solo ocho personas de todo el conjunto del mundo habitado entonces fueron salvos y todos ellos estaban relacionados con la familia del predicador de justicia, Noé, que predicó un mensaje de salvación por ciento cincuenta años (Gn. 5:32; 7:6). Dios añadió a aquel tiempo establecido siete días más de gracia (Gn. 7:4a). Los antediluvianos abusaron de la paciencia de Dios y rechazaron el mensaje de arrepentimiento; por ese motivo, murieron sin salvación y están ahora encarcelados hasta el día del juicio final para confirmación de la condenación eterna.

### *Revelando la verdad*

A lo largo del periodo de tiempo desde la creación hasta Abraham, Dios estuvo seleccionando a profetas para dar a conocer la verdad divina, especialmente la referida al juicio de Dios a causa del pecado: "De estos también profetizó Enoc, séptimo desde Adán, diciendo: He aquí, vino el Señor con sus santas decenas de millares, para hacer juicio contra todos, y dejar convictos a todos los impíos de todas sus obras impías que han hecho impíamente, y de todas las cosas duras que los pecadores impíos han hablado contra él" (Jud. 14, 15). Aunque la profecía de Enoc no es un libro canónico (1:9), la profecía en sí misma fue dicha por el Enoc de la Biblia (Gn. 5:19-24, cp. He. 11:5, 6) y fue posteriormente trasladada e incorporada al libro de Enoc. El profetismo tuvo lugar de forma especial después del tiempo de Abraham, como se tratará más adelante.

Los profetas revelaron verdades divinas directamente a los hombres, estableciendo la tradición oral, cuando aún no estaba escrito el mensaje bíblico. En ese sentido, Dios instruyó a Abel sobre el modo de ofrecer el sacrificio, no como una aportación humana, sino como un acto de fe (Gn. 4:4, cp. He. 11:4). Del mismo modo ocurrió con Abraham, que oyó, es decir, prestó atención a la voz del Señor (Gn. 26:5). Otra evidencia de la comunicación de Dios está en la proclamación del mensaje por Noé, que le fue dado por el Espíritu, ya que fue predicador de justicia (2 P. 2:5).

Aunque no se indica directamente que todas estas operaciones fueron hechas por el Espíritu, su presencia en el mensaje de Noé y la enseñanza posterior sobre la comunicación de la revelación para la confección del escrito bíblico ponen de manifiesto la autoría de estas operaciones desde la creación hasta Abraham.

### El Espíritu Santo desde Abraham hasta Cristo

*Actividades providenciales*

El Espíritu utilizó al pueblo de Israel como agente divino entre los hombres, revelándoles las verdades divinas y usándolos como base para la transmisión de la verdad escrita. Dios se reveló a ellos como nadie lo experimentó jamás: "He aquí, yo hago pacto delante de todo tu pueblo; haré maravillas que no han sido hechas en toda la tierra, ni en nación alguna, y verá todo el pueblo en medio del cual estás tú, la obra de Jehová; porque será cosa tremenda la que yo haré contigo" (Ex. 34:10). El pueblo de Israel, no por méritos propios, sino por gracia y soberanía divina, era un pueblo santificado para Dios, escogido y especial, por lo que se manifestó en él una revelación única del Señor (Dt. 7:6-8; 9:4-6; 10:15; 2 S. 7:23).

El Espíritu Santo dotaba de sabiduría a hombres de Israel para hacer la obra que Dios había planificado. Así ocurrió con los artífices Bezaleel y Aholiab, capacitándolos para "inventar diseños, para trabajar en oro, en plata y en bronce, y en artificio de piedras para engastarlas, y en artificio de madera; para trabajar en toda clase de labor"; con esta sabiduría construirían el tabernáculo, los muebles y todos los utensilios necesarios para el funcionamiento del santuario. Es evidente que toda esa capacitación procede de Dios, que primeramente los "llamó por nombre" y luego los llenó "del Espíritu de Dios, en sabiduría y en inteligencia, en ciencia y en todo arte" (Ex. 31:1-6).

En tiempos siguientes al asentamiento en la tierra de Canaán, prometida por Dios a los patriarcas y dada a Israel después de la liberación de la esclavitud en Egipto, los jueces gobernaban al pueblo. En ellos actuaba el Espíritu Santo, capacitándolos para las acciones de gobierno y liberación de los enemigos.

De este modo se dice de Otoniel: "Y el Espíritu de Jehová vino sobre él, y juzgó a Israel, y salió a batalla, y Jehová entregó en su mano a Cusan-risataim rey de Siria, y prevaleció su mano contra Cusan-risataim" (Jue. 3:10). El principio de vida en el hombre es del Espíritu, pero también lo es el principio de vida espiritual por medio de la regeneración. En sus operaciones, el Espíritu se manifiesta como "de inteligencia, espíritu de consejo y de poder, espíritu de conocimiento y de temor de Jehová" (Is. 11:2). En el Antiguo Testamento actuaba influenciando de forma sobrenatural en el espíritu humano, conduciéndolo a realizar la obra que Dios había determinado —en el caso de este juez, ser instrumento de liberación de la opresión asiria—. Otoniel fue dotado de poder para realizar hechos portentosos conforme a lo que Dios había determinado, siendo un instrumento en su mano.

De ese mismo modo ocurre con Gedeón. Primeramente fue escogido por el Ángel de Jehová para la misión de liberar de la opresión al pueblo de Israel (Jue. 6:12 ss.). Pero la acción en contra de los madianitas fue impulsada por el Espíritu Santo: "Entonces el Espíritu de Jehová vino sobre Gedeón..." (Jue. 6:34). El hebreo da la idea de que el Espíritu vino sobre el juez, cubriéndolo como si fuese con una cota de malla, protegiéndolo de tal forma que se hacía invulnerable ante el enemigo e invencible en su poder.

Ocurre lo mismo en el caso de Jefté: "Y el Espíritu de Jehová vino sobre Jefté" (Jue. 11:29). No solo lo capacitó para derrotar a los enemigos de Israel, sino para que pudiera convocar un ejército que estuviese dispuesto para la batalla en momentos cruciales y de desaliento del pueblo. El poder de Dios vino sobre su instrumento. El Espíritu capacitó a quien había escogido para librar a Israel. La batalla era del Señor; por tanto, la dirección debía ser suya. El venir del Espíritu sobre Jefté hizo que sus facultades naturales adquirieran una mayor dimensión, al tiempo que confirmaba su liderazgo y lo capacitaba para conducir el ejército formado por hombres de Israel y capitanearlo contra Amón.

Con mayor profusión se manifiesta el Espíritu sobre Sansón. Tres veces en el relato sobre su judicatura se encuentran referencias a la acción del Espíritu. Dios había cumplido lo anunciado a sus padres, no solo en cuanto al nacimiento, sino también a su condición de nazareo, dedicado para Dios. Establecidas las condiciones, se observa la presencia poderosa del Espíritu sobre el juez: "Y el Espíritu de Jehová comenzó a manifestarse en él en los campamentos de Dan, entre Zora y Estaol" (Jue. 13:25). El Espíritu actúa en el que había sido escogido para ser libertador de Israel. Dios lo estaba capacitando para oponerse a los filisteos en misión liberadora.

Más adelante aparece una nueva revelación en el relato bíblico: "El Espíritu de Jehová vino sobre Sansón, quien despedazó al león como quien despedaza un cabrito, sin tener nada en su mano" (Jue. 14:6). Es una manifestación más de lo que había comenzado antes. Sansón lo hizo sin riesgo personal y sin un gran esfuerzo, como se podría hacer con un cabrito asado y preparado para comer. No había arma alguna con que pudiera defenderse de la fiera, tan solo el poder del Espíritu obrando por medio de él consiguió tal prodigio.

Nuevamente aparece una referencia al Espíritu en relación con Sansón: "Y el Espíritu de Jehová vino sobre él, y descendió a Ascalón y mató a treinta hombres de ellos…" (Jue. 14:19). A pesar de los múltiples fallos espirituales de Sansón, era el instrumento que Dios había escogido para liberar a su pueblo de la opresión filistea, de manera que vino sobre él, consiguiendo él solo dar muerte a treinta hombres, cosa imposible humanamente hablando. No fue la venganza carnal de uno que siendo engañado cometió tal acción contra los engañadores, ya que el texto bíblico enseña que la ira de Sansón se encendió en él después de haber dado muerte a aquellos treinta hombres.

Varias veces se habla del Espíritu Santo en relación con los reyes de Israel, comenzando por Saúl, el primero de ellos: "Cuando llegaron allá al collado, he aquí la compañía de los profetas que venía a encontrarse con él; y el Espíritu de Dios vino sobre él con poder, y profetizó entre ellos" (1 S. 10:10). El rey seleccionado por Dios y ungido por el profeta fue envestido de poder divino, como se le había anunciado, que lo capacitaba para ejercer la autoridad en el reino. El Espíritu impulsó a Saúl una de sus primeras acciones contra los amonitas: "Al oír Saúl estas palabras, el Espíritu de Dios vino sobre él con poder" (1 S. 11:6).

El Espíritu actuó también con David desde el momento en que fue ungido para ser rey sobre Israel: "Y Samuel tomó el cuerno del aceite, y lo ungió en medio de sus hermanos; y desde aquel día en adelante el Espíritu de Jehová vino sobre David" (1 S. 16:13). La evidencia de que Dios lo había escogido para ser rey es la presencia del Espíritu sobre él. Pasaría tiempo hasta que el reinado fuese suyo, pero desde el momento en que Samuel lo ungió estuvo el Espíritu con él, ayudándolo y dirigiéndolo. Es verdad que la unción como rey se mantuvo en reserva por el entorno histórico que rodea el reinado de Saúl. Se traslada un párrafo de Keil y Delitzsch que comenta los versículos 12 y 13:

> En el momento de la unción, el Espíritu de Yahvé vino sobre David desde aquel día en adelante. No hay mención de alguna palabra dicha por Samuel a David durante la unción, tal como sucedió con Saúl en 10:1. Tal parece que Samuel no dijo absolutamente nada durante este proceso porque según el v. 2 era necesario mantener el suceso en secreto de manera que ni siquiera los hermanos de David supieron algo acerca del sentido y el significado de la unción, sino que debieron haber pensado que Samuel ungió a David como discípulo suyo. Pero esto no significa que Samuel no había informado a Isaí o a David acerca del objetivo de su misión y de la unción realizada. Pudo haberlos informado sin que los demás lo hubieran sabido. Ahora, que David permaneciera junto a su padre apacentando las ovejas de su padre no significa que su llamado a ser rey le hubiera sido desconocido, sino tan solo que no vio la obligación de presentarse como el ungido del Señor, sino que aun después de haber recibido al Espíritu del Señor por causa de la unción confió el desarrollo de los asuntos al Señor, que le mostraría y acompañaría en el camino al trono.[80]

El Espíritu vino sobre otros en momentos de decisiones importantes, como es el caso de Amasai cuando vino al encuentro de David para asegurarle su apoyo, cuando huía de Saúl: "Entonces el Espíritu vino sobre Amasai, jefe de los treinta, y dijo: Por ti, oh David, y contigo, oh hijo de Isaí. Paz, paz contigo, y paz con tus ayudadores, pues también tu Dios te ayuda" (1 Cr. 12:18). El texto bíblico ofrece la perspectiva de cómo Amasai tomó la decisión de apoyar a David como resultado de una acción del Espíritu.

Un ejemplo más de la acción del Espíritu se relaciona con el ministerio profético de comunicar un mensaje de Dios al pueblo: "Entonces el Espíritu de Dios vino sobre Zacarías hijo del sacerdote Joiada, y puesto en pie, donde estaba más alto que el pueblo, les dijo: Así ha dicho Dios..." (2 Cr. 24:20). De los muchos profetas que Dios enviaba a su pueblo, se menciona aquí al hijo del sacerdote Joiada, que por impulso del Espíritu Santo, anunció al pueblo el juicio divino

---

[80] Keil & Delitzsch, 2008, Tomo I, p. 816.

a causa del pecado cometido por ellos. El mensaje de Dios fue resistido como era habitual, y el pueblo se levantó contra el profeta y por mandato del rey lo apedrearon en el atrio del templo; el mismo Jesús hizo referencia a esa muerte (Mt. 25:35; Lc. 11:51).

El testimonio de Ezequiel confirma la acción del Espíritu sobre los profetas. En medio de las visiones que Dios le mostraba, testifica: "Y luego que me habló, entró el Espíritu en mí y me afirmó sobre mis pies, y oí al que me hablaba" (Ez. 2:2). El Espíritu da fuerzas al profeta para obedecer el mandato que Dios le había dado de que se pusiera en pie delante de su rostro para cumplir la comisión que se le encomendaba. Más adelante el Espíritu levanta al profeta: "Y me levantó el Espíritu, y oí detrás de mí una voz de gran estruendo, que decía: Bendita sea la gloria de Jehová desde su lugar" (Ez. 3:12), para llevarlo al lugar de misión, que era donde estaban los cautivos en Tel Aviv. El viento que lo conduce debe entenderse como la acción del Espíritu que lo impulsa y traslada a aquel lugar (v. 14). El Espíritu dirige acciones testimoniales en el profeta: "Entonces entró el Espíritu en mí y me afirmó sobre mis pies, y me habló, y me dijo: Entra, y enciérrate dentro de tu casa" (Ez. 3:24), anunciándole también acciones que producirían contra él.

Las visiones le fueron dadas por el Espíritu: "Y el Espíritu me alzó entre el cielo y la tierra, y me llevó en visiones de Dios a Jerusalén, a la entrada de la puerta de adentro que mira hacia el norte, donde estaba la habitación de la imagen del celo, la que provoca a celos" (Ez. 8:3). Es un transporte mental del profeta hacia el conocimiento de algo que se estaba produciendo pecaminosamente en Jerusalén y que provocaba la ira de Dios. Se trata, sin duda, de experiencias internas y no de viajes reales y corporales. Posteriormente testifica que "el Espíritu me elevó y me llevó por la puerta oriental de la casa de Jehová" (Ez. 11:1). Se trata de una traslación espiritual, mientras él permanecía con los cautivos, para darle una revelación especial sobre la situación de pecado en el pueblo y en sus dirigentes.

La revelación profética de la gloria de Dios viniendo de nuevo para llenar la casa fue otra revelación del Espíritu: "Y me alzó el Espíritu y me llevó al atrio interior; y he aquí que la gloria de Jehová llenó la casa" (Ez. 43:5). La gloria de Dios había abandonado el templo a causa del pecado cometido contra Él, pero se le da al profeta, por el Espíritu, una visión de restauración futura.

En un tiempo de grave problema espiritual, otro profeta, Miqueas, hace referencia al Espíritu Santo actuando en él: "Mas yo estoy lleno de poder del Espíritu de Jehová, y de juicio y de fuerza, para denunciar a Jacob su rebelión, y a Israel su pecado" (Mi. 3:8). En contraste con los falsos profetas que anunciaban paz cuando no la había, Miqueas se enfrenta a esa situación con valentía; su fuerza, la capacidad y la valentía para anunciar el verdadero mensaje de Dios le eran comunicadas por el Espíritu de Jehová. Por el poder de esa acción del Espíritu es capaz de enfrentarse solo a todo un entorno contrario e incluso peligroso.

*El Espíritu y la profecía*

El tema requiere una atención especial, que se le dedicará más adelante, haciendo aquí una somera referencia al hecho de la operatividad del Espíritu en la profecía.

La referencia inspirada a esta realidad está en las palabras del apóstol Pedro: "Porque nunca la profecía fue traída por voluntad humana, sino que los santos hombres de Dios hablaron siendo inspirados por el Espíritu Santo" (2 P. 1:21). Ningún aspecto de la confección del escrito bíblico fue el resultado del hombre, sino la acción del Espíritu sobre quienes eligió para escribir el mensaje divino. El texto será considerado con mayor extensión más adelante. La afirmación del apóstol de que la profecía no obedece a la voluntad del hombre pone de manifiesto la influencia controladora de Dios sobre los hagiógrafos y la acción que comunica vida al mensaje escrito (He. 4:12). La profecía no fue traída por voluntad humana porque solo los falsos profetas hablan de su propia voluntad.

Puede resumirse la acción del Espíritu en tres momentos de la profecía bíblica. Primeramente, no es traída por voluntad humana, porque el Espíritu escogió a cada uno de los escritores de la Biblia, haciéndolo por soberanía. Así, a modo de ejemplo, ocurre con el profeta Jeremías que, transmitiendo palabra de Dios, escribe: "Antes que te formase en el vientre te conocí, y antes que nacieses te santifiqué, te di por profeta a las naciones" (Jer. 1:5). Ninguna razón especial justificaba esa elección, tan solo la soberanía divina que se manifiesta primeramente en la elección del autor. En segundo lugar, está la comunicación del mensaje que debe transmitir, por cuya razón el profeta insiste en que lo que proclama y luego también escribe, es palabra de Jehová (Jer. 1:1, 2, 5, 7, etc.). No es un mensaje que sale de la mente del profeta, sino que le es dado por el Espíritu Santo. El mensaje es comunicado por tradición oral. En tercer lugar, no procede del hombre, porque es Dios que ordena al autor humano que escriba el mensaje que el Espíritu le ha comunicado; así ocurre con el ejemplo del profeta Jeremías: "Aconteció en el cuarto año de Joacim hijo de Josías, rey de Judá, que vino esta palaba de Jehová a Jeremías, diciendo: Toma un rollo de libro, y escribe en él todas las palabras que te he hablado" (Jer. 36:1, 2). De igual modo ocurrió antes con Moisés, a quien Dios mandó escribir (Ex. 17:14). Así también con el apóstol Juan, a quien se le ordenó que escribiera la revelación que se le iba a dar (Ap. 1:11; 14:13). El profeta tenía que revelar en el escrito solo lo que Dios quería comunicar, de manera que aun cuando él tuviese una visión más extensa, se le ordenaba sellarla, es decir no escribirla, porque era reservada para Dios (Ap. 10:4).

## Presencia del Espíritu en el antiguo pacto

### El Espíritu dado

Una lectura desprejuiciada del Antiguo Testamento pone de manifiesto que el Espíritu no era dado a todos. Tan solo venía sobre aquellos a los que Dios llamaba para un ministerio especial. Ejemplos dados anteriormente confirman esto: el Espíritu vino sobre Bezaleel para la construcción del tabernáculo; sobre los jueces para ejercer ese ministerio y ser instrumentos de liberación de quienes oprimían al pueblo de Dios; sobre los reyes para que ejerciesen el reinado conforme a la voluntad de Dios y fuesen conducidos en victoria en las acciones contra los enemigos de su pueblo; a cada uno de los profetas para escribir la profecía; etc. No se lee, sin embargo, que todos los israelitas hayan recibido personalmente el Espíritu Santo.

### El Espíritu retirado

El Espíritu que podía ser dado temporalmente también podía ser retirado. De esto hay varios ejemplos en el Antiguo Testamento.

Sansón estuvo bajo la acción del Espíritu durante un tiempo (Jue. 13:25), pero a causa de su conducta impropia, Dios retiró de Él su Espíritu, viniendo a ser como un hombre cualquiera: cayó en manos de sus enemigos, perdió sus ojos y se convirtió en algo semejante a un animal de carga (Jue. 16:20).

Saúl, el primero de los reyes de Israel, también estuvo bajo la acción del Espíritu, que le dio victoria sobre sus enemigos y lo impulsó a la acción necesaria (1 S. 10:10). Sin embargo, su vida de rebeldía contra los mandatos de Dios trajo como consecuencia que el Espíritu se retirase de él, viniendo a una experiencia de problemas mentales y finalmente de pérdida del reino y muerte (1 S. 16:14).

De Ezequiel, uno de los profetas de Israel, se dice que el Espíritu entró en él en, por lo menos, dos ocasiones (Ez. 2:2; 3:24). Por esta razón podría inducirse que no permaneció en él durante el intermedio de esas ocasiones. Sin embargo, pudiera ser que las referencias sean a momentos en los que el Espíritu se manifestó de una forma especial para llevar a cabo el ministerio encomendado.

Sobre David, rey elegido conforme a la voluntad de Dios, descendió el Espíritu (1 S. 16:13). Sin embargo, confesando sus graves pecados, cometidos en la relación adúltera con Betsabé y en la muerte ordenada sobre su marido Urías, pidió a Dios: "No me eches de delante de ti, y no quites de mí tu santo Espíritu" (Sal. 51:11). Pide al Señor que no lo aleje como un aborrecido de él, a quien excluye de su presencia. Además, ruega que no retire su Espíritu. David conocía bien lo que esto suponía porque conocía el proceso ocurrido en la vida de su suegro Saúl. Sin embargo, es necesario entender que, en la dispensación del antiguo pacto, el Espíritu Santo era dado más como capacitación para la forma de vida y servicio que para la acción de salvación. Por esa razón, David pide a Dios que no quite de él el Espíritu, con lo que quedaría impedido para el servicio como ungido de Dios.

### El Espíritu sobre grupos de personas

En ocasiones actuaba sobre un determinado colectivo, como fue el caso en que Saúl llegó a conocer el lugar donde estaba David y envió mensajeros para traerlo. Cumpliendo la maligna intención de Saúl, esto fue impedido por el Espíritu Santo, de manera que todos los enviados por Saúl, cuando llegaron al grupo de profetas que presididos por Samuel, se encontraron profetizando (1 S. 19:20, 21). Saúl envió otros dos grupos de mensajeros que también profetizaron. Es interesante notar que el plural *profetizaron* no está en el texto hebreo, que usa el singular *profetizó*, considerando el grupo como individualidad y no como conjunto de personas.

### La presencia del Espíritu no equivale a residencia

La residencia del Espíritu en el corazón del creyente es un asunto de la dispensación actual, cosa imposible en el antiguo pacto, puesto que la iglesia como cuerpo de Cristo y como templo de Dios en Espíritu no se produjo hasta después del descenso del Espíritu en Pentecostés (Hch. 2).

Dios justificaba por la fe a todo el que creía, como ocurrió con Abraham: "Creyó a Dios, y le fue contado por justicia" (Gá. 3:6;

Stg. 2:23), ya que "el justo por su fe vivirá" (Hab. 2:4; Ro. 1:17; Gá. 3:11). Por tanto, nada tiene que ver la salvación con la residencia de la Trinidad en el creyente y en la iglesia, que se produce en esta dispensación. Jesús mismo les hizo notar a los discípulos esta distinción: "El Espíritu de verdad, al cual el mundo no puede recibir, porque no le ve, ni le conoce; pero vosotros le conocéis, porque mora con vosotros, y estará en vosotros" (Jn. 14:17).

La obra expiatoria hace posible la santificación en Cristo (1 Co. 1:30), y con ello la condición para que Dios esté presente en la intimidad del creyente. Esa operación en la antigua dispensación se producía en el simbolismo de los sacrificios, que apuntaban como tipos al antitipo, que es Cristo, pero su realidad está en el sacrificio de Jesús en la cruz.

El Espíritu estuvo en plenitud en Cristo como hombre perfecto y sin pecado. De este modo han de entenderse afirmaciones sobre la presencia del Espíritu en creyentes de la antigua dispensación, como se ha considerado antes: Josué (Nm. 27:18), Bezaleel (Ex. 31:3), Miqueas (Mi. 3:8), los profetas (1 P. 1:11), etc. Todas esas expresiones deben ser consideradas como semejantes a otras que enseñan que el Espíritu estaba sobre ellos, invistiéndolos de poder y capacitándolos para actuar. Así ocurrió también con los ancianos colaboradores de Moisés (Nm. 11:25) y sobre los jueces (Jue. 3:10).

*El Espíritu y el pueblo de Israel*

El Espíritu actuaba en el pueblo hebreo. La presencia del Espíritu se había prometido a ese pueblo: "Según el pacto que hice con vosotros cuando salisteis de Egipto, así mi Espíritu estará en medio de vosotros, no temáis" (Hag. 2:5). La palabra, el pacto, que Dios mismo les ofreció al sacarlos de Egipto continuaba vigente; del mismo modo también la presencia del Espíritu, no en ellos, sino en medio de ellos. El Espíritu les daría los recursos de poder necesarios para la construcción del templo en que estaban comprometidos. No se les pide que ellos cumplan la palabra del antiguo pacto, sino que muestren ese cumplimiento en obediencia a lo que Dios les ordena.

A lo largo de la historia de Israel, el Espíritu estuvo entre ellos para conducirlos y enseñarles: "Y enviaste tu buen Espíritu para enseñarles. [...] Los soportaste por muchos años, y les testificaste con tu Espíritu por medio de tus profetas" (Neh. 9:20, 30). El texto hace referencia a la presencia del Espíritu entre el pueblo, y también a la paciencia divina, es decir, fue paciente con ellos por muchos años.

Pero, a pesar de la rebeldía del pueblo contra Dios, Él no los abandonó; no los destruyó totalmente ni permitió que se extinguieran en el exilio, sino que dejó un remanente de ellos para seguir mostrando su compromiso en el cumplimiento del pacto hecho con ellos.

El Espíritu mostró su amor hacia el pueblo a pesar de sus pecados:

> Mas ellos fueron rebeldes, e hicieron enojar su Santo Espíritu; por lo cual se les volvió enemigo, y él mismo peleó contra ellos. Pero se acordó de los días antiguos, de Moisés y de su pueblo, diciendo: ¿Dónde está el que les hizo subir del mar con el pastor de su rebaño? ¿dónde el que puso en medio de él su Santo Espíritu? [...] El Espíritu de Jehová los pastoreó, como a una bestia que desciende al valle; así pastoreaste a tu pueblo, para hacerte nombre glorioso. (Is. 63:10, 11, 14)

El Antiguo Testamento enseña que la fortaleza y el poder para el pueblo de Israel provenían del Espíritu: "Entonces respondió y me habló diciendo: Esta es palabra de Jehová a Zorobabel, que dice: No con ejército, ni con fuerza, sino con mi Espíritu, ha dicho Jehová de los ejércitos" (Zac. 4:6). El profeta dice a Zorobabel que no cumplirá nunca lo que Dios le encomendó por medio de su poder personal, sino solo por su capacidad de dejarse conducir por el Espíritu de Yahvé.

Sin embargo, aunque eran pueblo de Dios, no eran un cuerpo en Cristo como lo es la iglesia en la presente dispensación.

## El Espíritu Santo y el nuevo pacto

Las profecías en relación con el nuevo pacto están vinculadas a la acción y presencia del Espíritu Santo. El pacto antiguo bajo la ley demostró que no era posible el cumplimiento basado en el esfuerzo del hombre. Las obras de la ley en ningún modo podían ser elemento de justificación delante de Dios (Gá. 2:16). Juntamente con la imposibilidad de justificación está la imposibilidad del cumplimiento de lo que Dios establece, puesto que el hombre natural no puede ni quiere sujetarse a Dios (Ro. 8:7).

Dios promete restaurar el problema de la imposibilidad y la desobediencia. La promesa del nuevo pacto se dio aproximadamente unos 700 años antes de Cristo. Así lo detalla el profeta Ezequiel: "Os daré corazón nuevo, y pondré espíritu nuevo dentro de vosotros; y quitaré de vuestra carne el corazón de piedra, y os daré un corazón de carne. Y pondré dentro de vosotros mi Espíritu, y haré que andéis en mis estatutos, y guardéis mis preceptos, y los pongáis por obra" (Ez. 36:26, 27). En modo semejante se expresa Jeremías (Jer. 31:31-34). La promesa primaria del nuevo pacto es para Israel, dice Jeremías en el pasaje citado: "Con la casa de Israel y con la casa de Judá". Si bien por su rebeldía no tendrá cumplimiento hasta que el remanente sea reunido para estar con el Rey de reyes en el milenio, es un pacto nuevo en contraste con el mosaico, roto por Israel (Jer. 31:32).

La promesa del nuevo pacto es la de una transformación o regeneración interior: "Este es el pacto que haré con la casa de Israel después de aquellos días, dice Jehová: Daré mi ley en su mente, y la escribiré en su corazón; y yo seré a ellos por Dios, y ellos me serán por pueblo" (Jer. 33:33). Se trata de una absoluta transformación: una sustitución del antiguo pacto escrito en tablas de piedra (cf. Éx. 31:18; Dt. 4:13; 9:11; 10:4). En lugar de imposiciones externas, con promesas de bendiciones y maldiciones, la base del nuevo pacto será la gracia que transforma los corazones. En el pacto antiguo, la ley estaba puesta delante del pueblo para que la cumpliesen de corazón, es decir, recibiéndola en sus corazones para expresar el amor a Dios en la obediencia a sus disposiciones. En el nuevo pacto, la ley ha sido puesta dentro de los creyentes, implantada en su corazón y en su alma por el Espíritu Santo, convirtiéndose en principio rector y razón de sus vidas (cf. 2 Co. 3:3). En la transformación personal se hace notar el perdón divino, que Dios otorga en gracia al que cree: "Perdonaré la maldad de ellos, y no me acordaré más de su pecado" (Jer. 31:34).

En el Nuevo Testamento, la iglesia está relacionada con el nuevo pacto, por lo que algunos sugieren que esta ha sustituido y ocupado el lugar de Israel en el programa divino. Sin embargo, en lo que aquí compete, el nuevo pacto garantiza todo lo que Dios se propone hacer para los creyentes en base al sacrificio de Cristo, ya que el mismo Señor lo enseña: "Esta copa es el nuevo pacto en mi sangre, que por vosotros se derrama" (Lc. 22:20). Mediante la operación de regeneración del Espíritu, el cristiano es dotado de un corazón nuevo, convirtiendo el endurecido corazón de piedra, insensible e incapaz para operar la justicia de Dios, en un corazón sensible, de carne, que sintoniza con el amor de Dios y vive, por esa razón, en disposición a obedecer su Palabra (Jn. 14:15). Dicho de otro modo, no obedecemos por miedo, sino por amor.

Dios actúa en el interior del creyente que, por la naturaleza heredada, es desobediente, dándole capacidad de obedecer. El cristiano contempla los mandatos divinos no con el temor de la maldición por incumplirlos, sino con la capacidad de obedecerlos por la poderosa acción de Dios en Él. Por esa razón se le exhorta: "Ocupaos en vuestra salvación con temor y temblor, porque Dios es el que en vosotros produce así el querer como el hacer, por su buena voluntad" (Fil. 2:12, 13). El nuevo pacto no es uno de esclavitud, sino de gracia y libertad; de ahí la demanda: "Estad, pues, firmes en la libertad con que Cristo nos hizo libres, y no estéis otra vez sujetos al yugo de esclavitud" (Gá. 5:1).

La dotación de un corazón nuevo permitirá a Dios Espíritu Santo escribir su ley en tablas de carne del corazón y no solo en las de piedra. La acción del Espíritu se revelará luego en el Nuevo Testamento (2 Co. 3:6): un nuevo pacto al que se llama *pacto del Espíritu* (2 Co. 3:6).

En una breve síntesis de la doctrina se ha puesto a la consideración del lector la obra del Espíritu Santo en el Antiguo Testamento. La presencia de la tercera persona divina se hace evidente y, a pesar de su velada presencia, se hace evidente en una lectura desprejuiciada del texto bíblico.

**Aplicación personal**

La obra limitada del Espíritu Santo en el tiempo antiguo ha sido perfeccionada para el cristiano en la actual dispensación. La misma verdad se hace notable realidad en el presente: "No con ejército, ni con fuerza, sino con mi Espíritu, ha dicho Jehová de los ejércitos" (Zac. 4:6). El creyente tiene ahora la responsabilidad de no impedir la acción del Espíritu en su vida.

El creyente está llamado a vivir en el Espíritu (Gá. 5:16), esto es, no poner impedimento alguno para que Él tome el control de la vida en todas las dimensiones y en todo tiempo. Nada es posible conforme a Dios en la vida cristiana sin la ayuda del Espíritu, que reproduce a Jesús en nuestras vidas y cumple así el propósito de Dios, consistente en conformarnos a la imagen de su Hijo (Ro. 8:29). El estudio teológico debe conducir a un examen personal de nuestras vidas, que nos permita determinar la dependencia de ellas en relación con el Espíritu Santo.

# CAPÍTULO VI
# EL ESPÍRITU SANTO EN LA VIDA DE JESUCRISTO

Jesús es Dios manifestado en carne. El Verbo eterno de Dios, la segunda persona de la deidad, tomó para el cumplimiento del plan de redención una naturaleza humana, subsistente en su única persona divina, viniendo a ser, en el tiempo histórico del hombre, *Emanuel*, Dios con nosotros.

Entendiendo que el propósito divino era que la segunda persona de la Santísima Trinidad entrara en el mundo de los hombres como un hombre, sin mengua de su deidad, debía tener todos los elementos propios del hombre, esto es, cuerpo humano, alma humana y espíritu humano, en sentido de la parte espiritual que todo hombre tiene. Para que esta acción presente en el plan de redención desde la eternidad se produjese vinculada a la deidad, no podía hacerse posesionándose de un ser humano, ya que eso sería solo Dios morando en un hombre, pero nunca hubiera sido la realidad de la encarnación del Verbo. Es decir, no es Dios posesionándose, sino Dios encarnándose; de otro modo, el eterno se hace un hombre como nosotros, asumiendo voluntariamente nuestras limitaciones para poder experimentar, no desde la omnisciencia divina, sino desde la experiencia humana, nuestros problemas, debilidades, e incluso tentaciones, en una verdadera vinculación con los hombres, no desde la distancia, sino de la comunión de humanidad.

La verdad bíblica enseña enfáticamente que un miembro de la trina deidad entró en la familia humana como los demás hombres. Su humanidad no podía ser engendrada por concepción de un padre humano ya que sería una concepción transeúnte y nunca sería el Unigénito, puesto que el padre humano podría engendrar más hijos, pero, en razón de la vinculación con la deidad, la concepción es inmanente, engendrado eternamente como Unigénito del Padre.

La humanidad de Jesús, si fuese concebida por el proceso biológico natural del hombre, no hubiera podido vincularse de forma absoluta como perteneciente a la deidad del Verbo. De igual manera, sin haber sido engendrado en el seno materno de una mujer no hubiera podido vincularse con el género humano y no podría afirmarse que el Verbo de Dios era también un hombre.

La dificultad —insuperable para el hombre— queda resuelta por el plan divinamente establecido, mediante el cual el Espíritu Santo engendró la humanidad del Verbo de Dios, concibiéndola por obra milagrosa de su omnipotencia en la Virgen María, quedando el Hijo de Dios, por ese acto, revestido de humanidad.

Las dos naturalezas, divina y humana, se hacen, por tanto, manifiestas absolutamente en Jesucristo, convirtiéndolo en el perfecto y único mediador entre Dios y los hombres. Esto supone que ambas naturalezas tienen subsistencia en la única persona divina, el Verbo encarnado, siendo este el sujeto de atribución de cuantas acciones se lleven a cabo por cualquiera de las dos naturalezas, que afectan a la persona en que subsisten.

Desde el instante de su concepción, el hombre Jesús estuvo en todo bajo el control del Espíritu, por lo que viene a ser ejemplo supremo a imitar por cada creyente. No hay un solo instante en que el Espíritu no esté relacionado con Jesús. Esto que pudiera parecer complejo desde la perspectiva humana queda resuelto desde la inmanencia trinitaria, donde la tercera persona está vinculada a la segunda por procedencia. Estas verdades son sustentadas por la Escritura y, por tanto, son verdades de fe que han de ser creídas por el cristiano y dinamizadas por el mismo Espíritu en una aplicación personal como modo de vida cristiana.

## El Espíritu en la concepción de Jesús

El plan de redención, originado desde antes del tiempo y de la historia de la creación, responde a tres grandes interrogantes sobre la realización del acto redentor: a) ¿Quién lo haría? La respuesta es concreta: el Hijo en carne humana (1 P. 1:18-20). B) Como lo haría: mediante el pago de un precio, es decir, mediante una obra redentora. C) Cuando lo haría: en el cumplimiento del tiempo, en un determinado momento de la historia humana (Gá. 4:4).

La primera relación del Espíritu Santo con Jesús fue la concepción, en el seno de María, del hombre que era la naturaleza humana del Verbo eterno encarnado. Hay que notar, no obstante, que las tres personas divinas intervinieron en la concepción o encarnación.

El Padre, enviando y dando a su Hijo: "Dios, enviando a su Hijo en semejanza de carne de pecado y a causa del pecado, condenó al pecado en la carne" (Ro. 8:3). El proceso de la encarnación del Verbo está vinculado a la acción del Padre en el envío del Hijo, que procede de Él y es eternamente engendrado por Él. Así también aparece en un escrito de Pablo: "Pero cuando vino el cumplimiento del tiempo, Dios envió a su Hijo, nacido de mujer y nacido bajo la ley" (Gá. 4:4).

La segunda persona, el Hijo, participa encarnándose: "Y aquel Verbo fue hecho carne, y habitó entre nosotros" (Jn. 1:14). El que eternamente existe en forma de Dios, porque es Dios, deviene en un acto voluntario a otra forma.

El Espíritu, a su vez, participó en la encarnación operando cuanto fue necesario para hacerla realidad. Se puede sintetizar la acción del Espíritu desde la concepción hasta el alumbramiento de una forma sencilla. Primeramente, produce la concepción virginal (Mt. 1:18). La segunda acción es que esta concepción engendra en María un hijo que se reconoce como Hijo de Dios, puesto que es la relación existente en la Trinidad entre la primera y la segunda persona divina. El tercer paso es el natural en toda concepción: el concebido es también gestado. No se hace referencia directa a este período salvo que, estando ya embarazada, visitó a su pariente Elisabet, quien, de una forma también milagrosa, había concebido un hijo que se llamaría Juan (Lc. 1:38 ss.). Un cuarto paso en el proceso es, luego de la gestación, el alumbramiento. Con palabras sencillas se refiere el Evangelio a este hecho: "Cuando Jesús nació en Belén de Judea en días del rey Herodes..." (Mt. 2:1). Lucas dice: "Y dio a luz a su hijo primogénito, y lo envolvió en pañales, y lo acostó en un pesebre, porque no había lugar para ellos en el mesón" (Lc. 2:7). Lo interesante de esto es que quien es Emanuel, Dios con nosotros, el Verbo manifestado en carne, es nacido de mujer (Gá. 4:4), cuyo nacimiento es la consecuencia de la concepción por el Espíritu Santo en su madre María, a la que la Biblia llama "madre de mi Señor" (Lc. 1:43) y luego, en la última referencia a ella, es denominada "madre de Jesús" (Hch. 1:14).

Sin duda hay un profundo contraste en la persona divino-humana de Jesucristo: quien es el unigénito del Padre, por tanto, Hijo de Dios (Jn. 1:14), es también hijo de María, como madre humana de Jesús el hombre (Mr. 6:3). El portento de la manifestación de la tercera persona de la deidad, Dios Espíritu Santo, llena de recogimiento y asombro al poner de manifiesto la gloria de su deidad.

**El Espíritu en la niñez y juventud de Jesús**

Un periodo de la historia de Cristo que queda difuminado en brevísimas referencias es el tiempo de la preparación antes de que el siervo de Dios comenzara y terminara la obra que le había sido encomendada.

La actividad del Espíritu se deja ver en su humanidad. El Evangelio según Lucas tiene la siguiente referencia: "Jesús crecía en sabiduría y en estatura, y en gracia para con Dios y los hombres" (Lc. 2:52). Durante su niñez, desde el nacimiento, fue alimentado por su madre, cuidado por ella y su padre, custodiado por la protección divina (Mt. 2:13-23).

¿Dónde está la presencia y acción del Espíritu en ese tiempo de la vida de Jesús? Nótense las palabras de Lucas: "Crecía en sabiduría". La sabiduría del hombre está en la asimilación de la Biblia, ya que "el testimonio de Jehová es fiel, que hace sabio al sencillo" (Sal. 19:7). En otro sentido, dice el apóstol Pablo a Timoteo: "Y que desde la niñez has sabido las Sagradas Escrituras, las cuales te pueden hacer sabio para la salvación por la fe que es en Cristo Jesús" (2 Ti. 3:15). La Palabra que produce sabiduría es la inspirada por Dios, la que procede de la acción del Espíritu Santo (2 P. 1:21; 2 Ti. 3:16). Por consiguiente, en el terreno de la humanidad de Jesús, como niño tuvo que ser alimentado, lo que produjo crecimiento físico, y como niño y adolescente fue enseñado en la Palabra, lo que, junto con la humildad natural de un hombre sin pecado, lo hacía crecer en sabiduría delante de Dios y de los hombres.

Jesús iba aumentando en sabiduría a medida que crecía como hombre. La sabiduría que lo llenaba tiene que ver solo con la naturaleza humana del Hijo de Dios. Por tanto, debe ser reiterado, esto incluye el conocimiento y aprendizaje de la Palabra de Dios, que como hombre tuvo que aprender. La humanidad de Jesús está voluntariamente sujeta a la limitación del conocimiento humano (Mt. 24:36; Mr. 13:32). La omnisciencia expresada por ella obedece a la comunicación de propiedades que se efectúa en la persona del Verbo entre las dos naturalezas de Jesucristo.

### *La plenitud del Espíritu en Cristo*

Es un tema que había sido profetizado como algo que sería propio del Mesías: "Y reposará sobre él el Espíritu de Jehová; espíritu de sabiduría y de inteligencia, espíritu de consejo y de poder, espíritu de conocimiento y de temor de Jehová" (Is. 11:2). En la presentación del siervo, en la misma profecía, el profeta escribe: "He aquí mi siervo, yo le sostendré; mi escogido, en quien mi alma tiene contentamiento; he puesto sobre él mi Espíritu, él traerá justicia a las naciones" (Is. 42:1). Una tercera mención, que Jesús tomaría en la sinagoga de Nazaret, vuelve a referirse al Espíritu sobre Él: "El Espíritu de Jehová el Señor está sobre mí, porque me ungió Jehová; me ha enviado a predicar buenas nuevas a los abatidos, a vendar a los quebrantados de corazón, a publicar libertad a los cautivos, y a los presos apertura de la cárcel" (Is. 61:1).

En el Nuevo Testamento se afirma esta verdad: "Porque el que Dios envió, las palabras de Dios habla; pues Dios no da el Espíritu por medida" (Jn. 3:34). La primera evidencia de la presencia del Espíritu en Jesús es que durante su ministerio el enviado de Dios habló las palabras de Dios.

**El Espíritu Santo en el ministerio de Jesucristo**

*Inicio del ministerio*

Jesús fue bautizado (Mt. 3:13-17; Mr. 1:9-11; Lc. 3:21, 22). Lo hizo porque tenía que cumplir "toda justicia" (Mt. 3:15). Tenía que ver también con su posición como sacerdote eterno; de ese sacerdocio se enseña ampliamente en la epístola a los Hebreos (He. 5–10), de forma especial en 7:14-17. El lavamiento con agua era uno de los aspectos de la consagración sacerdotal (Lv. 8:6). De igual manera, la unción era también un elemento en dicha consagración (Lv. 8:12). La unción se aplicó también a profetas y reyes. Los tres oficios están en Cristo: es sacerdote (He. 5:5, 6); es profeta (Is. 61: 1 ss.) en oficio sacerdotal y cumple lo anunciado por Moisés (Dt. 18:15); y es rey (Ap. 19:16). De ahí la relación con el bautismo. La presencia trinitaria en el bautismo de Cristo, que ya se ha considerado en esta obra, es evidente (cf. Mt. 3:16, 17): el Padre dando testimonio de su Hijo, el Hijo siendo bautizado y el Espíritu descendiendo sobre Él en forma corporal como paloma.

*La unción del Espíritu*

En el Antiguo Testamento se anunciaba que el Mesías sería revestido por el Espíritu Santo (cf. Is. 11:1, 2; 42:1; 61:1-3). Lo profetizado tuvo cumplimiento en Jesucristo, como se aprecia en el discurso evangelizador del apóstol Pedro: "Dios ungió con el Espíritu Santo y con poder a Jesús de Nazaret" (Hch. 10:38).

El escritor de la epístola a los Hebreos hace alusión a los pasajes proféticos de la unción del Mesías y los aplica a Jesucristo: "Has amado la justicia, y aborrecido la maldad, por lo cual te ungió Dios, el Dios tuyo, con óleo de alegría más que a tus compañeros" (He. 1:9).

La referencia bíblica está tomada de los Salmos (45:6, 7), que usa para destacar perfecciones del Hijo, como en este caso el amor por la justicia. El Mesías siente repulsión, aborrecimiento del pecado. Debe tenerse en cuenta la condición impecable de Jesucristo (He. 4:15). La razón del amor por la justicia y la repulsión del pecado lleva al Mesías a dar su vida para limpiar el pecado de los pecadores que creen (He. 2:9).

### *La plenitud del Espíritu en Jesucristo*

El Señor habló de su cuerpo como el templo en el que se manifiesta la gloriosa dimensión de la deidad: "Destruid este templo, y en tres días lo levantaré" (Jn 2:19).

En su humanidad, Jesús estaba lleno del Espíritu Santo, ya que, como se dijo antes, no se le dio el Espíritu con medida (Jn. 3:34). No se trata de una deducción teológica o filosófica, sino de una verdad bíblica: "Jesús, lleno del Espíritu Santo, volvió del Jordán, y fue llevado por el Espíritu al desierto" (Lc. 4:1).

### *El poder del Espíritu en el ministerio de Cristo*

Luego de las tentaciones, se afirma que "Jesús volvió en el poder del Espíritu a Galilea" (Lc. 4:14). Cristo declaró que era por el poder del Espíritu que echaba fuera los demonios: "Pero si yo por el Espíritu de Dios echo fuera los demonios, ciertamente ha llegado a vosotros el reino de Dios" (Mt. 12:28).

Con todo, no debe olvidarse que Jesús, como Dios, es omnipotente y que, como dijo antes, no es un mero instrumento en mano del Espíritu Santo. Su poder divino se manifestó en la creación (Jn. 1:3, 10), lo que no solo trajo a la existencia todo lo que antes no existía, sino que sustenta toda la creación con el poder de su palabra (He. 1:3). Es a Jesús, el Verbo encarnado, muerto, sepultado, resucitado y exaltado a la diestra de Dios, que le corresponde el nombre que es sobre todo nombre, confiriéndole suprema autoridad sobre cielos y tierra, hombres y ángeles, ante cuya majestad todos doblarán sus rodillas, confesando que Jesús es el Señor para la gloria del Padre (Fil. 2:9-11).

En su vida humana, el Espíritu impulsó y condujo las acciones de Jesús de manera que, en el tiempo previo a las tentaciones, lo "impulsó al desierto" (Mr. 1:12; Lc. 4:1, 14; Mt. 4:1). La sujeción a la voluntad del Padre en terreno de su humanidad fue absoluta (Jn. 8:28). La capacitación para la obediencia suprema hasta la muerte y muerte de cruz procedía de la presencia del Espíritu Santo en su humanidad, anunciada ya en la profecía, que le comunicaba sabiduría, poder y temor de Jehová (Is. 11:2).

### *El Espíritu en el sacrificio de Cristo*

La obra salvadora es la ejecución, en el tiempo histórico de los hombres, del propósito soberano eterno de Dios. La Biblia afirma que "la salvación es de Jehová" (Jon. 2:9; Sal. 3:8). En consecuencia, las tres personas divinas participan activamente en todo cuanto tiene que ver con la salvación. Así, en la entrega de Cristo a la muerte en sustitución del pecador, el Padre envía al Hijo, el Hijo se entrega voluntariamente para morir por el pecado del mundo y el Espíritu Santo está presente en el hecho redentor.

De ahí la afirmación bíblica: "¿Cuánto más la sangre de Cristo, el cual mediante el Espíritu eterno se ofreció a sí mismo sin mancha a Dios...?" (He. 9:14). Aunque en el texto griego la presencia del adjetivo interrogativo demanda establecer una pregunta retórica que debe ser respondida por el lector, tal vez sería mejor, ya que se trata de una contundente conclusión, establecer la frase bajo signos de admiración: ¡Cuánto más la sangre de Cristo! El argumento alcanza una conclusión de mayor a menor. Por un lado, está la sangre de Cristo que tiene un valor infinito y purifica eternamente a los que por Él se acercan a Dios, y por otro, el mismo Cristo que se ofrece a sí mismo voluntariamente en sacrificio, contrastando con las víctimas de los sacrificios que eran llevadas forzadamente al sacrificio.

### *El Espíritu en la resurrección de Cristo*

Lo mismo que la obra expiatoria en la cruz, la resurrección de entre los muertos del Salvador es un acto divino dentro del programa eterno del plan de redención, en el que siempre intervienen las tres personas divinas.

El Padre intervino en la resurrección de la humanidad del Verbo encarnado, nuestro Señor Jesucristo. Entre los muchos textos que refrendan esta verdad, podemos tomar uno dentro del discurso de proclamación del evangelio en el día de Pentecostés: "Al cual Dios levantó, sueltos los dolores de la muerte, por cuanto era imposible que fuese retenido por ella" (Hch. 2:24).

También hay pasajes concretos que enseñan sobre la resurrección de Jesús como obra del Espíritu Santo: "Fue declarado Hijo de

Dios con poder, según el Espíritu de santidad, por la resurrección de entre los muertos" (Ro. 1:4). Afirmamos que el Espíritu actuó en la resurrección de Cristo, aunque el término *Espíritu de santidad* pudiera aplicarse también al espíritu personal de Jesús que, por su condición divino-humana, era absolutamente santo. Aunque el sujeto de la acción que resucita a Jesús es el Padre, las tres personas divinas intervinieron allí, ya que el mismo Hijo tenía poder y actuaría en ello (Jn. 10:17, 18).

En resumen: el Padre levantó a su Hijo de entre los muertos (Ro. 10:9; Col. 2:12); el Espíritu resucitó a Cristo (Ro. 8:11); y el Hijo participa en la resurrección de su cuerpo humano (Jn. 10:17, 18).

**Aplicación personal**

Por lo considerado en el capítulo, se llega a la conclusión de que Jesús anduvo en el Espíritu. Sin embargo, como se ha dicho, no hay resultado efectivo en cualquier estudio si no produce una reflexión personal válida para la vida de testimonio cristiano.

Jesús es ejemplo a seguir por cada creyente, como advierte el escritor de la epístola a los Hebreos: "Puestos los ojos en Jesús" (He. 12:2). Esto significa que somos llamados a un camino de seguimiento: "Para esto fuisteis llamados, porque también Cristo padeció por nosotros, dejándonos ejemplo, para que sigáis sus pisadas" (1 P. 2:21). Por tanto, Dios nos llama a realizar este compromiso de vida, no en nuestras fuerzas, sino en el poder del Espíritu, exhortándonos a "andar en el Espíritu" y dejarnos conducir plenamente por Él (Gá. 5:16). Esto exige la experiencia de la vida en la plenitud del Espíritu: "No os embriaguéis con vino, en lo cual hay disolución; antes bien sed llenos del Espíritu" (Ef. 5:18). Esta es la demanda que debiera ser atendida prioritariamente en nuestras vidas personales: "Haya, pues, en vosotros este sentir que hubo también en Cristo Jesús" (Fil. 2:5).

# CAPÍTULO VII
# EL ESPÍRITU SANTO EN LA ESCRITURA

Al estudiar la persona y la obra del Espíritu Santo se recae necesariamente en la relación que el Espíritu tiene con la Escritura. Ya que la tiene, como se ha considerado, con el Logos encarnado, tiene necesariamente que tenerla con el Logos escrito.

Dios se ha revelado y lo ha hecho en plenitud en el Hijo como culminación de la revelación progresiva que entregó al hombre. Tal como enseña el escritor de la epístola a los Hebreos, en la introducción del escrito: "Dios, habiendo hablado muchas veces y de muchas maneras en otro tiempo a los padres por los profetas, en estos postreros días nos ha hablado por el Hijo, a quien constituyó heredero de todo, y por quien asimismo hizo el universo" (He. 1:1, 2). La revelación progresiva está contenida en la Escritura, que fue dada al hombre por mensajeros seleccionados por Dios a lo largo del tiempo. Es una revelación completa, es decir, la necesaria para satisfacer los requerimientos que el hombre tiene acerca de Dios, pero no es absoluta, puesto que no puede, como tal, expresar a Dios en la dimensión completa en que puede ser conocido. De ahí que Dios Padre envíe a Dios Hijo, el Verbo eterno, para que en la condición de Verbo satisfaga cuanto el hombre pudiera necesitar para conocer a Dios. La revelación del Verbo y en el Verbo permite el milagro de conocer quién es Dios desde Dios mismo, ya que el mensaje se expresa en el Logos encarnado.

El Verbo expresa la mente divina, pero el Espíritu conoce la intimidad de Dios y, por esa razón, puede expresar en la Palabra lo que quiere ser revelado. La precisión de dicha revelación es plena, y por cuanto es Dios quien lo hace, es verdadera e inerrante. Eso exige la acción directa sobre los autores humanos, cada uno de los hagiógrafos que, seleccionados por Dios, participan bajo el control del Espíritu en escribir la revelación.

Siendo Dios Espíritu Santo el que comunica el mensaje y custodia al escritor para transmitirlo en lenguaje humano, la Biblia es fiable, porque Dios no miente en lo que revela. Una falsedad en la Escritura sería achacable a quien expresa la revelación y a quien inspira a los autores para manifestarla. La idea de que la Biblia no tiene errores en el mensaje, pero puede tenerlos en la escritura es rebajar el texto bíblico a algo exacto y a la vez inexacto.

Los temas de la inspiración, autoridad, inerrancia, infalibilidad, etc. se han tratado en *Bibliología*, volumen II de esta colección, adonde remitimos al lector para mayor desarrollo. En este apartado nos limitaremos a recapitular la vinculación del Espíritu Santo con la Escritura como obra personal.

La Escritura es el resultado de una operación sobrenatural del Espíritu Santo, sin dejar de tener en cuenta la "dualidad" de autor en la unidad del Espíritu con el instrumento elegido para llevar a cabo la operación reveladora en la confección del escrito bíblico. Sin embargo, el verdadero y único autor de la Escritura es Dios Espíritu Santo, siendo cada uno de los hagiógrafos instrumentos en su mano para ejecutar el programa revelador a lo largo de los siglos. Esto hace que la Escritura sea un todo en el conjunto de sus libros, mostrando dentro de la diversidad de libros, autores y tiempos una unidad integral puesto que todos ellos son la única revelación de Dios.

La Biblia es la única autoridad para el creyente, tanto en doctrina como en ética. Todo su contenido ha sido dado de manera sobrenatural por Dios mismo con un propósito concreto, como Cristo mismo dijo: "Enseñándoles que guarden todas las cosas que os he mandado" (Mt. 28:20).

El hecho de que la Escritura sea un conjunto de sesenta y seis libros escritos a lo largo de unos 1500 años por unos 35-40 autores de distintos estratos sociales y culturales y que, a pesar del tiempo que tardó en completarse y de los autores que participaron en ella, haya una identidad entre los distintos escritos pone de manifiesto que tuvo que haber una asistencia divina que coordinó todo lo escrito. Esto se manifiesta también en la atemporalidad en el sentido de que el tiempo no altera las verdades y los principios de conducta, siendo válidos y actuales en todos los tiempos. La misma Escritura asigna la revelación de las verdades y la custodia en el escrito al Espíritu Santo.

**Manifestaciones textuales**

Tanto el Antiguo como el Nuevo Testamento afirman que la Escritura es dada por el Espíritu a los escritores humanos. En ocasiones, hay una referencia trinitaria, como ocurre en las últimas palabras de David: "El Espíritu de Jehová ha hablado por mí, y su palabra ha estado en mi lengua. El Dios de Israel ha dicho, me habló la Roca de Israel" (2 S. 23:2, 3). Las tres personas divinas están presentes en la revelación que David dio en el nombre del Señor. Sin embargo, el comunicador del mensaje y el que custodió cuanto dijo en el nombre de Dios fue "el

Espíritu de Jehová". David afirma que lo que dijo en aquella ocasión, y de forma especial, lo escrito en los Salmos, lo hizo inspirado por el Espíritu Santo, quien habló por los profetas. Como ungido de Dios, David era un instrumento apto y capacitado por el Espíritu para comunicar la Palabra de Dios; por esa razón afirma la inspiración divina de sus escritos.

Continuamente en los profetas se indica que el mensaje que transmitían procedía de Dios (cf. Jer. 1:2, 4, 7, 9). En ocasiones, el profeta da testimonio de quién le había comunicado el mensaje que transmitía, vinculándolo directamente con el Espíritu Santo: "Y este será mi pacto con ellos, dijo Jehová: El Espíritu mío que está sobre ti, y mis palabras que puse en tu boca, no faltarán de tu boca, ni de la boca de tus hijos, ni de la boca de los hijos de tus hijos, dijo Jehová, desde ahora y para siempre" (Is. 59:21). El Espíritu Santo estaría en el tiempo de la profecía como fruto completo del nuevo pacto (cf. Jer. 31:31; Ez. 36:24-31; Jl. 2:28, 29). Dios pondrá, en el pueblo convertido a Él, el mismo Espíritu que ponía en los profetas, y concretamente en Isaías, como manifiesta el texto seleccionado. Las palabras que pronunciaba Isaías habían sido puestas en su boca por Dios, el Espíritu que estaba sobre él conduciendo su ministerio profético mediante la inspiración.

Posiblemente sea el profeta Ezequiel el que reitera que la profecía que escribe está vinculada y dirigida por el Espíritu Santo. De esta forma se expresa: "Y luego que habló, entró el Espíritu en mí y me afirmó sobre mis pies, y oí al que me hablaba" (Ez. 2:2). El Espíritu le permite oír claramente al que hablaba y le comunicaba el mensaje que debía dar al pueblo. Las visiones que recibió se produjeron por obra del Espíritu: "Y aquella figura extendió la mano, y me tomó por las guedejas de mi cabeza; y el Espíritu me alzó entre el cielo y la tierra, y me llevó en visiones de Dios a Jerusalén, a la entrada de la puerta de adentro que mira hacia el norte, donde estaba la habitación de la imagen del celo, la que provoca a celos" (Ez. 8:3). Se observan dos maneras de revelar el mensaje: en el primer texto se habla; en el segundo se muestran visiones. Traslaciones es otra forma en la que el Espíritu comunicó la revelación: "El Espíritu me elevó, y me llevó por la puerta oriental de la casa de Jehová…" (Ez. 11:1). En el mismo entorno textual dice que le habló: "Y vino sobre mí el Espíritu de Jehová, y me dijo…" (Ez. 11:5). Más adelante vuelve a referirse a la comunicación por medio de visiones (Ez. 11:24). Una nueva traslación, bien sea real o, más bien en visión, se relaciona con el Espíritu (Ez. 43:5).

### La Biblia: revelación de Dios para salvación

Se entiende por revelación la declaración que Dios, por su propia amorosa voluntad, iniciativa y operación, comunicó a los escritores humanos de la Biblia para que estos registraran en sus escritos verdades que estaban fuera del alcance del hombre con el propósito de comunicarle lo que Él es y desea para gloria de su nombre, bendición a los que creen y dejar sin excusa al incrédulo.

Esta revelación es dada a los hombres por el Espíritu Santo. Sin duda la tercera persona divina ha usado distintos medios para revelar a los hombres lo que Dios quería manifestarles. El Espíritu usó visiones (Is. 1:1; 6:1 ss.). También lo hizo por medio de sueños, como ocurrió con el profeta Daniel (Dn. 7:1). También por medio de éxtasis, en el sentido de exaltación espiritual o traslado espiritual, como fue la ocasión de la visión del lienzo con animales puesto ante Pedro (Hch. 10:9-18). También se produjo la revelación por medio de traslaciones (2 Co. 12:1, 2). Dios habló directamente en otras ocasiones (Ex. 3:1-8). Incluso utilizó ángeles para transmitir la revelación (Dn. 8:15-19; Ap. 22:8, 9).

No es posible dejar de apreciar la condición única de Dios como Espíritu infinito; por consiguiente, sus perfecciones, infinitas como su ser, no pueden ser medibles, ni caben en su totalidad en la comprensión medible para la mente humana. Su pensamiento, propósitos y demandas son desconocidos para el pensamiento humano. Sin embargo, todo ello es determinante para la temporalidad humana, trascendiendo a la vida natural, por lo que se hace necesario que Dios se revele a sí mismo.

La revelación de Dios no es solo universal, es decir, alcanza y comprende a todos, sino definitivamente personal, ya que Dios quiere hacerse perceptible al hombre. Por esa razón reveló a Moisés su nombre mediante una respuesta personal: "Y respondió Dios a Moisés: YO SOY EL QUE SOY. Y dijo: Así dirás a los hijos de Israel: YO SOY me envió a vosotros" (Ex. 3:14). Dios es personal y puede actuar como se manifiesta en la bendición sacerdotal que Él mismo estableció: "Jehová te bendiga, y te guarde; Jehová haga resplandecer su rostro sobre ti, y tenga de ti misericordia; Jehová alce sobre ti su rostro, y ponga en ti paz. Y pondrán mi nombre sobre los hijos de Israel, y yo los bendeciré" (Núm. 6:24-27).

Dios, por su condición, solo puede ser revelado por Él mismo, como el apóstol Pablo afirma: "¿Quién conoció la mente del Señor?" (1 Co. 2:16); la respuesta a la pregunta retórica exige una negación: nadie. Es en ese mismo pasaje que se dice: "¿Quién de los hombres sabe las cosas del hombre, sino el espíritu del hombre que está en él? Así tampoco nadie conoció las cosas de Dios, sino el Espíritu de Dios" (1 Co. 2:11). No es posible una revelación divina al margen del Espíritu; la Biblia enseña que nadie puede conocer la intimidad de Dios: "Cosas que ojo no vio, ni oído oyó, ni han subido en corazón de hombre, son las que Dios ha preparado para los que le aman" (1 Co. 2:9).

El Espíritu, residente en el creyente, conduce a toda verdad: "Y nosotros no hemos recibido el espíritu del mundo, sino el Espíritu que proviene de Dios, para que sepamos lo que Dios nos ha concedido" (1 Co. 2:12). Es el Espíritu el que permite al creyente conocer lo que Dios quiere revelar. Si el Verbo es la expresión exhaustiva de la mente del Padre y quien expresa el pensamiento divino, el Espíritu es quien lo revela y lo hace saber.

## *Inspiración*

Si el Espíritu Santo es el que revela, no puede menos que ser también el que inspira. Esto se contrapone a lo que afirman los incrédulos, que sostienen que la Biblia no es una revelación especial y sobrenatural, sino un libro como cualquier otro, y que, aunque Dios pudiera haber dado una capacidad excepcional a los escritores, no deja por eso de ser una producción total y únicamente humana.

Otros minusvaloran absolutamente al hagiógrafo, enseñando que se trata de un instrumento totalmente pasivo al que Dios dictó lo que tenía que escribir, convirtiéndolo en un mero amanuense, esto es, una persona que escribe al dictado de otro (en este caso, Dios). Sin embargo, los diferentes estilos de la escritura y el trasfondo cultural y social de cada autor contradicen esta posición extrema. Las oraciones que aparecen en los escritos bíblicos, de forma especial las intercesoras, perderían todo su significado (a modo de ejemplo, Ef. 3:14-21).

El mundo humanista liberal, celoso de negar todo aspecto sobrenatural, se posiciona en distintos parámetros para negar la inspiración, hablando de lo que llaman *inspiración parcial* —entendiendo con ello que Dios inspiró el concepto, pero no cuidó de las palabras precisas para expresarlo—. Esta argumentación contraria a lo revelado en la Escritura permite entender que la Palabra puede contener errores. Sin embargo, la Biblia afirma que las palabras son también inspiradas: "Toda la Escritura[81] es inspirada por Dios" (2 Ti. 3:16).

---

[81] Griego: πᾶσα γραφὴ.

El término traducido como *Escritura* va precedido por el nominativo femenino singular del adjetivo indefinido *toda*. Esta forma sintáctica se puede aplicar a *toda la Escritura* o también a *cada Escritura*.

En una línea semejante a la anterior, otros liberales enseña que las palabras que expresan verdades divinas reveladas son precisas y ciertas, pero que las declaraciones relativas a historia, geografía, ciencias, etc. no son inspiradas y, por tanto, pueden contener errores. La sutileza de esta posición consiste fundamentalmente en que convierte al lector o intérprete en el juez que determina qué parte es inspirada y cuál no.

Por su parte, la inspiración mística cuestiona sin afirmarlo la inspiración plenaria al enseñar que Dios dio una inspiración gradual a los autores, pero no les dio por completo la capacidad de escribir la Biblia sin errores. Sin duda, esta propuesta convierte al intérprete en el juez que determina cuál es el grado de inspiración y, por tanto, de verdad de la Escritura.

Entre tantos vaivenes, la inspiración falible, propuesta por la neoortodoxia, enseña que en la Biblia hay elementos sobrenaturales, pero también errores; por consiguiente, no debe ser tomada literalmente como verdadera y simplemente ha de ser considerada como un canal de revelación que se hace verdad cuando es comprendida, de tal manera que la evidencia de verdad queda a juicio del lector o del intérprete.

### Inspiración verbal o plenaria

A la luz de la revelación escrita, la inspiración debe considerarse como verbal o plenaria. Esta verdad enseña que el Espíritu de Dios guió al hagiógrafo en la elección de todas las palabras usadas en los escritos originales, por cuya razón es una inspiración verbal. Quiere decir esto que las palabras del escritor humano corresponden a las palabras de Dios, inspiradas por Él; de ahí el sentido de inspiración *plenaria*, siendo toda la Escritura Palabra de Dios.

La inspiración verbal o plenaria tiene que ver con la confección de los escritos originales, reconociendo la intervención sobrenatural de Dios como inspirador, a la vez que controlador y supervisor del escrito bíblico, pero no en el sentido de que Él mismo lo hubiese dictado. Por esta causa, se reconoce la inerrancia de la Biblia como un escrito que en los originales no tiene error alguno.

### Inspiración pneumatológica

El Espíritu Santo es la persona divina que inspiró la Biblia. Tal verdad está sustentada tanto en el Antiguo como en el Nuevo Testamento, y comprende a los escritos de ambos Testamentos, como lo enseña el mismo apóstol Pedro (2 P. 3:1, 2, 15, 16).

El autor humano es el escritor seleccionado por Dios en cada ocasión. Cada escrito corresponde a la actuación dual e inseparable de Dios como revelador y del hombre como instrumento revelador. De ahí que podamos decir que cada libro de la Escritura tiene un autor divino-humano.

Autores del Nuevo Testamento dan testimonio de esta verdad y afirman que los profetas hablaron lo que el Espíritu Santo puso en su boca. Así lo expresaba el apóstol Pedro, refiriéndose a escritos de David: "Varones hermanos, era menester que se cumpliese la Escritura en que el Espíritu Santo habló antes por boca de David acerca de Judas, que actuó como guía de los que prendieron a Jesús" (Hch. 1:16; RVR).

La inspiración plenaria de la Escritura era reconocida por los apóstoles y los creyentes que serían el núcleo de la iglesia naciente. El mismo apóstol escribiría años después: "Entendiendo primero esto, que ninguna profecía de la Escritura es de interpretación privada, porque nunca la profecía fue traída por voluntad humana, sino que los santos hombres de Dios hablaron siendo inspirados por el Espíritu Santo" (2 P. 1:20, 21). La misma percepción tenía la iglesia reunida en días de la persecución, cuando en oración dijo, recordando una cita del Salmo 2: "Por boca de David tu siervo dijiste..." (Hch. 4:25).

Refiriéndose a la descripción del tabernáculo en sus distintas divisiones, funciones y mobiliario, el escritor de la epístola a los Hebreos afirma que lo escrito era una revelación del Espíritu que daba "a entender con esto que aún no se había manifestado el camino al Lugar Santísimo" (He. 9:8). Es evidente que los escritores del Nuevo Testamento reconocían que lo escrito en el Antiguo era consecuencia de una operación del Espíritu Santo, que inspiraba la revelación escrita.

Las instrucciones para escribir fueron comunicadas a los escritores que Dios eligió para transmitir su revelación, como sucedió con Moisés (Ex. 17:14). Del mismo modo ocurrió en el Nuevo Testamento; Dios mandó hacer al apóstol Juan la misma operación (Ap. 1:19). Su testimonio es claro: "Oí una voz procedente del cielo, que me decía: Escribe" (Ap. 14:13; RVR). En medio del relato de visiones, Juan oyó una voz que procedía del cielo. Esta expresión aparece varias veces en Apocalipsis (cf. 10:4, 8; 11:12; 18:4; 21:3). ¿De quién procede esa voz? No se especifica, pero debe entenderse como una comunicación directa de parte de Dios. Puesto que se trata de escribir revelación divina, debe entenderse que sea una voz del Espíritu Santo, ya que además se menciona al Señor en tercera persona, y se menciona explícitamente al Espíritu: "Sí, dice el Espíritu".

La inspiración plenaria por el Espíritu Santo produce la absoluta inerrancia en la Biblia, ya que, por ser toda la Escritura inspirada en los originales, está exenta de error (Is. 1:1, 2; He. 1:1). Por el propio carácter de Dios, su Palabra es inerrante (Jn. 17:3; Ro. 3:4). La doctrina de la inspiración es esencial en el estudio de la relación del Espíritu con la Palabra.

### El Espíritu en la interpretación bíblica

La revelación especial es el resultado de la acción del Espíritu. Él hace comunicable y, por tanto, comprensible al hombre las verdades ocultas en la intimidad de Dios. Por esa misma causa, lo que puede ser cognoscible, debe ser interpretado. La Palabra de Dios, por proceder de Él, contiene solo una verdad, sin alternativa de que pueda entenderse de otros modos que aquel para el que fue enviada. La dirección, custodia y resultado de la interpretación no puede ser fiable a no ser que quien comunica el mensaje conduzca a una correcta interpretación del mismo.

Indudablemente, la Biblia como cualquier escrito requiere ser interpretado, ya que ante cualquier escrito surge la pregunta: ¿Qué quiso decir el autor? No es suficiente con la comprensión de cada palabra en el lenguaje del lector; es necesario conocer el propósito que sustenta el escrito.

El lenguaje humano puede ser interpretado incorrectamente, lo que puede llevar a conclusiones distintas a las del propósito de redacción. Esto puede ocurrir en cualquier parte del escrito bíblico, pero se incrementa cuando el autor usa un lenguaje especial, como puede ser, a modo de ejemplo, el de los escritos poéticos y sapienciales, que deben ser interpretados según el propósito divino contenido en la revelación.

### *Iluminación*

Se entiende por iluminación la actividad propia del Espíritu Santo que complementa la inspiración y que es ejercida en los lectores de la Escritura, de manera que puedan entender y aceptar el mensaje bíblico como procedente de Dios en el cumplimiento del propósito que tuvo al enviarlo. La inspiración capacita a los escritores, cuidando que lo que transmiten corresponda única y plenamente a la razón que Dios tuvo para hacerlo llegar a la criatura; la iluminación, por su parte, no actúa sobre el escritor, sino sobre el lector, conduciendo su pensamiento a una comprensión correcta del mensaje bíblico.

*Iluminación para el hombre natural*

La iluminación es necesaria para cuantos se acerquen a la Biblia. El no creyente la necesita para comprender y creer de corazón la verdad bíblica: "Porque la palabra de la cruz es locura a los que se pierden; pero a los que se salvan, esto es, a nosotros, es poder de Dios" (1 Co. 1:18). El evangelio descansa en palabras de sabiduría humana. Pablo afirma que este es el mensaje y la forma que utilizaba para la evangelización: "Nosotros predicamos a Cristo crucificado" (1 Co. 1:23). Y añade lo siguiente:

> Así que, hermanos, cuando fui a vosotros para anunciaros el testimonio de Dios, no fui con excelencia de palabras o de sabiduría. Pues me propuse no saber entre vosotros cosa alguna sino a Jesucristo, y a este crucificado. Y estuve entre vosotros con debilidad, y mucho temor y temblor; y ni mi palabra ni mi predicación fue con palabras persuasivas de humana sabiduría, sino con demostración del Espíritu y de poder, para que vuestra fe no esté fundada en la sabiduría de los hombres, sino en el poder de Dios. (1 Co. 2:1-5)

La acción iluminadora del Espíritu es imprescindible para entender el sentido del texto bíblico, especialmente en los incrédulos, a los cuales "el dios de este mundo cegó los pensamientos [...] para que no les resplandezca la iluminación del evangelio de la gloria de Cristo, el cual es la imagen de Dios" (2 Co. 4:4; RVR).

La obra de iluminación es equivalente a la de convicción que el Espíritu hace con los incrédulos para llevarlos a la verdad divina proclamada en el evangelio. Para estos, la palabra de la cruz se hace ininteligible, y por eso necesitan la iluminación del Espíritu para entenderla. Las palabras de salvación no tienen valor para él porque son locura, lo que evidencia su incapacidad espiritual; proceden de una sabiduría contraria a la suya. El mensaje de Dios se ha de *discernir espiritualmente*, lo que quiere decir que necesita de un proceso de comprensión que le permita llegar a la verdad. Tal discernimiento solo es posible por medio de la acción del Espíritu.

*Iluminación para el cristiano*

Aunque el creyente ha experimentado la operación de iluminación del Espíritu para la comprensión del plan de redención, sigue necesitando de la ayuda del Espíritu para un conocimiento exacto de la revelación especial. El conocimiento y discernimiento de la verdad están en la mano del Espíritu Santo. Jesús dijo a los suyos que Él los conduciría a toda verdad "porque tomará de lo mío y os lo hará saber" (Jn. 16:13, 14).

Librado el creyente de las tinieblas y trasladado al reino del Hijo amado (Col. 1:13), Dios revela y hace comprensible su verdad por medio de la acción del Espíritu:

> Pero Dios nos las reveló a nosotros por el Espíritu; porque el Espíritu todo lo escudriña, aun lo profundo de Dios. Porque ¿quién de los hombres sabe las cosas del hombre, sino el espíritu del hombre que está en él? Así tampoco nadie conoció las cosas de Dios, sino el Espíritu de Dios. Y nosotros no hemos recibido el espíritu del mundo, sino el Espíritu que proviene de Dios, para que sepamos lo que Dios nos ha concedido. (1 Co. 2:10-12)

El Espíritu ilumina o enseña al creyente no desde la lejanía, sino desde la intimidad, como residente divino en él. Por tanto, cuanto Dios reveló, el Espíritu lo hace cognoscible para quien es su templo personal, santuario donde Dios se manifiesta.

*Interpretación*

Corresponde esta dimensión a la disciplina de la hermenéutica, por lo que es suficiente aquí con recordar que interpretar la Escritura es dar el significado del pasaje conforme a lo que el autor tuvo en mente cuando lo escribió, considerando a aquellos para quiénes lo hizo. La interpretación correcta se sujeta a la concordancia de toda la Escritura, sin discrepancias internas, y es conducida por el Espíritu Santo, que conduce a toda verdad (Jn. 16:13) y, por consiguiente, a una interpretación correcta de la Escritura.

**Aplicación personal**

La Biblia en su totalidad es la Palabra de Dios, y la mejor prueba de amor al Señor se expresa al obedecer su Palabra (Jn. 14:15, 21, 23). Desobedecerla es evidencia cierta de la falta de amor (Jn. 14:24), situación propia de quienes no han creído en Él (1 Co. 16:22) y de la falta de dependencia del Espíritu (Ap. 2:4).

La Biblia no solo ha de ser leída, sino meditada, estudiada y obedecida. La razón fundamental reside en que el creyente pueda llevar una vida concordante con las demandas de santidad (Sal. 119:9). La ocupación principal de cada cristiano debería ser meditar en la Escritura (Sal. 119:11), leer asiduamente la Palabra de Dios (1 Ti. 4:13).

La Biblia ha de ser leída y respetada en el hogar. Toda actividad de la familia debe estar controlada y orientada por la Escritura (Dt. 6:6-9). Debe ser enseñada a los niños desde pequeños (2 Ti. 3:15) y memorizada (Dt. 6:7). Todo cuanto esté relacionado con la Biblia está relacionado con el Espíritu Santo, autor divino de la Palabra escrita.

# CAPÍTULO VIII
# EL ESPÍRITU SANTO EN LA ACTUAL DISPENSACIÓN

El Espíritu Santo se manifestó en el período de la antigua dispensación, desde el principio, en la creación del universo y, de forma particular, del mundo de los hombres, la Tierra. Luego siguió actuando a lo largo de los siglos en una actividad soberana y selectiva sobre los hombres.

El estudio de la obra del Espíritu Santo puede agruparse en tres períodos de tiempo bien definidos hasta nuestros días: a) El primero comprende desde los albores de la creación hasta el comienzo del ministerio de Cristo. En ese lapso de tiempo, en relación con los hombres, descendía sobre quien soberanamente determinaba, actuando en aquellas personas y por medio de ellas para la operación designada, dejándolos luego libremente tras haber realizado sus designios. En ese largo tiempo, una actividad peculiar consistió en escribir buena parte de la Escritura. b) Un segundo período comprende desde el comienzo del ministerio terrenal de Jesucristo hasta el día de Pentecostés, donde se produjo el envío del Espíritu Santo al mundo, procedente del Padre y del Hijo. Durante ese tiempo, el Espíritu Santo estuvo estrechamente unido al ministerio mesiánico de Jesucristo y fue ofrecido por Jesús a todo aquel que lo pidiera (Lc. 11:13). El mismo Señor prometió a los suyos que el Espíritu vendría para morar internamente en cada creyente (Jn. 14:17, 18). Al anunciar y prometer la venida del Espíritu Santo, mandó a los discípulos que antes de iniciar la evangelización del mundo quedaran en Jerusalén hasta que fueran investidos de poder desde lo alto, lo que se cumplió en la manifestación y descenso del Espíritu Santo. c) El tercer período se extiende desde el día de Pentecostés hasta el traslado de la iglesia. Este es el tiempo actual, que puede llamarse *dispensación de la iglesia*, como distintivo que no se había manifestado antes, y que es el misterio que, estando escondido en Dios, fue revelado por el ministerio de los apóstoles y profetas. En la dispensación actual, el Espíritu actúa de forma específica y concreta en ministerios que nunca tuvo antes y que también concluirán con el traslado de la iglesia. De forma destacada, el ministerio del Espíritu está orientado a la realización del propósito de Dios para esta dispensación, que es la formación de un cuerpo en Cristo, la iglesia. Siempre hubo pueblo de Dios, pero solo ahora se está formando la iglesia de Cristo.

Algunos ven en los tres periodos antes citados una acción específica de cada una de las personas divinas. Así escribe el teólogo francés René Pache:

> Al colocarnos en este punto de vista podemos distinguir en el plan de Dios tres dispensaciones:
> a) La dispensación del Padre, que es la del Antiguo Testamento. Es el Padre que se revela y que obra directamente. Es "Dios por nosotros" dispuesto a bendecirnos y socorrernos, pero Él está lejos todavía, en el cielo, a causa de su grandeza temible, de su santidad, y del pecado de los hombres. Por ello exclama Isaías: "¡Oh, si rasgases los cielos, y descendieras!" (Is. 64:1).
> b) La dispensación del Hijo, la de los Evangelios. El Padre ha escuchado el clamor de la humanidad perdida; manifiesta su amor y envía a la tierra a su Hijo, que pasa a ser "Dios con nosotros", Emanuel. En este período, Jesucristo se revela, habla, obra y se presenta a la adoración de los hombres. Realiza la salvación del mundo y regresa a la gloria junto al Padre, esperando regresar a reinar aquí abajo durante mil años.
> c) La dispensación del Espíritu Santo, que va desde Pentecostés al retorno del Señor. Durante este tiempo, el Espíritu forma la iglesia y pasa a ser "Dios en nosotros". Redarguye al mundo de pecado y pone en el corazón de los creyentes todo lo que Cristo ha adquirido para ellos: su perdón, su vida, su victoria, su potencia, su misma presencia.[82]

Se aprecian cambios al respecto de las operaciones de la antigua dispensación, que no se repiten en la actual. Así lo señala el Dr. Chafer:

> La dádiva del Espíritu Santo fue precedida por la imposición de las manos apostólicas en Samaria (Hch. 8:14-17; cf. He. 6:2), y el Espíritu descendió sobre los gentiles creyentes en casa de Cornelio (Hch. 10:44). Mucho de lo que sucedió en esta situación de transición llegó a ser permanente; pero la condición de esta última edad de recibir el Espíritu Santo, como lo había indicado Cristo en Juan 7:37-39, no se estableció sino hasta que los gentiles fueron recibidos en el mismo cuerpo espiritual con los creyentes judíos. No hay registro alguno respecto a

---

[82] Pache, 1982, p. 32.

imposición de manos en la casa de Cornelio. Indudablemente esta experiencia marcó el principio de un nuevo y permanente orden para la era actual.[83]

Sin duda, las distinciones en las dispensaciones son evidentes, aunque no coincida la forma de definirlas y diferenciarlas. Es necesario, antes de concluir esta introducción, señalar que las personas divinas se han manifestado en actuaciones diferenciadas y personales, todas ellas conducentes a la realización del programa divino único.

Denominar, pues, la presente época como *dispensación del Espíritu* parece no coincidir con la revelación general, ya que el Espíritu se manifestó en todas las dispensaciones, y sus obras están claramente reveladas en la Escritura. Del mismo modo, tampoco es demasiado feliz el calificativo de *dispensación de la gracia*, puesto que esto no es ninguna novedad, al estar presente la gracia en la salvación de los hombres en cualquier tiempo. Acaso la calificación para esta época debiera ser *dispensación de la iglesia*, puesto que es esta la novedad presente en este tiempo, que no se manifestó en los anteriores. Esta es la formación de un cuerpo en Cristo que el apóstol Pablo reconoce como el misterio que, oculto en Dios en los tiempos precedentes, fue revelado en estos últimos tiempos.

## Pentecostés

Junto con la fiesta de la Pascua y la de los Tabernáculos, Pentecostés era una de las tres grandes fiestas de los judíos. El título *Pentecostés* procede del griego[84], y significa *quincuagésimo*. La fiesta era importante en el calendario hebreo, y se llamaba *Shavuot*, llamada también *fiesta de las semanas*. Se celebraba en el quincuagésimo día después de la fecha de la manifestación de Dios en el Sinaí; por tanto, en el día de Pentecostés se celebraba la entrega de la ley al pueblo de Israel. Esta fiesta congregaba en Jerusalén a centenares de peregrinos que acudían para dar gracias a Dios y adorarlo en su templo.

Cincuenta días después de la Pascua, los judíos celebraban la Fiesta de las semanas. En ella se gozaban por la nueva cosecha que Dios les concedía, trayendo ante Él, en acción de gracias, las primicias de lo producido en la tierra. La ley establecía que esta fiesta se celebrase siete semanas después de comenzada la siega: "Y contaréis

---

[83] Chafer, 1986, Tomo II, p. 913 ss.
[84] Griego: πετηκοστή.

desde el día que sigue al día de sábado, desde el día que ofrecisteis el omer de la ofrenda mecida; siete semanas cumplidas serán. Hasta el día siguiente del séptimo día de sábado contaréis cincuenta días; entonces ofreceréis el nuevo grano a Jehová" (Lv. 23:15, 16; RVR). A partir de la destrucción del templo del año 70 d.C., la celebración se convirtió en conmemoración de la alianza en el Sinaí, realizada unos cincuenta días después de la salida de Egipto.

Según la tradición cristiana, Pentecostés coincidió con el 6 de Sivan del año 33. Las primeras referencias a esta fecha se encuentran en escritos de Ireneo, Tertuliano y Orígenes, todos ellos de finales del s. II y comienzos del s. III. En el s. IV, las grandes iglesias de Constantinopla, Roma y Milán festejaban el último día de la cincuentena pascual.

El relato de Lucas es corto pero muy preciso:

> Cuando llegó el día de Pentecostés, estaban todos unánimes juntos. Y de repente vino del cielo un estruendo como de un viento recio que soplaba, el cual llenó toda la casa donde estaban sentados; y se les aparecieron lenguas como de fuego, que, repartiéndose, se posaron sobre cada uno de ellos. Y todos fueron llenos del Espíritu Santo, y comenzaron a hablar en otras lenguas, según el Espíritu les daba que se expresasen. (Hch. 2:1-4; RVR)

¿Cuántos estaban en aquel lugar y en aquel día? Hay quien piensa que se trataba solo de los Doce, pero si así fuese, Lucas habría indicado algo. El adjetivo *todos*[85], aunque pudiera aplicarse a los Doce, no puede limitarse solo a ellos, sino a todos los creyentes que se habían congregado juntos en los días precedentes a Pentecostés. El número de personas podría ser ciento veinte (Hch. 1:15).

**El nuevo santuario de Dios**

A lo largo de la historia, especialmente en lo referente al pueblo de Dios, el Señor tuvo santuarios terrenales. El primero de ellos consistía en una simple tienda de campaña, construida con materiales a los que el pueblo tenía acceso en el tiempo de la peregrinación por el desierto, desde la salida de Egipto hasta la entrada en la tierra de Canaán. Luego se cambió aquella tienda por un templo hecho con materiales de alto valor en los días de Salomón. En ambos casos, la

---

[85] Griego: πάντε .

inauguración de tabernáculo en el desierto y la dedicación del templo, la gloria de Dios llenó las construcciones, con lo que manifestaba que tomaba posesión de ellas.

De este modo se describe la presencia suya en el tabernáculo: "Entonces una nube cubrió el tabernáculo de reunión, y la gloria de Jehová llenó el tabernáculo. Y no podía Moisés entrar en el tabernáculo de reunión, porque la nube estaba sobre él, y la gloria de Jehová lo llenaba" (Ex. 40:34, 35). Con la gloria que llenó la tienda, Dios mostraba su aprobación por la obra hecha y tomaba posesión de la casa dedicada a su nombre. De ahí en adelante, en el Lugar Santísimo la presencia de Dios se manifestaría, de modo que nadie podría acceder a ese lugar, salvo el sumo sacerdote una vez al año portando una porción de la sangre del sacrificio de expiación.

Ocurre de forma similar en la dedicación del templo de Salomón. En dos pasajes se hace referencia a la presencia de Dios en el santuario:

> Cuando sonaban, pues, las trompetas, y cantaban todos a una, para alabar y dar gracias a Jehová, y a medida que alzaban la voz con trompetas y címbalos y otros instrumentos de música, y alababan a Jehová, diciendo: Porque él es bueno, porque su misericordia es para siempre; entonces la casa se llenó de una nube, la casa de Jehová. Y no podían los sacerdotes estar allí para ministrar, por causa de la nube; porque la gloria de Jehová había llenado la casa de Dios. (2 Cr. 5:13, 14)

Esto mismo se reitera al describir lo ocurrido cuando Salomón acabó de orar en la dedicación del templo (2 Cr. 7:1, 2). En esa manifestación de gloria, Dios se hacía presente y todos podían saber que Él estaba allí.

Los santuarios hechos por manos humanas, aunque fuesen dirigidas por Dios, no dejaban de ser limitados o, si se prefiere, insuficientes para la manifestación del infinito. Los santuarios también tuvieron una existencia transitoria, perecedera. Los hombres, por perfectos que sean, no pueden construir elementos imperecederos y perpetuos. Por esa causa, Dios mismo edifica su santuario. Así lo afirma Jesús, refiriéndose a su propia tarea en esto: "Sobre esta roca edificaré mi iglesia" (Mt. 16:18). La iglesia, como santuario de Dios, nace en su pensamiento eterno, es edificada y habitada por Él. Así lo expresa el apóstol Pablo: "En quien todo el edificio, bien coordinado, va creciendo para ser un templo santo en el Señor; en quien vosotros también sois juntamente edificados para morada de Dios en Espíritu" (Ef. 2:21, 22).

En el proceso de edificación del templo de Dios en Espíritu no hay distinción social, racial, de sexo, ni de cualquier otra condición, puesto que todos los creyentes son hijos de Dios por fe en Cristo (Jn. 1:12). De manera que la diferencia entre pueblos, judíos y gentiles, también desaparece, y de los dos pueblos hace un nuevo hombre, haciendo la paz (Ef. 2:16). Esa pacificación solo es posible mediante la colocación de los salvos en Cristo, puesto que el proceso de la paz está en Cristo mismo: "Él es nuestra paz" (Ef. 2:14).

Los creyentes son morada, hogar de Dios en el mundo. En ese hogar, la comunión entre Dios y su pueblo debe ser una realidad. Sobre la base de que, además de templo, la iglesia es familia, las diferencias étnicas y sociales desaparecen para hablarse de una nueva humanidad, un nuevo hombre (Ef. 2:15). En este santuario y familia de Dios no hay ya griego ni judío, circuncisión ni incircuncisión, hombre ni mujer, sino que todos somos uno en Cristo Jesús (Gá. 3:28; Col. 3:11). De este modo, judíos y gentiles, sabios e ignorantes, hombres y mujeres van creciendo para ser un templo santo en el Señor. El fundamento de esta bendición es Jesucristo, en quien se alcanzan todas las bendiciones otorgadas por Dios. Esta gracia es de tal dimensión que excede toda comprensión humana, iniciándose antes de la creación en el acto de elección divina, proyectándose en el tiempo con la entrada del Salvador, que la ejecutó para salvación en la cruz, aplicándola a quienes son llamados por el Padre, regenerándolos para darles una nueva naturaleza, resucitándolos con Él para nueva vida, ascendiéndolos a los lugares celestiales en Cristo y, finalmente, haciéndolos templo de Dios y morada suya en el Espíritu.

Este santuario tuvo su inauguración no por rituales y ceremonias asumidas por hombres, sino por la acción directa de Dios mismo. La presencia suya se manifestó rodeada de gloria como ocurrió antaño. El sonido como de un viento recio y las lenguas de fuego repartidas sobre las cabezas de aquel grupo eran suficiente demostración de que Dios mismo había venido a tomar posesión de su santuario, que es la iglesia.

El Espíritu Santo tiene una función determinada en la formación de la iglesia, santuario de Dios, que va a ser considerada en el siguiente punto: el bautismo de cada cristiano en Cristo, lo que permite la formación del cuerpo y la edificación del templo, sustentado sobre Cristo, vinculado a Cristo, y por cuya identificación la vida eterna de Dios comunica vida a las piedras del edificio que son vivas por unión con Cristo. Este edificio va creciendo —cosa absurda para un edificio de "piedras muertas"—, ya que al santuario de Dios no le afecta el tiempo; por eso Jesús dice: "Las puertas del Hades no prevalecerán contra ella" (Mt. 16:18).

## Oficios distintivos del Espíritu en esta dispensación

### Bautismo del Espíritu

Una actividad distintiva en esta dispensación es el oficio bautismal del Espíritu Santo, desconocido en anteriores épocas. El apóstol lo expresa de este modo: "Porque por un solo Espíritu fuimos todos bautizados en un cuerpo" (1 Co. 12:13). Esta actuación del Espíritu es necesaria para la formación de un cuerpo en Cristo, o también para la formación del santuario, uniendo a las piedras vivas entre sí. Esta es una acción distinta a lo ocurrido en Pentecostés (Hch. 2:4), donde Cristo es el agente que bautiza con el Espíritu Santo. Los congregados en el lugar donde se manifestó la presencia del Espíritu eran ya creyentes todos.

El tema del bautismo del Espíritu ha generado muchas discusiones e incluso dificultades; por eso es necesario establecer aquí una distinción. Los pasajes en que el Espíritu Santo está relacionado con el bautismo se agrupan de dos maneras:

1) Cristo como agente del bautismo, el creyente como el sujeto y el Espíritu como recipiente. Los pasajes de este primer grupo están relacionados con la profecía de Juan el Bautista (Mt. 3:11; Mr. 1:8; Lc. 3:16; Jn. 1:33). A este modo de bautismo se refiere el Señor al anunciar el envío del Espíritu Santo: "Porque Juan ciertamente bautizó con agua, mas vosotros seréis bautizados con el Espíritu Santo dentro de no muchos días" (Hch. 1:5). No es preciso investigar este aspecto del bautismo en el Espíritu para entender que tiene que ver con la entrada en la iglesia de los distintos grupos de creyentes. El primero de ellos es el de los judíos, congregados en el momento del descenso del Espíritu, quienes quedaron bajo su control, dirección y dependencia. Así ocurrió también con el ingreso en la iglesia de los gentiles en casa de Cornelio, estando presente el apóstol Pedro: "Y cuando comencé a hablar, cayó el Espíritu Santo sobre ellos también, como sobre nosotros al principio. Entonces me acordé de lo dicho por el Señor, cuando dijo: Juan ciertamente bautizó en agua, mas vosotros seréis bautizados con el Espíritu Santo" (Hch. 11:25, 26). Habían recibido el mensaje para creer, creyeron y el Espíritu descendió

sobre todos ellos. Cada creyente está bajo la influencia y el poder del Espíritu. Todos los creyentes, individual y colectivamente, vienen a ser morada del Espíritu (1 Co. 3:16; 6:19; Ef. 2:21, 22).

2) El Espíritu como agente que bautiza, el creyente como sujeto, y Cristo como recipiente. Los pasajes de este segundo grupo son claros y evidentes. A modo de ejemplo: "¿O ignoráis que todos los que hemos sido bautizados en Cristo Jesús, hemos sido bautizados en su muerte? (Ro. 6:3; RVR). La verdad que no se debe ignorar es que todo creyente "ha sido bautizado en Cristo Jesús". Esta experiencia es común a todos; tanto el apóstol como el resto de los cristianos fueron bautizados en Cristo. Esta experiencia marca enfáticamente la interpretación que debemos dar al hecho del bautismo en Cristo. No dudo en lo más mínimo de que el bautismo ritual de agua es una ordenanza que debe llevarse a cabo en la vida de todo aquel que ha creído en Cristo; sin embargo, no se trata aquí de la ordenanza, que no tiene sino fuerza testimonial de un hecho ocurrido. Es el bautismo por el Espíritu que vincula al cristiano con Cristo y lo hace partícipe de la obra de salvación que Él ejecutó. Esta realidad consiste en el bautismo que el Espíritu hace con todos los que creen en Cristo Jesús.

Nada tiene que ver el bautismo del Espíritu con la plenitud del Espíritu, que se tratará un poco más adelante. Tal confusión trae serias distorsiones, puesto que se pretende repetir los acontecimientos del descenso del Espíritu en las vidas de los creyentes, especialmente notable en el hablar en lenguas y otras manifestaciones de este estilo. Mientras el bautismo del Espíritu no se repite, ya que se produce una sola vez en la conversión del pecador y ocurre con cada creyente para unión vital con Cristo, la plenitud del Espíritu es repetitiva, ya que, por las condiciones naturales del hombre, no siempre vive bajo el absoluto control y sumisión al Espíritu.

La acción del Espíritu Santo en la unión de los creyentes entre sí y de cada uno con Cristo produce también el efecto de vinculación con las otras dos personas divinas. No solo sobre la base de la inmanencia y la consustancialidad, sino también en la preparación espiritual para establecer un santuario que, ante Dios, sea santo. Los creyentes no son santos en sí mismos, pero lo son potencial y posicionalmente en Cristo, ya que Dios lo ha hecho para ellos "justificación y santificación" (1 Co. 1:30); además, a causa de la unión vital con Cristo, Dios nos ve "santos y sin mancha delante de él" (Ef. 1:4). Dios ha escogido a los creyentes para formar de ellos un pueblo santo, es decir, apartado o separado de entre todos los pueblos para ser el pueblo de Dios en esta dispensación.

## *Oficio vinculante*

Aunque se ha considerado la acción del Espíritu en la formación del cuerpo en Cristo y la edificación de la iglesia, debe remarcarse el trabajo vinculante que hace con cada uno de los creyentes en la formación de un cuerpo en Cristo.

Un pasaje clave en el estudio de este aspecto del Espíritu Santo se encuentra en las palabras del apóstol Pablo: "Edificados sobre el fundamento de los apóstoles y profetas, siendo la principal piedra del ángulo Jesucristo mismo, en quien todo el edificio, bien coordinado, va creciendo para ser un templo santo en el Señor; en quien vosotros también sois juntamente edificados para morada de Dios en el Espíritu" (Ef. 2:20-22). El apóstol se refiere aquí a la iglesia como edificio donde Dios mora. Los creyentes están edificados[86], o mejor, son sobreedificados, esto es, cada uno edificado en unión con los demás. La figura de la iglesia como edificio es usada por el apóstol en otros lugares (1 Co. 3:10, 12, 14); de la misma forma la usa el apóstol Pedro (1 P. 2:5).

Este edificio se construye sobre el fundamento de apóstoles y profetas. La referencia a apóstoles tiene que ver directamente con el colegio apostólico y Pablo, es decir, los que como apóstoles de Jesucristo son enviados con su autoridad para establecer las bases doctrinales y el ordenamiento sobre el que descansa la iglesia. Por tanto, no se trata de hacer descansar la iglesia sobre los apóstoles, sino sobre la normativa establecida por ellos en el nombre del único fundamento de la iglesia, que es Jesucristo. Los apóstoles son, por causa de su misión, autoridades en la iglesia actuando en el nombre de Cristo y comisionados para ello por el Señor de la iglesia. Es por eso que pueden decir en sus escritos que lo que ellos establecen para la iglesia son "mandamientos del Señor" (1 Co. 14:37). En tal sentido se entiende que no se refiere a las personas mismas de los apóstoles, sino a la doctrina que predicaron y escribieron, sobre la que se cimienta la fe, ya que nadie puede poner otro fundamento que el que está puesto, que es Jesucristo (1 Co. 3:11).

El fundamento puesto por Pablo es Cristo mismo, siendo necesario distinguir la labor de Pablo, que pone el fundamento, la de los colaboradores y profetas, que sobreedifican, y el fundamento objetivamente considerado, que no puede ser otro que Cristo. Los apóstoles, pues, son fundamento, no personalmente, sino funcionalmente

---

[86] Griego: ἐποικοδομηθέντε .

en sentido del ejercicio de su ministerio. De la misma manera ocurre con los profetas, que deben ser considerados no como los del Antiguo Testamento, sino los que fueron dados a la iglesia como personas dotadas de dones fundantes (1 Co. 12:28; Ef. 4:11) para escribir la revelación que Dios mismo les comunicó y que se recoge en los escritos del Nuevo Testamento, a los que se hace referencia en el mismo Nuevo Testamento (Hch. 8:1 ss.; 11:27; 13:1; 15:32; 21:10;1 Co. 12:28; Ef. 4:11; Ap. 16:6; 18:20, 24; 22:6, 9). Los apóstoles y profetas, en el sentido de establecer el fundamento, son dones que no están operativos hoy, ya que la base de fe escrita no puede ser ampliada ni rebajada, quedando fijada definitivamente en el canon del Nuevo Testamento.

Este fundamento establecido sobre apóstoles y profetas por principio de comisión recibida por ellos de Cristo mismo es posible porque el fundamento principal sobre el que descansa lo establecido por ellos es Jesucristo, la piedra angular. El calificativo dado por Pablo a Jesucristo y traducido como *piedra angular*[87] significa primeramente la piedra que culmina la cúpula de un edificio y que lo mantiene unido. Esta sería tal vez la forma de entender la figura: los apóstoles y profetas ponen el fundamento y Cristo corona el edificio y lo mantiene unido.

Pero el término puede referirse también a la piedra del ángulo que establece la verticalidad del edificio y sobre la que, como basamento, se edifica, es decir, aquella que sirve para unir entre sí los laterales de la construcción, los muros que lo cierran y determinan. El fundamento que han puesto los apóstoles y profetas en la predicación del evangelio es Cristo mismo, sobre el que ellos, en base a la autoridad recibida, establecen lo que podríamos llamar la estructura sobre la que descansa el edificio en cuanto a doctrina; toda esa operatividad conduce a glorificar como cabeza y Señor a Cristo mismo (Ef. 1:22), de modo que Jesucristo aquí es base fundamental de sustentación del edificio que es la iglesia, esquina angular que marca la verticalidad y orientación de la iglesia y corona coordinante y de mantenimiento como piedra principal. De otro modo, la iglesia se presenta como fundada sobre Cristo, orientada en Cristo y coronada por Cristo. En ese sentido escribe Hendriksen:

> Además de ser la piedra angular de un edificio parte del fundamento y por tanto soporte de la superestructura, ella determina su forma final, puesto que, al estar colocada en la esquina

---

[87] Griego: ἀκρογωνιαίου.

formada por la unión de dos muros primarios, fija la posición de estos muros y de los que cruzan en el resto del edificio. Todas las demás piedras deben ajustarse a ella. Así también la casa espiritual, además de descansar en Cristo, queda determinada en cuanto a carácter por Él. Es Él quien define lo concerniente a lo que esta casa debe ser ante Dios y cuál ha de ser su función en su universo. Es Cristo el que da a la casa su correcta dirección.[88]

La piedra angular, que es Cristo, da coordinación plena al santuario, que es la iglesia. Esta, como edificio celestial, no ha sido levantada en un solo momento, sino que está en edificación continua hasta el momento en que sea trasladada a la presencia de Dios. Este crecimiento continuado se desarrolla en este versículo mediante dos oraciones de relativo que presentan esta verdad en dos aspectos diferentes. En la primera, se habla de todo edificio[89], lo que reviste la dificultad de la ausencia del artículo en el texto griego. De ahí surgen distintas interpretaciones, alguna un tanto artificiosa, como "todo lo que se va edificando", en sentido de todo lo que en el transcurso del tiempo se va edificando sobre la piedra angular.[90] Incluso algunos se decantan por entender aquí las distintas congregaciones o iglesias locales que se integran en el edificio general de la iglesia.[91] Pero en alternativas de lectura, hay algunos mss. que tienen el artículo determinado "todo el edificio", que es una alusión directa a lo que ya dice el versículo anterior, uniendo esto a la regla gramatical que exige la presencia del artículo cuando el adjetivo *todo* significa todo lo completo, o todo como dimensión plena de algo, que posiblemente no se aplicaba siempre en el griego koiné.[92] El contexto inmediato exige considerar exclusivamente al edificio al que se está refiriendo, que es la iglesia.

### El Espíritu residente

Aunque la Trinidad reside en cada creyente, se hace mención específica a este hecho en relación con el Espíritu Santo, enseñando que

---

[88] Hendriksen, 1984, p. 155.
[89] Griego: πᾶσα οἰκοδομη.
[90] Entre otros, A. Klöpper (*Der Brief an die Epheser*) o T. K. Abbot (*A Critical and Exegetical Commentary on the Epistles to the Ephesians and to the Colossians*).
[91] Entre otros, Ch. Masson (*L'Epitre de saint Paul aux Ephésiens*, en *Commentaire du NT,* vol. IX).
[92] Cf. Hch. 2:36; 17:26; Ro. 11:26.

reside personal y plenamente en cada cristiano. Antes de Pentecostés, el Espíritu estaba *con* los creyentes (Jn. 14:17); después de Pentecostés, está *en* el creyente, como ya había anunciado Jesús en las declaraciones sobre el envío del Espíritu (Jn. 14:17).

Los creyentes son ahora santuario de Dios, el lugar donde Dios reside. No hay excepciones: cada creyente es templo de Dios. Esto hace entender que, si el santuario está en la individualidad, lo está también en la colectividad, puesto que todos los creyentes están vinculados y unidos entre sí por el mismo Espíritu. El edificio que Dios está levantando, el santuario que Cristo está edificando, tiene un fin: ser templo de Dios.

Al ser templos de Dios, cada creyente es propiedad de Dios. Nadie puede disponer libremente de la posesión de Dios y menos usarla para el pecado. El cristiano está comprometido con el mantenimiento de la santidad del santuario de Dios, lo que lo lleva a evitar toda contaminación, ya que quien está presente es santo y, por consiguiente, cada uno debe ser santo (1 P. 1:16).

### *Ministerio de sellar al creyente*

El Nuevo Testamento enseña sobre el oficio del Espíritu Santo, consistente en sellar a los creyentes. Es un oficio distintivo del Espíritu en esta dispensación, testimonio de que cada creyente es propiedad divina. Con el sello del Espíritu, Dios el Padre marca la imagen de su Hijo en cada redimido. Por tanto, el sello pone de manifiesto que el creyente es propiedad de Dios: "Todo es vuestro [...] y vosotros de Cristo, y Cristo de Dios" (1 Co. 3:21, 23).

Esencialmente hay dos textos que afirman este ministerio de la tercera persona divina, y ambos están en la epístola a los Efesios. El primero afirma: "En él también vosotros, habiendo oído la palabra de verdad, el evangelio de vuestra salvación, y habiendo creído en él, fuisteis sellados con el Espíritu Santo de la promesa, que es las arras de nuestra herencia hasta la redención de la posesión adquirida, para alabanza de su gloria" (Ef. 1:13, 14). Y en el segundo se lee: "Y no contristéis al Espíritu Santo de Dios, con el cual fuisteis sellados para el día de la redención" (Ef. 4:30).

### *El Espíritu controlador del cosmos*

Entre los distintos oficios del Espíritu en esta época se encuentra la misión de controlar el proyecto diabólico de situar a un hombre en el lugar que corresponde a Dios. Se trata del hombre de pecado al que hace referencia el apóstol Pablo (2 Ts. 2:3-10). Esto corresponde al estudio de la escatología, por lo que solo cabe aquí una referencia general.

En relación con el programa diabólico, escribe: "Nadie os engañe en ninguna manera; porque no vendrá sin que antes venga la apostasía, y se manifieste el hombre de pecado, el hijo de perdición, el cual se opone y se levanta contra todo lo que se llama Dios o es objeto de culto; tanto que se sienta en el templo de Dios como Dios, haciéndose pasar por Dios" (2 Ts. 2:3, 4). Algunos de ellos habían sido inducidos a creer que estaban ya en el día del Señor, el tiempo de la tribulación que antecederá a la segunda venida. Para evitar este malentendido doctrinal, Pablo va a recordarles lo que ya les había enseñado: que el Día del Señor no vendrá sin que se manifieste la apostasía (ἡ ἀποστασία).

La gran mayoría de los comentaristas entiende que el término se refiere al abandono y rechazo de la fe. Es interesante apreciar que esta apostasía se cita sin artículo en los mss. griegos, lo que da a entender algo excepcional e incluso único en este sentido, es decir, algo que no se ha producido en el decurso de la historia. Será un enfriamiento de la fe, y la gente no solo vivirá en forma contraria a Dios, sino que atacará cualquier principio religioso que se relacione con Dios.

Este salirse de la fe conducirá a la manifestación del hombre de pecado y su sistema religioso (1 Ti. 4:1-4; 2 Ti. 3:1-5). La apostasía se producirá antes del retorno de Cristo a la tierra. En la Biblia se perciben ocho manifestaciones de negación de la fe en aquel tiempo:

a) Habrá una negación de Dios (Lc. 17:26; 2 Ti. 3:4, 5);
b) Se producirá una negación de Cristo (1 Jn. 2:18; 4:3);
c) Habrá un alejamiento de la fe (1 Ti. 4:1, 2; Jud 3, 4);
d) Lo mismo ocurrirá con la doctrina (2 Ti. 4:3, 4);
e) Se producirá una claudicación de la vida consagrada (2 Ti. 3:1-7);
f) Será cuestionada la libertad cristiana (1 Ti. 4:3, 4);
g) Se producirá un deterioro de la moral (2 Ti. 3:1-8; Jud. 18);
h) Será cuestionada toda clase de autoridad (2 Ti. 3:4).

**Plenitud del Espíritu**

El descenso del Espíritu Santo trajo como consecuencia la plenitud o llenura en los creyentes. Así lo describe Lucas: "Y fueron todos llenos del Espíritu Santo, y comenzaron a hablar en otras lenguas, según el Espíritu les daba que hablasen" (Hch. 2:4). Las manifestaciones de la presencia del Espíritu se producen en forma sucesiva: primero, el sonido como de un viento recio; junto con él, las lenguas de fuego visibles que descansaban sobre cada uno de los creyentes presentes; y finalmente el comienzo de la inhabitación del Espíritu en los creyentes, manifestando la realidad del santuario de Dios en la presente dispensación.

Se introduce aquí la doctrina de lo que se conoce como llenura o plenitud del Espíritu. La experiencia de Pentecostés se repetirá varias veces a lo largo de Hechos y, en ocasiones, con las mismas personas. Mientras que las obras del Espíritu Santo en relación a la salvación, son hechas una vez y para siempre, la plenitud es una experiencia repetitiva.

**Aplicación personal**

El Espíritu Santo hace posible la mayor unidad que pudiera imaginarse entre muchas personas a lo largo de mucho tiempo para formar un solo cuerpo en Cristo. La unidad es una operación divina que el hombre no puede hacer ni la Biblia manda que se haga. Siendo una unidad divina que establece el santuario de Dios, que es la iglesia, el creyente tiene la obligación de cuidarla esmeradamente para no actuar contra la unidad hecha por Dios (Ef. 4:3).

Una de las manifestaciones de carnalidad en el cristiano tiene que ver con las divisiones en la iglesia (1 Co. 1:10-13; 3:1-5). Debiéramos entender que Dios ha enviado firme disciplina sobre los causantes del pecado de división en la iglesia local para que tengamos como asunto prioritario el mantenimiento de la unidad del Espíritu (1 Co. 11:29-31).

# CAPÍTULO IX
# EL ESPÍRITU SANTO EN LA SOTERIOLOGÍA

El cuerpo general de doctrinas está plenamente ligado y relacionado entre sí; por tanto, cuando se desglosan y se tratan individualmente, esa interrelación entre ellas aparece. Esto exige determinar qué temas comunes se tratan en cada apartado doctrinal. Así ocurre con la doctrina del Espíritu Santo en la soteriología. La acción de la tercera persona divina en la ejecución del plan de redención se puede tratar tanto en la pneumatología como en la soteriología. Haciéndolo en ambas materias, se cae en la repetición de conceptos; individualizándolos, se exige al lector que revise los distintos lugares en que se trata. Por esta razón, se procura en este apartado del Espíritu Santo en la soteriología limitarse a conceptos generales que se ampliarán en el apartado correspondiente a la doctrina de la salvación.

Según se ha hecho notar en los capítulos anteriores, debido a las muchas funciones del Espíritu Santo en la actual dispensación, algunos califican a este tiempo como *la dispensación del Espíritu*; sin embargo, eso no resulta novedoso ahora, puesto que Dios, el Espíritu, está presente ya en la creación del mundo y se hace manifiesto en toda la historia de la humanidad. De ahí que sea más propio, como manifestación específica de este tiempo, llamarlo *dispensación de la iglesia*, ya que esta revela el misterio oculto en Dios, declarado por los apóstoles y profetas. Quiere decir esto que la formación de un cuerpo en Cristo es verdaderamente novedosa para este tiempo, ya que nunca ha ocurrido con anterioridad a Pentecostés.

La salvación es, esencialmente, la liberación de un estado de perdición a causa del pecado. Ahora bien, en una sociedad humanista, el concepto de pecado ha sido distorsionado profundamente, llegando incluso a la negación del mismo. Para algunos, el pecado es simplemente un concepto filosófico-religioso basado en el contraste necesario que ha de existir para definir y distinguir los conceptos de bien y mal en el mundo. Esta forma de ver el pecado, discrepante en todo de la revelación bíblica, conduce a negar la maldad del mismo y, por consiguiente, a negar la existencia de Dios y de los principios morales que Él ha determinado para el hombre. Por esta razón, la moral o la ética es tan variable como lo es cada principio de vida correspondiente a las civilizaciones humanas. Por otro lado, el pecado se ha reducido a una expresión de egoísmo, en un inadecuado concepto de lo que realmente es. Quienes piensan de este modo se olvidan de que muchas veces el pecado es una acción contra el mismo pecador, es decir, el hombre peca en ocasiones contra sí mismo, por lo que deja de ser válida la vinculación exclusiva de pecado con el egoísmo.

Dentro del cristianismo, los conceptos teológicos del arminianismo —en cualquiera de sus manifestaciones— han desviado la verdad de que el único que salva es Dios (Sal. 3:8; Jon. 2:9) para hacer descansar, en mayor o menor grado, la salvación parcialmente en Dios y parcialmente en el hombre, dejando de reconocer que este, a causa de la caída, ha quedado contaminado y es incapaz de alcanzar por sí mismo ninguna de las demandas para la justificación. La Biblia enseña ampliamente la incapacidad del hombre. De forma precisa, el apóstol Pablo lo enseña: "No hay quien busque a Dios... todos se desviaron... a una se hicieron inútiles" (Ro. 3:11, 12). La Biblia enseña también que la desobediencia ha venido a formar parte integrante de la naturaleza adámica caída, común a todos los hombres (Ef. 2:2). Esta misma naturaleza convierte en vana la vida del hombre, al ser llevada a cabo al margen de Dios (1 P. 1:18).

Ante esta situación generalizada, es preciso retomar las verdades bíblicas sobre la salvación, especialmente en lo que se refiere a la obra del Espíritu Santo, quien, según propósito y promesa de Jesucristo, sería enviado para "convencer al mundo de pecado" (Jn. 16:8). Al confesar las verdades bíblicas sobre la salvación, aceptándolas como principios de fe, el creyente se goza en la seguridad de salvación y alaba a Dios por ello.

Sin entrar a desarrollar los temas del apartado de soteriología, es necesario hacer una aproximación a algunos de ellos para poder precisar la acción del Espíritu Santo en materia de salvación.

**La incapacidad natural del hombre**

*Los efectos del pecado en el hombre*

El pecado está incorporado al hombre y es la condición moral propia de quien no ha sido regenerado en la operación salvadora. Quiere decir esto que los hombres somos pecadores no porque pecamos, sino que pecamos porque somos pecadores. En esa situación, el pecador está totalmente desorientado espiritualmente, incapacitado para operar nada que lo pueda librar de esa condición que afecta a todos sin excepción. Todos nacemos pecadores y, siendo nuestra condición personal, seguimos siendo pecadores en toda nuestra existencia.

## Depravación

La depravación total es consecuencia del pecado original, de modo que la caída del hombre hace que toda persona nacida en el mundo esté esclavizada al servicio del pecado como resultado de su naturaleza caída y que, aparte de la gracia, sea completamente incapaz de vivir conforme a la voluntad de Dios absteniéndose del mal.

Pelagio, que vivió a mediados del s. IV y principios del V, enseñaba que después de la caída los hombres pueden elegir no pecar, mientras que Agustín de Hipona enseñaba que el hombre está en una situación de esclavitud espiritual a consecuencia del pecado, impuesta por él mismo. Por esa razón, todo hombre está inevitablemente orientado al mal y es incapaz, por sí mismo, de abstenerse de pecar. La libertad del hombre puede elegir entre distintas alternativas, pero es incapaz de tomar la de obedecer plenamente a Dios por sí mismo. No solo Agustín y otros muchos teólogos en la iglesia enseñaron la depravación, sino que también Tomás de Aquino afirmaba que el hombre no puede evitar el pecado desde la caída, y esto implica, necesariamente, la pérdida de la rectitud que tenía en la creación, lo que le impide una rectitud perfecta delante de Dios, es decir, le impide ser impecable, reteniendo la concupiscencia.

Los reformadores usaron el término *depravación* o *depravación total* para señalar que el pecado corrompe la naturaleza humana integralmente, aunque esto no significa la pérdida de la imagen de Dios.[93] Especialmente, Calvino usó el concepto de depravación total para expresar que, aunque el hombre pudiera defender las demandas de Dios en cuanto a conducta, la incapacidad para guardarlas procede de una afectación íntima que condiciona todas las acciones del hombre, que quedan contaminadas por el pecado. La vieja naturaleza está presente en el hombre, incluso en el creyente, lo que por condición natural le orienta al pecado, siendo necesaria la acción santificadora de Cristo y la liberadora del Espíritu para vivir una vida conforme a Dios.

Aunque esto se estudiará con más detalle en el volumen sobre soteriología, es necesario apuntar algún texto bíblico que permita sustentar esta realidad. La Biblia hace una afirmación precisa en el Antiguo Testamento: "Y vio Jehová que la maldad de los hombres era mucha en la tierra, y que todo el designio de los pensamientos del corazón de ellos era de continuo solamente el mal" (Gn. 6:5; RVR).

---

[93] Latín: *imago Dei*.

No había excepción; todo el corazón, esto es, la fuente de la vida y asiento de los deseos personales del hombre estaba orientado totalmente al pecado y era solamente el mal. Incluso los que aparentemente se muestran como creyentes tienen la misma condición:

> No todo el que me dice: Señor, Señor, entrará en el reino de los cielos, sino el que hace la voluntad de mi Padre que está en los cielos. Muchos me dirán en aquel día: Señor, Señor, ¿no profetizamos en tu nombre, y en tu nombre echamos fuera demonios, y en tu nombre hicimos muchos milagros? Y entonces les declararé: Nunca os conocí; apartaos de mí, hacedores de maldad. (Mt. 7:21-23)

Jesús apunta al grave peligro que supone el autoengaño. Algunos llaman insistentemente a Jesús "Señor, Señor". Conocen el señorío de Cristo, pero es una profesión sin conversión. La realidad se pondrá de manifiesto en el día del juicio final, donde comparecerán ante el tribunal de Dios. En esa ocasión, algunos pondrán excusas a su forma de vida, pero tendrán como respuesta la sentencia de condenación eterna (Mt. 25:41). Llamarán entonces como era su costumbre religiosa en la tierra: "Señor, Señor", pero no les servirá como medio de justificación delante de Dios, porque su condición de pecador no se extingue por su actividad religiosa.

De un modo más extenso, el tema es tratado por el apóstol Pablo, cuando escribe tomando textos del Antiguo Testamento: "Como está escrito: No hay justo, ni aún uno; No hay quien entienda, No hay quien busque a Dios. Todos se desviaron, a una se hicieron inútiles; no hay quien haga lo bueno, no hay ni siquiera uno" (Ro. 3:10-12). Las tesis humanas pueden ser rebatidas, pero lo inalterable es siempre la Palabra inspirada de Dios. Esa es la causa por la que el apóstol apela ahora a la Escritura para sostener la verdad de la universalidad del pecado. De un modo muy característico, hace alusión al texto bíblico como aquello que está escrito. No es, por tanto, algo nuevo, no se trata de una invectiva humana, ni de razonamiento paulino, sino que es muestra de lo predicado en nombre de Dios a lo largo del tiempo. Es evidencia histórica la que habla en la Escritura, que es mensaje de Dios mismo y como tal, fiel y verdadero. La investigación histórica se resiste a declarar bueno a ninguno de los hombres que haya pasado en el decurso de la historia humana.

Mediante las citas bíblicas, el apóstol va a demostrar la evidencia de la acusación anterior. La primera referencia está tomada probablemente de los Salmos, aunque es difícil de determinar, ya que Pablo no acude tanto a la literalidad, sino al sentido del texto bíblico. Las citas son tomadas de la LXX. Hay varios pasajes que llegan a esa conclusión de la injusticia humana: "Dice el necio en su corazón: No hay Dios. Se han corrompido, hacen obras abominables; no hay quien haga el bien" (Sal. 14:1).

La segunda acusación es la de ignorancia. La cita está tomada también de los Salmos, y pone de manifiesto una aseveración a la que Dios llega después de un minucioso examen de los hombres; como se lee: "Jehová miró desde los cielos sobre los hijos de los hombres, para ver si había algún entendido, que buscara a Dios" (Sal. 14:2). Dios buscó entre los hombres para ver si había uno sensato, cuya sensatez consistiría en entender el mensaje de Dios, pero no lo encontró; por tanto, Dios mismo sentencia: "No hay ni un sensato".

Una tercera acusación coloca al hombre como alejado de Dios. La referencia bíblica que utiliza el apóstol para esta acusación es concreta: "Jehová miró desde los cielos sobre los hijos de los hombres, para ver si había alguno... que buscara a Dios" (Sal. 14:2).

La cuarta acusación es la de apostasía. Nuevamente recurre al Salmo: "Todos se desviaron, a una se han corrompido; no hay quien haga lo bueno, no hay ni siquiera uno" (Sal. 14:3). La afirmación bíblica es concisa: "Se desviaron"[94]. No se trata de un extravío involuntario, sino del alejamiento personal y voluntario de Dios. Habiendo trazado sus propios caminos, en absoluto concordantes con el de Dios, estos fueron conduciéndoles en sentido opuesto a la dirección donde podrían encontrar a Dios. "Cada uno se había vuelto atrás" (Sal. 53:3), cada hombre trazó su propio camino, desviándose de Dios (Is. 53:6). Es necesario prestar atención al adjetivo con que se abre el versículo, *todos*; no se trata de muchos, sino de todos. Quiere decir que no existe un solo hombre que no se haya alejado de Dios. Se trata de una verdadera apostasía espiritual, que abandona el camino de la fe, en obediencia y dependencia de Dios, para seguir otro curso contrario al que antes tenía.

Una quinta acusación incluye todos los hombres en la condición de inútiles, como se lee en el mismo versículo del Salmo (Sal. 14:3). El alcance de esa inutilidad es la incapacidad de hacer lo bueno. Para referirse a la condición de inútiles, el apóstol utiliza el participio de presente de un verbo[95] que expresa la idea de algo que se ha echado

---

[94] Griego: ἐξέκλιναν.
[95] Griego: αχρειόω.

a perder, con el sentido de que se hicieron inservibles. El hombre es un ser inservible para Dios en su estado de pecador perdido. El Salmo dice textualmente: "Se han corrompido". Es necesario entender cuál es la verdadera dimensión del pecador perdido delante de Dios. El pecado lo afectó de tal manera que lo ha hecho inservible para alcanzar nada bueno conforme a Dios.

En sexto lugar, la acusación tiene que ver con la condición de obradores de maldad. Esa es la afirmación bíblica tomada del Salmo: "No hay quien haga lo bueno, no hay ni siquiera uno" (Sal. 14:3b). La expresión escrita de lo bueno quedó registrada en la ley. La incapacidad del hombre para cumplir sus demandas es evidente. La carne genera en el perdido, como condición natural, todo lo opuesto al bien (Gá. 5:19-21). Aun en la búsqueda de una piedad aparente, son obradores de maldad (Mt. 7:23). Las personas de buen obrar son aquellas que, viviendo a Cristo, andan en las buenas obras que Dios dispuso de antemano para ellos (Ef. 2:10). Cualquier otra actividad hecha en el poder del hombre, sobre todo cuando está revestida de hipocresía, que oculta la verdadera situación, no es acepta para Dios. Siguen siendo obras de iniquidad porque son impulsadas por una naturaleza caída y no regenerada. Quien no es movido por el Espíritu de Dios es movido por la iniquidad de la carne (Gá. 5:16). Los hombres son obradores de iniquidad porque aun en la aparente piedad de sus obras nunca dejaron de obrar en iniquidad ya que nunca dejaron de ser inicuos. Es la iniquidad quien mueve las obras y orienta la vida de quienes no conocen al Señor, no importa cuál sea el tipo de acción que ejecuten. Las obras pueden revestir el aspecto de honestidad, pero son movidas por la iniquidad propia y consuetudinaria del no regenerado. La mera profesión de fe no aparta de la iniquidad; por tanto, no salva. Es sorprendente que los hombres llamen grandes milagros a lo que Dios llama simplemente iniquidad. Lo único aceptable a Dios es la justicia resultante de la fe, sin la cual nadie entrará en el reino de los cielos (Jn. 3:3, 5).

### *Total incapacidad del hombre*

El apóstol Pablo escribe: "Por cuanto los designios de la carne son enemistad contra Dios; porque no se sujetan a la ley de Dios; ni tampoco pueden" (Ro. 8:7). A la esfera de la muerte en quienes viven bajo la influencia de la carne se añade aquí la de la relación con Dios para los carnales. A estos, el apóstol califica de enemigos de Dios porque quien está dominado por la carne está en enemistad contra Dios. La reconciliación con Dios se produce desde esa misma esfera de enemistad (Ro. 5:10), pero la naturaleza de la carne persiste igual aun en quienes fuimos reconciliados. Mientras seamos hombres de este tiempo y hasta que ocurra la gloriosa transformación de los cristianos vivos y la resurrección de los cristianos muertos en la glorificación, la carne persistirá en una orientación contraria a la voluntad de Dios. De otra manera, el modo de pensar y enfocar las cosas conforme a la carne es contrario y está en enemistad contra Dios.

La razón de ese estado de enemistad consiste en que "no se sujeta a la ley de Dios". El apóstol utiliza un verbo[96] que expresa la idea de someterse, sujetarse a algo; por tanto, la carne no se somete a la voluntad de Dios, sino que lucha esforzadamente contra Él. En sus designios y dirección no hay nada concordante con Dios, sino una marcada oposición a someterse a su voluntad. La desobediencia genera enemistad contra Dios y acarrea su ira sobre los desobedientes (Ef. 2:3). En ese sentido, todo el que está impulsado por la carne es un enemigo potencial de Dios. El énfasis recae nuevamente en la imposibilidad de una dualidad de vida en la carne y en el Espíritu, por la imposibilidad de servir a dos señores diametralmente opuestos y con intereses contrarios (Mt. 6:24).

Sin embargo, se añade aquí un aspecto de imposibilidad además del de rebeldía. La carne y sus designios no solo son desobedientes por condición, negándose a someterse a Dios, sino que además esto le es imposible de hacer. Literalmente en el texto griego se lee "ni pueden"[97]. La propia condición de debilidad carnal es evidencia de la falta de poder para sujetarse a la ley de Dios (Ro. 8:3). La condición de todo hombre fuera de Cristo es de absoluta incapacidad. Pero, todavía más, la condición aun del creyente en Cristo al margen del poder del Espíritu es de esa misma incapacidad (Ro. 7:15, 18, 19, 24). Es suficiente evidencia confrontarnos con las demandas de la ley y apreciar la incapacidad personal para cumplirlas. Nuevamente el glorioso poder transformador de la gracia irrumpe en el fondo de esta cuestión para enseñarnos que nuestro esfuerzo como hombres es vano y que solo en dependencia del Espíritu podemos ser más que vencedores por medio de aquel que nos amó (Ro. 8:37).

---

[96] Griego: ὑποτάσσω.
[97] Griego: οὐδὲ γὰρ δύναται.

### *La incapacidad al mensaje de redención*

El mensaje de salvación se expresa por medio de lo que el apóstol llama "la palabra de la cruz" (1 Co. 1:18). *Palabra*[98] es un término equivalente a *discurso* o *doctrina*, esto es, la expresión de una verdad manifestada: la obra de la cruz.

La incapacidad del hombre no regenerado se evalúa frente al mensaje de la cruz. El apóstol Pablo afirma que la doctrina de la cruz "es locura a los que se pierden" (1 Co. 1:18). En el texto griego se lee: "A los que se están perdiendo". Los que se pierden arrastran ese estado de perdición desde su nacimiento. Están en un estado de perdición porque están sin Cristo (Ef. 2:12). Estos son herederos de la ira de Dios (Ef. 2:3). La condenación final y perpetua de estos es segura (Jn. 3:18). Ahora todos están en una progresión hacia la perdición definitiva. Para ellos, la cruz es locura, insensatez, algo que está fuera de toda lógica, lo que no encaja en el modo de pensar del hombre natural.

Este planteamiento está desarrollado en la Patrística; sobre esto escribía Juan Crisóstomo en el siglo V: "Dios nos dio una mente para que nosotros pudiéramos aprender y recibir su ayuda, no para que se vuelva autosuficiente. Los ojos son bonitos y útiles, pero si ellos escogiesen ver sin luz, su belleza sería inútil e incluso podrían producirnos daño. Igualmente, si mi alma escoge ver sin el Espíritu, se vuelve un peligro para sí misma".[99]

Refiriéndose a que las cosas de Dios solo pueden entenderse con la asistencia del Espíritu, escribe también:

> El hombre puede ver, ve también las cosas que conciernen al hombre ciego, pero ninguna persona ciega puede decir lo que está haciendo. Igualmente ahora, nosotros conocemos todos nuestros asuntos y también los de los que no creen, pero ellos están desvalidos cuando intentan entendernos: no les pasa lo mismo a ellos con nuestras cosas.[100]

De esta forma escribía también Teodoreto de Ciro en el siglo IV: "Pablo llama 'natural' al hombre que se contenta únicamente con sus

---

[98] Griego: λόγο".
[99] Padres de la Iglesia, 2018, p. 65.
[100] *Ibid.*, p. 66.

propios razonamientos y ni acepta la enseñanza del Espíritu ni puede comprenderla".[101] El hombre natural está en estado de depravación.

### *La ceguera espiritual del no regenerado*

La Escritura advierte que los inconversos están cegados por una operación satánica (2 Co. 4:3, 4). El diablo pone un velo de oscuridad sobre los que se pierden. No hay diferencia entre personas o pueblos, de tal manera que el apóstol Pablo lo aplica en referencia a los judíos: "Pero el entendimiento de ellos se embotó; porque hasta el día de hoy, cuando leen el antiguo pacto, les queda el mismo velo no descubierto, el cual por Cristo es quitado" (2 Co. 3:14).

La condición de Israel es la misma de los demás hombres, lo que implica que el evangelio no es aceptado, con las graves consecuencias que tiene el hecho de que el mensaje de salvación sea rechazado por quienes están en el camino de perdición.

El impedimento establecido tiene un propósito: que no les alcance el mensaje iluminador del evangelio que proclama a un Salvador glorioso. Este resplandecer es una operación divina que se produce en el interior del pecador perdido iluminando las tinieblas en que se encuentra. Esta ha sido la experiencia del apóstol Pablo (Gá. 1:15, 16); Jesucristo no solo fue revelado al apóstol, sino en él, en su interior. La gloria de Cristo permite conocer a Dios para vida eterna (Jn. 17:3).

### *La incapacidad de comprensión del mundo*

Todo cuanto el Espíritu realiza, así como el reconocimiento de su persona, está fuera del alcance de los incrédulos. El mundo, referido a las masas de gentes que se están perdiendo, sigue la mentira de Satanás (Jn. 8:44, 45; 14:30). El apóstol afirma que el hombre no percibe al Espíritu. No percibe sus acciones (1 Co. 2:12-14). No reconoce al Espíritu (Mt. 13:22-37). Por tanto, desconociéndolo, no puede recibirlo.

### *La condición de muerte espiritual del pecador*

La afirmación bíblica es indudable: "Y él os dio vida a vosotros, cuando estabais muertos en vuestros delitos y pecados" (Ef. 2:1). El

---

[101] *Ibid.*

concepto bíblico de muerte no es el de término, sino el de separación. La muerte física es el estado de separación de la parte material y la espiritual (Ecl. 12:7; Stg. 2:26). La muerte espiritual es la separación del hombre y Dios a causa del pecado.

La expresión de la muerte espiritual consiste en un andar en delitos y pecados. En este estado espiritual, el hombre natural no regenerado no puede hacer un reconocimiento de Cristo para vida. Por tanto, necesita la ayuda del Espíritu para alcanzarlo.

### La necesidad de conducción hacia Cristo

Por las condiciones espirituales y el estado de perdición de los no regenerados, se produce una incapacidad para ir a Cristo y aceptar la salvación. Esta necesidad de conducción está expresada en las palabras de Jesús: "Nadie puede venir a mí, si el Padre que me envió no le atrae; y yo le resucitaré en el último día. Escrito está en los profetas: Y serán todos enseñados por Dios. Así que, todo aquel que oyó al Padre, y aprendió de él viene a mí" (Jn. 6:44, 45; RVR).

El auxilio divino se hace evidente. Las palabras de Jesucristo indican el modo de conducir del Padre a Cristo para salvación. Lo hace mediante la "iluminación del entendimiento" (Jn. 6:45, 46). Esto solo es posible mediante la capacitación de la voluntad. Las operaciones hacia la salvación proceden de Dios y el aspecto esencial de la iluminación para comprensión es una obra de Dios Espíritu Santo.

### La operación del Espíritu en la salvación

Hay elementos necesarios para obtener la salvación: convicción personal de pecado; fe en el Salvador; regeneración espiritual. Ninguno de estos procede del esfuerzo humano, pues la salvación es enteramente por gracia mediante la fe (Ef. 2:8, 9). La Biblia pone de manifiesto que todas estas operaciones son obra del Espíritu Santo.

### Convicción de pecado

La enseñanza bíblica afirma: "Cuando él venga, convencerá al mundo de pecado, de justicia y de juicio" (Jn. 16:8). Para ser salvo debe sentirse la condición de pecado y no solo conocerla; en otras palabras, nadie se salva por saberse perdido, sino que debe sentirse perdido. Este sentimiento en la intimidad del pecador no está, por su propia condición personal, en el hombre natural, como antes se ha considerado.

# EL ESPÍRITU SANTO EN LA SOTERIOLOGÍA

Volviendo al término *convencer*, las acepciones se amplían a reprobar, redargüir, condenar, etc., lo que indica impartir comprensión hacia un determinado asunto. De ahí la necesidad de vincularlo con el sentido de iluminación —considerado antes—, entendido como arrojar luz sobre algo. El aspecto de convicción es esencial para la salvación del pecador perdido. El peligro de un evangelio no bíblico consiste en que proclama la posibilidad del pecador de ir a Cristo para salvación cuando desee y como quiera, sin otra ayuda que su voluntad personal. Esa forma de pensamiento contradice la enseñanza bíblica (cf. Jn. 6:37, 44, 45).

Los efectos del pecado en el hombre están claramente manifestados en la Escritura; se resumen en lo que se conoce como *depravación*, que se ha tratado antes. Además, la Biblia enseña la incapacidad del hombre en cuanto al mensaje de salvación —que el apóstol Pablo llama *palabra de la cruz*—; aunque es un mensaje intelectualmente comprensible, se hace "locura a los que se pierden" (1 Co. 1:18). Estos arrastran el estado de perdición desde el momento de su concepción y son, por tanto, herederos de la ira de Dios (Ef. 2:3); su condenación es segura (Jn. 3:36). Es la consecuencia propia de lo que se llama *muerte espiritual*: un estado de separación y no de término, aunque de mantenerse hasta el fin de la vida física, se proyecta a perpetuidad en lo que se llama *muerte segunda*.

Estar alejado de Dios, fuente de vida, es caer inexorablemente en un estado de muerte, que es común a todo hombre. Quien está espiritualmente muerto no puede acceder a la vida como restauración de la comunión con Dios, no solo por imposibilidad personal, sino también por imposibilidad espiritual. El hombre no regenerado no busca a Dios ni desea hacerlo.

Jesús indicó otra necesidad que ha de ser superada para salvación. Los hombres deben ser llevados a Él para ser salvos (Jn. 6:44). Por las condiciones espirituales que se indicaron, se hace necesaria una operación de conducción que los lleve, sin obligarlos, al Salvador. Esto comprende una operación de iluminación del entendimiento (Jn. 6:45, 46). La operación divina en el pecador capacita también la voluntad, sin coacción, sin forzar la libertad de creer o rechazar, simplemente lo capacita para que pueda hacerlo. Todas estas operaciones proceden de Dios.

El pecado consiste en rehusar creer en Jesucristo como único Salvador: "El que cree en el Hijo tiene vida eterna; pero el que rehúsa creer en el Hijo no verá la vida, sino que la ira de Dios está sobre él" (Jn. 3:36). La vida eterna se recibe por creer en el Hijo. De modo que el objeto de la fe es el Hijo, como lo entiende Juan, en el sentido de Dios manifestado en carne, el Verbo eterno que se hizo hombre y habitó entre nosotros. El apóstol Juan enseña que solo hay vida en el Hijo y fuera de Él no es posible obtener la vida eterna (Jn. 1:4). Todos los verbos en el versículo citado al principio del párrafo están en presente, de modo que es necesario entender que la fe no es un acto pasajero, sino una actitud permanente. La fe no es puntual para justificación, perdón de pecados y vida eterna en el momento de ejercerla depositándola en el Salvador, sino que es una constante en la vida cristiana. El creyente que es salvo por fe, vive luego en la fe del Hijo de Dios (Gá. 2:20).

Al creer, se produce el nuevo nacimiento que trae como consecuencia la regeneración, en la cual el hombre se arrepiente, en el sentido de un cambio de mente permanente. Es la expresión natural de la fe que, descansando en Dios y aceptando su mensaje de salvación, deja lo que era su forma de buscar la vida para aceptar la demanda de Dios a creer. La demanda del evangelio no es una opción, sino que se establece a modo de mandamiento. Ahora bien, la consecuencia de rechazar la demanda trae aparejado quebrantar el mandamiento divino y cancela toda esperanza, puesto que creer es el único modo de que la ira por el pecado no permanezca sobre el incrédulo.

La ira de Dios está continuamente pendiente sobre los que persisten en el pecado, puesto que la paga del pecado es muerte. Este estado de perdición que produce la condenación eterna se expresa mediante un término[102] que tiene que ver con un estado de indignación divina permanente. Esta situación es presente, como se nota en el versículo: la ira de Dios está sobre él. Por el hecho de pecar, la ira divina está orientada hacia el que peca. De este modo se entiende el contraste entre vida e ira. Los dos estados son manifestados en un presente continuado. El que cree no recibirá y disfrutará la vida eterna recién en un tiempo escatológico, sino que es recibida en el presente y vivida perpetuamente. El que no cree, vive también en un presente en el que la ira de Dios está sobre él, se proyecta a lo largo de su vida terrenal, y pasa definitivamente a la situación de eterna condenación en la perpetuidad de la vida futura del hombre.

Algo que se destaca en este versículo es la responsabilidad del hombre en cuanto a condenación. Nada puede hacer en relación con la salvación, puesto que es una operación divina (Sal. 3:8; Jon. 2:9), sino solo obedecer a la demanda de fe que Dios establece. Sin embargo,

---

[102] Griego: ἡ ὀργὴ.

todo cuanto es de condenación es responsabilidad del hombre. Nótese que el verbo *creer* va acompañado del *rehusar*, que denota una acción voluntaria que se niega a obedecer en la demanda de la fe. Negándose a creer se cierra a sí mismo el único camino a la vida eterna que solo es posible por Cristo, al aceptarlo como el Hijo de Dios que fue enviado para salvación de todo el que cree. Estos "no verán la vida", es decir, no poseerán, experimentarán ni gozarán de ella. La vida eterna les es vedada por el único hecho de no querer creer. La inquietud de Nicodemo es contestada también aquí. Jesús le habló de la necesidad de nacer de nuevo, resultado de creer, para ver y entrar en el reino. Por tanto, quienes no creen no verán la vida porque tampoco entrarán en el reino de vida que es en Cristo Jesús. Lejos de ver la vida, lo único que les espera es la ira de Dios. Nadie puede esperar que la ira divina se diluya con el tiempo, sino que, como dice Juan, permanece sobre el incrédulo. La responsabilidad del hombre lleva aparejada la vida, cuando obedeciendo cree, o la condenación, cuando rehúsa creer. Al contraste creer o no creer, corresponde vida eterna con ira eterna. No hay otras alternativas. Solo por medio de la fe se justifica el hombre para con Dios (Ro. 5:1).

El Espíritu Santo actúa en la salvación del pecador convenciéndole de pecado, haciéndole comprender íntimamente las consecuencias perpetuas de quebrantar un mandamiento divino (Hch. 17:30). El evangelio proclama que Dios hizo una obra completa, dejando al hombre la responsabilidad de creer. Al iluminar el carácter y alcance del pecado, señala la gravedad del pecado de los "que no creen en mí" (Jn. 16:9).

### Convicción de justicia

El Espíritu Santo que convence de pecado, también lo hace de justicia. El texto es firme: "Cuando él venga convencerá al mundo... de justicia" (Jn. 16:8). Esta es la única vez en la enseñanza de Jesús que se hace referencia a la justicia imputada. Como lo expresó Cristo en su enseñanza: "De justicia, por cuanto voy al Padre, y no me veréis más" (Jn. 16:10).

La justicia aquí tiene que ver con la justicia de Cristo, mediante la cual el hombre puede ser justificado delante de Dios. Esto es, la justicia imputada a todo aquel que cree. La justicia del esfuerzo humano queda anulada para salvación. Tan solo la de Dios, como don divino para el que cree, puede llevar a la paz con Dios por el único mediador que es Cristo mismo. El Señor había instado a los hombres a creer en

Él para salvación. Esto requiere que la justicia que Dios provee en Cristo les sea aplicada. El elemento para alcanzar la justificación es la fe. Debe tenerse presente que la razón de la salvación es la gracia, pero la fe es el elemento instrumental para alcanzar la promesa de salvación para todo aquel que cree (Ro. 1:16, 17). Por la fe el creyente es considerado como justo delante de Dios; en ese sentido, aplicada la justicia de Cristo, no solo somos justificados, sino que somos lo que no somos, justos delante de Él. Mediante la aplicación de la justicia de Dios, pasamos a disfrutar de una posición inalcanzable por cualquier otra vía que no sea la fe. Los judíos estaban envueltos en una búsqueda estéril, alcanzar la justificación por las obras de la ley en un camino erróneo, que era su propio camino, dejando a un lado al único camino, que es Cristo. El Dios que justifica se pone al lado del justificado o, tal vez mejor, pone al justificado a su lado, declarándose favorable a él y haciendo que el creyente sea suyo en la seguridad de la esperanza y en la certeza de la promesa (Ro. 8:31). La justicia de que se habla aquí es la única justicia verdadera, que es Cristo mismo. El justo por la fe ya no está bajo la ira divina en base a la acción reconciliadora de Jesús, que ha quitado para el creyente la ira de Dios. Vivir en Cristo equivale a estar libre de la ira divina por el pecado. En razón del sacrificio expiatorio consumado en la cruz, el Señor es nuestra paz.

### *Convicción de juicio*

En la enseñanza de Jesús, el Espíritu actúa también convenciendo al pecador "de juicio, por cuanto el príncipe de este mundo ha sido ya juzgado" (Jn. 16:11).

El creyente puede ver al pasado y en la cruz contemplar, aunque ileso, su propia ejecución, en identificación con el crucificado (2 Co. 5:14). El Espíritu Santo muestra con claridad que el juicio de culpabilidad y condenación ya no puede ser repetido para el salvo (Ro. 8:1). Por esa razón, el evangelio llama a los cautivos a libertad (Is. 61:1). El mensaje de salvación anuncia la libertad de quienes estaban sujetos por toda la vida a servidumbre bajo Satanás (He. 2:14, 15).

No hay posibilidad de salvación sin la obra de convicción que el Espíritu Santo opera capacitando al hombre para recibir el don de Dios y creer por fe en Cristo.

### *La fe salvífica*

La fe es el instrumento para alcanzar o posesionarse de la salvación, siendo justificados por Dios (Ro. 5:1). Sin embargo, la fe no nace del hombre, sino que es un don de Dios: "Porque por gracia sois salvos por medio de la fe; y esto no es de vosotros, pues es don de Dios no por obras, para que nadie se gloríe" (Ef. 2:8, 9). Esa gracia se manifestó en la persona del Salvador cuando, encarnándose, vino al mundo en misión salvadora. El mismo hecho de la encarnación es la primera consecuencia operativa de la gracia para salvación.

Junto con la manifestación de la gracia que salva aparece la fe, como instrumento para alcanzar la salvación. Ambas cosas, tanto la gracia como la fe, son un don divino. Toda obra humana queda excluida y no puede ser aceptada por Dios en el orden salvífico. La fe es el medio instrumental para recibir la salvación, pero nunca la causa de ella. Dios da cuanto es necesario para la salvación: a) el Salvador (Jn. 3:16; Gá. 4:4;); b) la obra salvadora (Ro. 4:21); c) la gracia de su don (Ef. 2:8, 9); d) el medio de justificación, que es la fe.

**La regeneración y renovación espiritual**

Este es otro tema eminentemente soteriológico que dejamos para el lugar en que deba ser tratado más ampliamente; nos limitamos aquí a unas referencias que puedan ser usadas para establecer que la regeneración es una operación del Espíritu Santo.

La regeneración es necesaria en la comunicación de la vida eterna. El que, por condición personal a causa del pecado, está espiritualmente muerto, viene a la vida por unión vital con el resucitado: "Y juntamente con Él nos resucitó" (Ef. 2:6). El que estaba muerto en sus delitos y pecados es tomado por el Espíritu y puesto en Cristo, de manera que, al contacto con la vida, el muerto espiritual resucita para vida eterna. La salvación no es un cambio, sino un nuevo nacimiento. Esta operación es posible por la acción vinculante del pecador creyente con Cristo por medio del Espíritu que lo bautiza en Cristo para la formación de un cuerpo unido a la cabeza, que es el Señor (1 Co. 12:13). La vida que el creyente recibe no es otra que la del Cristo resucitado (Jn. 10:10; 14:6; Ro. 6:23; Col. 1:27).

La regeneración produce una nueva forma de vida. En esta operación de la gracia, el salvo es puesto en una nueva relación personal por la muerte de Cristo. Por esa posición, la relación de esclavitud del pecado es cortada y recibe poder para una nueva vida fuera de esa condición. Esa es la enseñanza que el apóstol Pablo desarrolla en otro de sus escritos: "Si alguno está en Cristo, nueva criatura es; las cosas viejas pasaron; he aquí todas son hechas nuevas" (2 Co. 5:17). Quien ha sido puesto en Cristo es una nueva creación.

### La acción santificadora del Espíritu

Ya se ha considerado antes el significado de la santificación, que es la operación que Dios hace para que el creyente sea separado plenamente para Él como propiedad comprada al precio de la sangre del Hijo de Dios.

*Santificación para salvación*

La santificación comienza manifestándose en la capacitación para salvación; se ha hecho referencia a algunos de sus aspectos en párrafos anteriores. Este primer proceso en la santificación está enseñado en las palabras del apóstol Pedro: "Elegidos según la presciencia de Dios Padre en santificación del Espíritu, para obedecer y ser rociados con la sangre de Jesucristo: Gracia y paz os sean multiplicadas" (1 P. 1:2).

La santificación requiere obediencia a Dios por parte del santificado. De ahí que la operación del Espíritu Santo sea "para obediencia", lo que conduce al pecador creyente a una nueva esfera de dimensión de vida, que es la obediencia.

*Santificación como forma de vida*

La santificación como estilo o forma de vida es un progreso para el creyente, pero una acción definitiva para Dios: "Por él estáis vosotros en Cristo Jesús, el cual nos ha sido hecho por Dios sabiduría, justificación, santificación y redención" (1 Co. 1:30). Estando en Cristo se alcanza ante Dios la posición de santificación.

La condición pecaminosa propia del hombre natural, queda transformada en una vida nueva para el creyente, generando un cambio absoluto en materia de santidad: "Y esto erais algunos; mas ya habéis sido lavados, ya habéis sido santificados, ya habéis sido justificados en el nombre del Señor Jesús, y por el Espíritu de nuestro Dios" (1 Co. 6:11). Quiere decir que la santificación es un hecho real delante de Dios que afecta plenamente la vida cristiana: "Ya habéis sido santificados".

Es necesario apreciar las dos personas divinas que hacen posible la experiencia de la santificación. El creyente es santificado "en el nombre del Señor Jesús"; literalmente, los que tenían vidas pecaminosas cambian de orientación: esto erais... pero fuisteis santificados.

La santificación cotidiana como expresión de la vida eterna en forma visible obedece a la operación del Espíritu Santo que transforma al salvo, día a día, para que sea hecho conforme a la imagen del Hijo, conforme a la predestinación del Padre (Ro. 8:9). La vida cristiana debe ser concordante con la posición alcanzada por gracia. La responsabilidad del que siendo creyente practica voluntariamente el pecado es grave, debiendo esperar en lugar de bendiciones una operación de limpieza divina comparada con el hervor de fuego (He. 10:26-31).

**La comunicación de vida eterna**

La vida eterna es una condición atemporal, solo posible en Dios. Esa vida eterna está en cada persona divina. La dotación de vida eterna para el que cree produce el cambio de existencia de las tinieblas a la luz, ya que el contraste entre luz y tinieblas es el que corresponde a vida natural y vida eterna. De otro modo, la vida divina que está en el Verbo se convierte o se expresa en luz para los hombres.

El pecado entró en el universo por el primer gran pecador de la historia que fue Satanás; el querubín tenía un nombre vinculado a la luz —era llamado "Lucero, hijo de la mañana" (Is. 14:12)—, pero a consecuencia de su pecado se convirtió en tinieblas al retirar Dios la luz de su intimidad (Ez. 28:18). A los ángeles caídos, seguidores de Satanás, se les llama en el Nuevo Testamento "gobernadores de las tinieblas" (Ef. 6:12). El pecado introducido en el mundo de los hombres por el primer hombre Adán convirtió la esfera de vida humana en tinieblas. Jesús viene para dar liberación de las tinieblas a todo aquel que lo sigue; Él mismo dice que aquel que cree en mí, "el que me sigue, no andará en tinieblas, sino que tendrá la luz de la vida" (Jn. 8:12).

Así comenta Hendriksen esta cláusula:

> Cuando la vida se manifiesta se llama luz, ya que la característica de la luz es resplandecer. Desde la caída, que ya está implícita en la última cláusula del versículo 4, aquella luz fue anunciada a los hombres. La humanidad se caracterizaba por las tinieblas, la maldad y el odio, todo lo cual es lo opuesto de la luz. Durante la antigua dispensación se proclamó a los hombres (especialmente a Israel)... el amor y la verdad de Dios en Cristo. Amor y verdad son sinónimos de luz (véase 3:19-21 tanto para sinónimos como para antónimos; también 1 Jn. 2:8-10). Por supuesto, no debemos limitar el significado del término luz a estos dos atributos únicamente (amor y verdad); estos más bien representan todos los atributos de Dios. En la

obra de la salvación todos los atributos divinos se mostraron. Fueron proclamados a los hombres pecadores.[103]

Pero ambas cosas, vida y luz, orientadas hacia un ser creado como es el hombre, tienen que aplicarse visiblemente al Verbo encarnado, ya que Jesús dijo de sí mismo: "Yo soy la luz del mundo" (Jn. 8:12). El Señor habló de la luz de Dios en el mundo vinculada a su presencia: "La luz vino al mundo" (Jn. 3:19); y de otro modo afirma: "Yo, la luz, he venido al mundo, para que todo aquel que cree en mí no permanezca en tinieblas" (Jn. 12:46). El Verbo encarnado es luz del mundo mientras estaba en el mundo. Juan presenta a Jesús como la vida y la luz que entra en el mundo para alumbrar en las tinieblas.

Si Cristo vino para que el pecador tenga vida eterna (Jn. 10:10), necesariamente el pecador tiene que ser puesto en Cristo, para que la vida eterna propia de Dios, que está en el Señor, pueda ser comunicada como experiencia de vida al que está unido vitalmente a Él. Es el Espíritu Santo el que produce la unidad vivencial con Cristo, en que no solo el creyente está en Cristo, sino que recíprocamente Cristo está en el creyente, como afirma el apóstol Pablo: "Cristo en vosotros, la esperanza de gloria" (Col. 1:27). Las riquezas de gloria, que son el misterio revelado, se convierten en esperanza de gloria por el hecho admirable de la presencia de Cristo en el creyente.

La dotación de la vida eterna, privativa y potestativa de Dios, es posible para el hombre por la operación del Espíritu Santo que lo une a Cristo, en quien está la vida. Es el pensamiento del apóstol Pedro que, refiriéndose al llamamiento a salvación, afirma que Dios "nos llamó por su gloria y excelencia, por medio de las cuales nos ha dado preciosas y grandísimas promesas, para que por ellas llegaseis a ser participantes de la naturaleza divina" (2 P. 1:3, 4).

## Bautismo del Espíritu Santo

Los pasajes bíblicos en que el Espíritu Santo se relaciona con el bautismo se agrupan en dos divisiones. Por un lado, están aquellos en que Cristo es el agente ejecutor del bautismo, el creyente es el sujeto y este se bautiza en el Espíritu, que es recipiente de ese bautismo (Mt. 3:11; Mr. 1:8; Lc. 3:16; Jn. 1:33; Hch. 1:5; 11:16), y por otro aquellos que presentan al Espíritu como agente del bautismo, al creyente como

---

[103] Hendriksen, 1981, p. 77.

sujeto del mismo y a Cristo como recipiente (cf. Gá. 3:27; Ro. 6:1-4; Col. 2:9-13; Ef. 4:4-6; 1 P. 3:21).

El oficio bautismal del Espíritu era desconocido en anteriores dispensaciones y, especialmente en el contexto del pasaje, en la economía de la ley. Tal acción del Espíritu es necesaria para llevar a cabo el propósito divino para la iglesia, en el sentido de ser un cuerpo en Cristo. Es una acción distinta a la ocurrida en Pentecostés, donde el agente que bautiza con el Espíritu es Cristo y los bautizados, todos los congregados allí, eran ya creyentes. De manera que el bautismo en Cristo por el Espíritu se produce cada vez que alguien cree, mientras que el bautismo hecho por Cristo en el Espíritu se produjo una sola vez en la historia y es irrepetible.

El bautismo del Espíritu que comunica vida eterna al que cree, por unión vital con Cristo, incorpora al creyente a Cristo para la formación del Cuerpo, que es la iglesia (Ef. 1:22, 23). Todos los que están en Cristo reciben la adopción de hijos conforme al propósito eterno de Dios (Ef. 1:5), siendo como tales aceptos en el amado (Ef. 1:6), pasando a ser herederos de Dios por cuanto son coherederos con Cristo (Ro. 8:17).

La misma verdad se desarrolla en la epístola a los Romanos, donde se lee: "¿O ignoráis que todos los que hemos sido bautizados en Cristo Jesús, hemos sido bautizados en su muerte? Fuimos, pues, sepultados juntamente con él para muerte por medio del bautismo, a fin de que como Cristo resucitó de los muertos por la gloria del Padre, así también nosotros andemos en novedad de vida" (Ro. 6:3, 4; RVR). La muerte de Cristo ha efectuado un juicio contra la naturaleza de pecado a los ojos de Dios. El Espíritu Santo, al unirnos vitalmente a Cristo, hace posible la presencia trinitaria en el que cree, siendo el Espíritu el que trata a la naturaleza caída, restringiéndola o anulándola en respuesta a la dependencia que el creyente tenga de Él.

Sin embargo, ¿es el símbolo ritual del bautismo lo que identifica al cristiano con la muerte de Cristo? Para algunos la introducción del bautizado en el agua del bautismo es la entrega al acontecimiento de la muerte de Cristo, como escribe Wilckens, comentando el versículo:

> Según el v. 3, este afirma que el bautismo en Cristo Jesús es un bautismo en su muerte. Varias veces emerge en el Nuevo Testamento la fórmula de transferencia "en el nombre del Señor Jesús" (εἰ" τὸ ὄνομα τοῦ Κυρίου Ἰησοῦ o similares), que Pablo también conoce (cf. 1 Co. 1:13, 15); "en Cristo" (εἰ" Χριστόν) es, probablemente, una variante abreviada. Mientras que la expresión "bautismo en (el nombre de)

> Cristo" parece como una fórmula tradicional, en el cristianismo primitivo no existe ninguna prueba a favor de la formulación paralela εἰ" τὸν θάνατον αὐτοῦ[104]. Tampoco se puede aplicar a ella el significado de la transferencia de la fórmula εἰ" τὸ ὄνομα Χριστοῦ[105], porque ahí se designa siempre a una persona, mientras que en v. 3b se habla del acontecimiento de la muerte de Cristo. Por consiguiente, solo se puede entender el significado de εἰ" τὸν θάνατον αὐτου, si en ἐβαπτίσθημεν[106] se percibe el significado concreto de sumergir. Pero entonces, tenemos en v. 3b una interpretación concreta de la fórmula bautismal usual del v. 3a: la transferencia del bautizado a Cristo significa que aquel, en el acto de sumergirse, es entregado al acontecimiento de la muerte de Cristo.[107]

En una forma algo semejante escribe Hendriksen: "Por medio del bautismo y por consideración de su significado, estos primitivos convertidos, inclusive Pablo, habían sido llevados a una relación personal muy estrecha con su Señor y Salvador y con el significado de su abnegada muerte. El significado de esa muerte había sido llevado como bendición a sus corazones por el Espíritu Santo".[108]

Dos aspectos que deben tenerse en consideración en relación con el significado que Pablo da al bautismo en el versículo: 1) El bautismo ritual de agua no es un sacramento que añade algo a la fe del salvo o que, en alguna manera, sitúa al creyente en una relación especial con el Salvador. Si fuese así, los cristianos que no hubiesen podido ser bautizados no habrían podido alcanzar la identificación con la muerte de Cristo. Por otro lado, la idea de que el bautismo de agua lleva la muerte de Cristo a una experiencia de bendición en el corazón del salvo por la acción del Espíritu es dejar en una relación imprecisa lo que Pablo da como un hecho consumado: el creyente bautizado en Cristo ha sido bautizado en su muerte.

La idea apostólica se amplía en el versículo siguiente, pero será necesario entender aquí que el bautismo de agua —ritual, simbólico, una de las dos ordenanzas establecidas por Jesús para sus discípulos (Mt. 28:19)— es una manifestación visible de una realidad invisible. Esta realidad consiste en el bautismo que el Espíritu hace con todos

---

[104] En la muerte de Él.
[105] En el nombre de Cristo.
[106] Fuimos bautizados.
[107] Wilckens, 1989, p. 218.
[108] Hendriksen, 1984, p. 218.

los que creen en Cristo Jesús (1 Co. 12:13). La operación del bautismo del Espíritu permite al creyente vivir a Cristo (Ro. 6:4).

En otra referencia al bautismo del Espíritu Santo se lee: "En él también fuisteis circuncidados con circuncisión no hecha a mano, al echar de vosotros el cuerpo pecaminoso carnal, en la circuncisión de Cristo; sepultados con él en el bautismo, en el cual fuisteis también resucitados con él, mediante la fe en el poder de Dios que lo levantó de los muertos" (Col. 2:11, 12). El texto presenta una identificación total con la obra de Cristo, expresada aquí mediante la figura de la circuncisión, haciendo referencia a la del corazón, que aparece cuatro veces en la Escritura (cf. Dt. 10:16; 30:6; Ez. 44:7; Hch. 7:51). La vinculación con Cristo como consecuencia del bautismo del Espíritu divide la humanidad en tres grupos: gentiles, que son incircuncisos; judíos, circuncidados en la carne; cristianos, circuncidados en el corazón.

En relación con el bautismo del Espíritu, se lee: "Un cuerpo y un Espíritu, como fuisteis también llamados en una misma esperanza de vuestra vocación; un Señor, una fe, un bautismo, un Dios y Padre de todos, el cual es sobre todos, y por todos, y en todos" (Ef. 4:4-6). Entre las siete agencias unificadoras se menciona el bautismo. La tercera base de las fundantes, sexta de la totalidad, es *un bautismo*[109]. El énfasis del texto es que como hay un solo Señor y una sola fe, así también hay un solo bautismo. Sin duda, no puede referirse al bautismo ritual de agua, en el que hay diversas maneras de interpretar cómo debe llevarse a cabo la ordenanza; por tanto, debe aplicarse al bautismo del Espíritu. Es el bautismo único y unificador que, por el poder del Espíritu, incorpora a todos los creyentes al único cuerpo del único Señor (Gá. 3:28). Por medio de este bautismo del Espíritu, todos los creyentes, procedan de la gentilidad o del judaísmo, son recogidos ónticamente en la unidad corporativa que es la iglesia. En el acto de fe, el Espíritu sumerge al creyente en Cristo y el mismo Espíritu se incorpora a cada uno, ya que "se nos dio a beber un mismo Espíritu" (1 Co. 12:13). Por esa razón, el bautismo del Espíritu nos une vitalmente a Cristo de manera que "todos los que hemos sido bautizados en Cristo Jesús, hemos sido bautizados en su muerte" (Ro. 6:3). Estos que han creído y son bautizados en Cristo por el Espíritu, en la inmersión de cada uno en Cristo, quedan revestidos de Cristo mismo que, como en el simbolismo del agua que cubre plenamente al bautizado por inmersión, así también el creyente bautizado por el Espíritu, queda cubierto de Cristo (Gá. 3:27).

---

[109] Griego: ἓν βάπτισμα.

No solo el apóstol Pablo trata este importante tema, sino que es también considerado por el apóstol Pedro: "El bautismo que corresponde a esto ahora nos salva (no quitando las inmundicias de la carne, sino como la aspiración de una buena conciencia hacia Dios) por la resurrección de Jesucristo" (1 P. 3:21). Nuevamente es preciso entender que no puede tratarse del bautismo ritual de agua, ya que el apóstol afirma que salva.

## *Resumen*

### *Características*

El bautismo del Espíritu tiene lugar únicamente en la dispensación de la iglesia. Cristo lo anunció en tiempo futuro, cuando aún no había sido establecido (Hch. 1:5). Tiene lugar en todos los creyentes (1 Co. 12:13; Ef. 4:5). Ocurre una sola vez en la vida de cada creyente. La Biblia no autoriza a hablar de segundas experiencias, después de la salvación, en relación con el bautismo del Espíritu. Esta operación de la tercera persona divina hace a los creyentes miembros del cuerpo de Cristo y los une con Él en su muerte con respecto a la naturaleza del pecado, de igual modo que los une a Él en la resurrección para vivir una vida victoriosa.

### *Tiempo*

No hay ninguna referencia bíblica que exhorte a los creyentes a buscar el bautismo del Espíritu Santo. Este ocurre en el mismo momento en que el pecador cree en Jesucristo (Col. 2:12). El apóstol Juan enseña que todo aquel que confiese —es decir, que crea— en Jesucristo alcanza la posición en Dios y en Cristo, posible solo por la acción del bautismo del Espíritu, que es para todos los que creen (Gá. 3:26, 27). Quien no tiene el Espíritu, no tiene salvación, como el apóstol Pablo enseña (Ro. 8:9).

### *Resultados*

El bautismo del Espíritu reviste al creyente de Cristo (Gá. 3:27), hace morir y resucitar al creyente con Cristo (Col. 2:12; Ro. 6:3), creando la unidad entre todos los hijos de Dios, vinculados entre sí como cuerpo en Cristo (1 Co. 12:13; Gá. 3:27, 28).

## El sello del Espíritu

En una orientación escatológica, el apóstol Pablo escribe: "Y no contristéis al Espíritu Santo de Dios, con el cual fuisteis sellados para el día de la redención" (Ef. 4:30). El apóstol recuerda la gravedad del pecado de contristar al Espíritu, recordando que este es además la garantía segura de la esperanza, puesto que en Él fuimos "sellados para el día de la redención". El sello del Espíritu fue mencionado antes (Ef. 1:13), considerando entonces el aspecto de pertenencia y propiedad que ese sello supone en relación con el creyente y Dios. El Espíritu testifica con su sello que quien lo tiene es eterna propiedad de Dios y que su salvación está eternamente garantizada. El aspecto de sellados corresponde al principio del proceso de salvación y se produce en el momento de creer, donde también se recibe el Espíritu de Cristo (Ro. 8:9) para actuar en todas las funciones que tiene encomendadas en relación con el pueblo de Dios. Este sellado, convierte al creyente en propiedad de Dios, siendo, por tanto, una garantía de la seguridad del creyente.

**Aplicación personal**

El creyente que ha nacido de nuevo tiene un compromiso personal, consistente en vivir en la esfera de la vida nueva que le ha sido dada (Col. 3:1-3). Por consiguiente, quien sabe la posición que ocupa en relación con Dios, por haber sido identificado con Cristo en la muerte, ha de considerarse como tal, esto es, muerto al pecado (Ro. 6:11, 12). No debiera vivir en la esclavitud pecaminosa, sino en la condición de siervo de la justicia (Ro. 6:13, 14, 17, 18).

El modo de vida del cristiano, tiene por fruto la santificación (Ro. 6:22), que se manifiesta en varios modos: mayor deseo y conocimiento de Dios; una nueva realidad en la oración; un compromiso personal con la obediencia a la Palabra; el reconocimiento de ser digno testigo de la nueva familia a la que pertenece, glorificando al Padre y amando a los hermanos (1 Jn. 3:14); una divina compasión por los perdidos (Jn. 3:16).

El creyente que ha sido bautizado por el Espíritu debe vivir a Cristo (Fil. 1:21; Gá. 2:20). El que anda en el Espíritu manifestará el carácter moral de Jesús en la expresión visible del fruto del Espíritu (Gá. 5:22, 23). El que ha sido puesto en Cristo, por el bautismo del Espíritu, ha crucificado la carne con sus pasiones y deseos (Gá. 5:24).

# CAPÍTULO X
# LA PLENITUD DEL ESPÍRITU

De las operaciones del Espíritu Santo, es necesario considerar un aspecto que se origina como consecuencia de la presencia en el creyente. Esta puede ser de entrega plena, en la que el Espíritu actúa en completa libertad dirigiendo la vida del creyente, o restringida, cuando se interponen a su acción elementos que la limitan y condicionan. La plenitud del Espíritu mide esa presencia y acción en el creyente, siendo de capital importancia en la etapa de la santificación, cuando el Espíritu ejerce la tarea de reproducir a Cristo en la vida del creyente.

Todas las operaciones de la salvación corresponden exclusiva y excluyentemente a Dios. Desde la iluminación, pasando por la convicción, la capacitación para el ejercicio de la fe, la regeneración para todo aquel que cree, la inhabitación del Espíritu en cada creyente, el sello y el bautismo, todas son obras divinas que se hacen en el hombre y al margen de él. Es decir, el hombre es el beneficiario de las mismas, pero no se puede hacer nada en orden a ellas.

La plenitud, en cambio, se establece como mandamiento (Ef. 5:18); por tanto, existe una esfera de responsabilidad humana para alcanzarla. El creyente puede ser lleno del Espíritu o impedir tal experiencia según su modo de actuación, en relación con las demandas que la Escritura establece para ello. Sin embargo, el desconocimiento que en ocasiones se tiene sobre este aspecto de la verdad revelada conduce a prácticas incorrectas según la enseñanza de la Escritura. En ocasiones se enseña a orar pidiendo la plenitud del Espíritu por una mala interpretación de las palabras del Señor, en las que dice que el Padre dará el Espíritu a quienes lo pidieren (Lc. 11:13). Por tanto, orar por la plenitud del Espíritu es hacerlo contrariamente a la enseñanza de la Biblia y añadir algo a las condiciones establecidas para disfrutar de la plenitud de Dios, quien ha dispuesto que la plenitud del Espíritu sea la forma natural de la vida cristiana. Por tanto, no hay que pedirle lo que ya ha determinado que sea. Orar pidiendo que el Espíritu haga todo aquello que es su misión en el creyente y que además desea hacer es absurdo, puesto que la Biblia enseña que el cristiano debe despejar el camino y retirar los obstáculos que impiden que el Espíritu haga su obra de gracia.

Además, hay quienes enseñan que la plenitud del Espíritu ha de producir manifestaciones espectaculares en la vida del cristiano, con profundas crisis que se exteriorizan de algún modo. No hay tal enseñanza en la Palabra.

La presencia divina en el creyente produce inevitablemente resultados visibles de las operaciones que cada una de las tres personas divinas realizaa. A esta acción divina corresponde la reacción del creyente que, en base a la presencia de cada persona, manifiesta lo que cada una opera en él. Estas manifestaciones visibles se evidenciarán en mayor o menor grado en la medida en que el creyente no sea rebelde a la voluntad de Dios.

Si el Espíritu es la personalización del eterno amor entre el Padre y el Hijo, tal amor se derrama en el corazón del creyente (Ro. 5:5), produciendo el fruto primogénito suyo que es el amor (Gá. 5:22). Ese amor se posesiona del creyente de forma irresistible, ya que quien se deja llenar conforme al imperativo bíblico (Ef. 5:18), es decir, vive en la plenitud del Espíritu, es controlado por Él y ama como fue amado. El debilitamiento de la plenitud del Espíritu conduce a una situación reprensible que Dios detecta y denuncia en el creyente (Ap. 2:4). No se dice que los de Éfeso hayan perdido el primer amor, puesto que el primer amor es el amor de origen, y este es producido en el cristiano por la presencia y acción del Espíritu, pero el problema está precisamente en haber abandonado esa acción poniendo a un lado la plenitud de Dios y conformándose con la suya.

Cerrando esta introducción al tema del presente capítulo, la plenitud del Espíritu es el rango de nivel que Dios establece para el que cree, puesto que cada creyente está predestinado para ser hecho semejante a la imagen del Hijo (Ro. 8:29) y esa misión está encomendada al Espíritu Santo.

**Concepto bíblico de plenitud del Espíritu**

*Aspectos generales*

Se entiende por plenitud del Espíritu el dominio pleno que ejerce su persona divina en el creyente, que rinde incondicionalmente su vida a su control y vive bajo su plena influencia y dirección. Aunque las obras divinas del Espíritu Santo en la salvación son hechas de una vez y para siempre, la plenitud es una experiencia que se repite en la vida del salvo.

La plenitud ocurre después del descenso del Espíritu en Pentecostés y se produce cuando el creyente está en condiciones espirituales para ser lleno por el Espíritu Santo. Tal circunstancia concurrió en Pentecostés, cuando los creyentes permanecían en oración esperando conforme a lo que Jesús había establecido. En el relato, Lucas dice que "fueron llenos del Espíritu Santo" (Hch. 2:4), pero Pedro, uno de los que había sido lleno en Pentecostés, lo fue nuevamente cuando fue llevado a comparecer ante el concilio, como se lee: "Entonces Pedro, lleno del Espíritu Santo, les dijo…" (Hch. 4:8).

El requisito personal demandado para los diáconos en la iglesia en Jerusalén consistía en la plenitud del Espíritu, como indica Lucas: "Buscad, pues, hermanos, de entre vosotros a siete varones de buen testimonio, llenos del Espíritu Santo y de sabiduría, a quienes encarguemos de este trabajo" (Hch. 6:3). De igual manera, se habla de Esteban, quien "lleno del Espíritu Santo, puesto los ojos en el cielo, vio la gloria de Dios, y a Jesús que estaba a la diestra de Dios" (Hch. 7:55). Asimismo, refiriéndose a la conversión de Saulo, escribe Lucas: "Fue entonces Ananías y entró en la casa, y poniendo sobre él las manos, dijo: Hermano Saulo, el Señor Jesús, que se te apareció en el camino por donde venías, me ha enviado para que recibas la vista y seas lleno del Espíritu Santo" (Hch. 9:17). Hechos también da testimonio de otros creyentes llenos del Espíritu, como Bernabé, del que se dice: "Porque era varón bueno, y lleno del Espíritu Santo, y de fe" (Hch. 11:24).

Acciones milagrosas se producían a causa de la llenura del Espíritu, como ocurre con la ceguera de Elimas: "Entonces Saulo, que también es Pablo, lleno del Espíritu Santo, fijando en él los ojos, dijo…" (Hch. 13:9). En ese mismo capítulo se dice que "los discípulos estaban llenos de gozo y del Espíritu Santo" (Hch. 13:52).

Otra referencia a la plenitud del Espíritu se encuentra en la epístola a los Efesios: "No os embriaguéis con vino, en lo cual hay disolución; antes bien sed llenos del Espíritu" (Ef. 5:18). El apóstol Pablo aborda la forma de conseguir una vida que corresponde a los hijos de luz; no es posible alcanzar la dimensión de esa vida por determinación y esfuerzo personal, ya que Dios ha determinado que los hijos suyos sean hechos conformes a la imagen de su Hijo (Ro. 8:29). Tal conformación solo es posible mediante la acción del Espíritu Santo.

### *La plenitud limitada en el Antiguo Testamento*

En una forma limitada puede apreciarse la plenitud del Espíritu Santo en ciertas personas anteriores a Pentecostés. Es cierto que no había residencia personal, como ocurre con la iglesia; sin embargo, no es obstáculo para una acción personal y plena del Espíritu.

Dios ordena a Moisés que hable "a todos los sabios de corazón, a quienes yo he llenado de espíritu de sabiduría" (Ex. 28:3). Eran sabios para el trabajo porque habían sido capacitados para ello por el Espíritu Santo. La primera característica de estos hombres era la de ser sabios de corazón, personas con habilidades artesanales que Dios les había otorgado. La segunda era "espíritu de sabiduría", un don especial del Espíritu que les ayudaría en el trabajo que tenían que realizar para las vestiduras sacerdotales.

A otros dos hombres, Bezaleel y Aholiab, el Espíritu los capacitó para trabajar en orfebrería y ejecutar diseños especiales; refiriéndose a Bezaleel, dice: "Lo he llenado del Espíritu de Dios, en sabiduría y en inteligencia, en ciencia y en todo arte" (Ex. 31:3). En el pueblo de Israel no había plateros ni joyeros, eran todos ellos horneros y albañiles, de modo que ninguno había tenido ocasión de aprender ni ejercitar un trabajo de orfebre y, usando una frase del apóstol Pablo, "para estas cosas, ¿quién es suficiente?" (2 Co. 2:16). Pero la insuficiencia humana es resuelta por la suficiencia divina. Al que Dios llama para algún servicio, lo capacita para que pueda ejecutarlo. En el mismo libro vuelve a citarse a Bezaleel ligado al Espíritu: "Y lo ha llenado del Espíritu de Dios, en sabiduría, en inteligencia, en ciencia y en todo arte" (Ex. 35:31).

Más cercano al nacimiento de Jesús, Lucas hace referencia a Juan el Bautista: "Porque será grande delante de Dios. No beberá vino ni sidra, y será lleno del Espíritu Santo, aun desde el vientre de su madre" (Lc. 1:15). El ángel anuncia a Zacarías que Juan, el hijo que va a nacerle será grande delante del Señor. La grandeza que se anuncia para el que va a nacer está relacionada con el Señor, esto es, Dios determina y anuncia desde su sola omnisciencia que Juan será grande. El mismo Dios lo consagra para sí, introduciéndolo en el nazareato como separado para su servicio.

Muchos creyentes fueron capacitados por el Espíritu Santo para ciertos servicios, pero muy pocos fueron llenos del Espíritu antes de Pentecostés. No hay ninguna enseñanza bíblica en el Antiguo Testamento que señale que la plenitud fuera el modo de vida de aquellos que estaban rendidos a Dios. A los creyentes de la antigua dispensación nunca se les mandó ser llenos del Espíritu.

### *La enseñanza de Jesús para la actual dispensación*

El Maestro enseñó sobre la plenitud del Espíritu para los creyentes de esta época. No fue una enseñanza directa, sino introducida entre las lecciones de su ministerio. Así ocurre en la enseñanza sobre el Buen Pastor, donde habló de una vida en abundancia: "El ladrón no viene sino para hurtar y matar y destruir; yo he venido para que tengan vida, y para que la tengan en abundancia" (Jn. 10:10). En contraste con la vida de los escribas y fariseos, la obra de Jesucristo es comunicar vida, y no una vida cualquiera, sino darla abundantemente. El contaste entre Él y el ladrón es evidente. La abundancia de vida comprende también el sano disfrute de la misma. Los religiosos constriñen la vida de los creyentes, limitando sus actividades para centrarlas como importes en el cumplimiento de los preceptos religiosos. No tiene importancia para ellos la angustia que la religión provoca en el alma de aquel que ha sido esclavizado por ella. Pero Cristo da libertad para disfrutar la vida abundantemente. Esta es posible solo mediante la unión vital con Cristo, ya que solo cuando "el Hijo os libertare, seréis verdaderamente libres" (Jn. 8:36).

Otra enseñanza de Jesús sobre el Espíritu es la que dio a la samaritana, cuando le habló de la presencia plena del Espíritu en el creyente, mediante la ilustración de la fuente de agua: "Mas el que bebiere del agua que yo le daré, no tendrá sed jamás; sino que el agua que yo le daré será en él una fuente de agua que salte para vida eterna" (Jn. 4:14). El Señor le dice que quien beba del agua que Él ofrece no tendrá sed jamás. El agua de vida procede de Dios y se otorga por medio de Jesucristo. Pero, si el agua es espiritual, la sed a la que el Señor se refiere ha de serlo también. El término que usa aquí Jesús para referirse a la procedencia del agua tiene que ver con una fuente que mana continuamente: un manantial inagotable que satisface totalmente la sed espiritual del hombre, por intensa que sea. De otro modo, el agua viva que concede Jesús en gracia se caracteriza porque quien la recibe queda satisfecho perpetuamente. Sin duda esto no excluye la búsqueda continua que el creyente tiene de Dios, que es una auténtica sed espiritual, como dice Calvino:

> Las palabras de Cristo no contradicen el hecho de que los creyentes, hasta el final de sus días, desean ardientemente una gracia más abundante. Porque no dice que bebemos y ya estamos satisfechos desde el primer día, sino que el Espíritu Santo es un pozo que fluye constantemente. Así que, para aquellos que son renovados por la gracia espiritual, no hay peligro de caer en la sequía.[110]

---

[110] Citado en Morris, 1984, p. 305, nota 36.

*Vivir en la plenitud del Espíritu*

A los cristianos se les manda vivir en la plenitud del Espíritu, no como una opción, sino como un mandato divino: "No os embriaguéis con vino, en lo cual hay disolución; antes bien sed llenos del Espíritu" (Ef. 5:18). Ya se ha comentado el texto, por lo que solo es necesario recordar que el verbo está en modo imperativo; quiere decir esto que es un mandato que debe ejecutarse. La plenitud es posible, de lo contrario el mandamiento carecería de sentido.

Dos errores comunes deben ser evitados. Primero, la plenitud no es la manifestación de dones espectaculares o, como algunos los llaman, dones carismáticos, referidos especialmente a sanidades, milagros y lenguas (1 Co. 12:9, 10), todos los cuales no están operativos hoy en la dimensión en que estaban en tiempos apostólicos. En segundo lugar, la plenitud del Espíritu no supone una mayor abundancia de dones para el creyente que vive en ella, ya que los dones son dados soberanamente y no en razón de méritos personales (1 Co. 12:11); además, los dones no son dados en base a la abundancia o escasez de espiritualidad del cristiano. Esto se aprecia en relación con la iglesia en Corinto, a cuyos miembros el apóstol Pablo llama "carnales, niños en Cristo", a quienes tenía que "dar leche y no vianda; porque aún no erais capaces, ni sois capaces todavía, porque aún sois carnales; pues habiendo entre vosotros celos, contiendas y disensiones, ¿no sois carnales, y andáis como hombres?" (1 Co. 3:1-3); de ellos, sin embargo, dice "nada os falta en ningún don" (1 Co. 1:7).

*Los primeros cristianos llenos del Espíritu Santo*

Tanto los apóstoles como muchos de los líderes de la iglesia vivían en la plenitud del Espíritu o, dicho de otro modo, eran creyentes llenos del Espíritu. Ya se han mencionado referencias al respecto en relación con Pedro, Bernabé, Pablo, Esteban y los diáconos.

En ocasiones toda la congregación vino a la experiencia de la plenitud del Espíritu. Ocurrió con todos los creyentes reunidos en Jerusalén el día de Pentecostés (Hch. 2:4). Un poco después, los mismos, unidos a los muchos que habían creído en Cristo, en la misma ciudad, en el comienzo de un tiempo de persecución, oraban. Y "cuando hubieron orado, el lugar en que estaban congregados tembló; y todos fueron llenos del Espíritu Santo, y hablaban con denuedo la palabra de Dios" (Hch. 4:31).

## La necesidad de la plenitud del Espíritu

### *La responsabilidad del creyente*

El cristiano está llamado a vivir una vida de testimonio intachable. Para poder lograrlo, debe estar en plena comunión con Cristo. El Señor enseñó esto por medio de la parábola de la vid verdadera, afirmando que "separados de mí, nada podéis hacer" (Jn. 15:5).

Es evidente que el propósito de Dios es que los salvos lleven fruto, algo que es solo posible en Cristo; ese fructificar será una progresión en aumento a medida que la identificación con el Señor reproduzca en el salvo su propia vida para alcanzar la predestinación del Padre, es decir, que seamos "conforme a la imagen de su Hijo" (Ro. 8:29). Por esa razón, Dios determina para el creyente que "lleve fruto", "más fruto", "mucho fruto" (Jn. 15:2, 5). Una vida infructuosa no es aceptable para Dios. Es más, genera un peligro evidente en la vida del que no fructifica, según la enseñanza de Jesús: "Todo pámpano que en mí no lleva fruto lo quitará" (Jn. 15:2).

La acción del Padre, viñador en el cuidado y conservación de la vid para que lleve fruto, actúa con aquel que estando en Cristo y siendo pámpano se niega a llevar fruto. Dice el Señor que lo quita. Esa es una de las acepciones en koiné del verbo que se traduce como *quitar*[111]. Es la acción natural contra quien se resiste al propósito de Dios. Esa resistencia tiene que ver directamente con lo que se llama en Hebreos *pecado voluntario*. Indudablemente haber recibido todo cuanto es preciso para llevar fruto y negarse a llevarlo supone un acto de rebeldía voluntaria contra Dios, que entra de lleno en un pecado voluntario. Es un creyente que se aparta, interrumpe la comunión con Cristo, por lo que no lleva fruto. Quiere decir que es una advertencia solemne para quienes están en Cristo, esto es, para auténticos creyentes. La evidencia más próxima es que Jesús incorpora en la aplicación a todos los discípulos, posicionándolos como los pámpanos que deben llevar fruto y advirtiéndoles que solo es posible en la comunión con Él, porque separados de Él no pueden hacer nada (Jn. 15:5). Aquí se trata de una persistencia voluntaria en la rebeldía contra Dios, negándose conscientemente a responder a su determinación de que el creyente lleve fruto. El hecho de caer en un pecado ocasionalmente es asunto grave, pero mucho más lo es la persistencia en el pecado, que es la comisión del mismo en forma consciente y voluntaria.

---

[111] Griego: αίρω.

Este pecado no podía sino acarrear una consecuencia: ser cortado de entre el pueblo, es decir, muertos a causa del pecado voluntario cometido. Esto no afectaba a su salvación, en caso de ser salvos, pero sí su vida. Su pecado no les permitía continuar contándose visiblemente con el pueblo de Dios. De esta misma manera, el creyente confesando sus faltas restaura la comunión con Dios mediante la confesión (1 Jn. 1:9), pero no hay restauración para quien persiste en pecar voluntariamente contra Dios. El Señor dice que el Padre actúa contra estos y los quita. El mismo ejemplo está en otros lugares del Nuevo Testamento. Cuando Ananías y Safira pecan voluntariamente contra Dios, el Espíritu Santo intervino y a ambos les fue quitada la vida (Hch. 5:1 ss.), al igual que con el incestuoso de Corinto (1 Co. 5:1-5). Genéricamente, el apóstol Juan habla de quienes tienen pecado de muerte (1 Jn. 5:16, 17).

Se ha tratado antes de la necesidad de vivir en dependencia del Espíritu: "Digo, pues: Andad en el Espíritu, y no satisfagáis los deseos de la carne. Porque el deseo de la carne es contra el Espíritu, y el del Espíritu es contra la carne; y estos se oponen entre sí, para que no hagáis lo que quisiereis" (Gá. 5:16, 17). Cualquier intento de vivir en las dos esferas, la de la carne y la del Espíritu, conduce a un fracaso irremisible. El Espíritu comunica al creyente el poder para vivir la vida victoriosa y, especialmente, le permite vivir a Cristo (Gá. 2:20; 2 Co. 2:14; 3:18).

La vida cristiana está vinculada a una continua obediencia de la Palabra. Por esa razón se señalan dos clases de creyentes: carnales y espirituales (1 Co. 3:1). La diferencia entre ellos consiste en el control que ejerza en su vida la carne o el Espíritu. El creyente espiritual crece en el conocimiento de la voluntad de Dios por su Palabra; el carnal es un niño que no crece y actúa en rebeldía a la voluntad que Dios expresa en su Palabra (1 Co. 3:2-4).

Estas y otras responsabilidades de la vida cristiana solo pueden llevarse a cabo en el poder del Espíritu.

## *La vida victoriosa*

La plenitud del Espíritu es del todo necesaria para una vida victoriosa. El cristiano experimenta un conflicto incesante con el diablo, el mundo y la carne. Por esa razón, la vida cristiana se compara con una carrera, un andar y una milicia. En la carrera han de dejarse las cargas del mundo que impiden correrla sin limitaciones (He. 12:1, 2). En el andar que hace visible la realidad de la identificación con Cristo, el poder de la carne es vencido (Ro. 8:4; Gá. 5:16, 17). En la milicia, Satanás y sus fuerzas, que combaten contra el creyente, no pueden lograr que este caiga de la posición victoriosa que ocupa en Cristo (Ef. 6:10-12). La vida victoriosa solo es posible en el poder de Dios (Jn. 15:5; Fil. 4:13; Ro. 8:2).

En el terreno de la vida victoriosa, la victoria sobre el mundo está conectada a la dependencia del Espíritu Santo. El mundo es principalmente un orden establecido y controlado por Satanás, a quien se llama *príncipe de este mundo* (Jn. 12:31; 14:30; 16:11). Es un sistema de enemistad con Dios, ya que "la amistad con el mundo es enemistad contra Dios. Cualquiera que quiera ser amigo del mundo, se constituye enemigo de Dios" (Stg. 4:4). Por esta razón, se manda al creyente que se mantenga sin mancha de este mundo (Stg. 1:27). Entre otros muchos problemas espirituales, el mundo provee de una religión falsa, que impide el verdadero conocimiento de Dios: "Pues ya que, en la sabiduría de Dios, el mundo no conoció a Dios mediante la sabiduría, agradó a Dios salvar a los creyentes por la locura de la predicación" (1 Co. 1:21). Los hombres acuden a las cosas mundanas como anestesia a su vacío espiritual, por carnalidad; de ahí la severa amonestación del apóstol Santiago (Stg. 2:15-17). Sin embargo, el cristiano puede ser victorioso sobre el mundo, ya que la victoria está provista para él: "Porque todo lo que es nacido de Dios vence al mundo; y esta es la victoria que ha vencido al mundo, nuestra fe. ¿Quién es el que vence al mundo, sino el que cree que Jesús es el Hijo de Dios?" (1 Jn. 5:4, 5).

De igual manera, la victoria sobre la carne es posible para el cristiano que vive en dependencia del Espíritu Santo. La carne es un aspecto inmaterial del hombre que incluye una naturaleza inclinada al pecado y que es transmitida generacionalmente. Por estar vinculada al pecado e instrumentalizada por él, a esta naturaleza caída se la llama adámica. Son comunes tres errores sobre esta naturaleza: a) Que el hombre no es malo por naturaleza. Contra esto escribe el apóstol Pablo poniendo de manifiesto la condición pecaminosa de todos los hombres y su maldad natural a causa del pecado (Ro. 3:9-23). b) Que el hombre nace sin pecado, pero lo adquiere luego. Esto contradice abiertamente la enseñanza de la Escritura (Sal. 51:5). c) Que la naturaleza adámica puede ser controlada por el poder del hombre. El apóstol Pablo pone en evidencia el error de esa enseñanza (Ro. 7:18, 19).

La provisión de poder sobre la carne es comunicada por el Espíritu Santo, por cuya operación la carne es reducida a impotencia por su propio poder (Gá. 5:16, 17). Dicho de otro modo, el creyente es liberado del control de la carne, la vieja naturaleza, por el poder del

Espíritu Santo (Ro. 8:2; 6:1-4; Gá. 5:24; Col. 2:11, 12; Ef. 4:20-24; Col. 3:8-10).

Satanás es un ser real que sostiene lucha incesante contra los santos (Ef. 6:10-17). Los demonios buscan continuamente el mal del creyente; a esto apunta la advertencia del apóstol Pedro: "Sed sobrios, y velad; porque vuestro adversario el diablo, como león rugiente, anda alrededor buscando a quien devorar" (1 P. 5:8). Los recursos de poder no son en absoluto del creyente, sino provisión divina para vencer en el conflicto con las huestes de maldad. El apóstol Juan dice: "Hijitos, vosotros sois de Dios, y los habéis vencido; porque mayor es el que está en vosotros, que el que está en el mundo" (1 Jn. 4:4). Al creyente no se le manda luchar, combatir, contra Satanás y los demonios, sino resistir, como enseña el apóstol Pedro (1 P. 5:9), ya que Satanás está derrotado por la obra de Cristo en la cruz, donde venció a las fuerzas diabólicas (Col. 2:15). Cada creyente por identificación con Cristo está colocado en el terreno de victoria que Él alcanzó con su obra redentora.

El modo de resistir es mediante la firmeza en la fe. Satanás rodea al creyente con tentaciones difíciles de soportar. Es un engañador y mentiroso que viene con propuestas falsas, disfrazado como un ángel de luz (2 Co. 11:14). Él sabe del poder de la Palabra, por lo que procurará siempre alterar la base de fe con su propia doctrina (1 Ti. 4:1). Procurará que el creyente deje de tener plena confianza en el poder de Dios para depender de sus propias fuerzas. Para resistirle hay que tomar la espada del Espíritu, que es la Palabra de Dios, y colocarse toda la armadura de Dios (Ef. 6:11 ss.). La firmeza en la fe, en este caso en relación con la Escritura que la sustenta, es vital. Para ello se precisa conocer la Biblia. Esa es la advertencia de Judas: "Amados, por la gran solicitud que tenía de escribiros acerca de nuestra común salvación, me ha sido necesario escribiros exhortándoos que contendáis ardientemente por la fe que ha sido una vez dada a los santos" (Jud. 3). En esa fe verdadera y única, procedente de Dios, el creyente se mantiene firme. De ese modo será muy difícil que Satanás lo arrastre a otro tipo de creencia o a otra fe deformada. Para eso puso Dios en la iglesia a evangelistas, pastores y maestros, con el fin de fortalecer y edificar a los creyentes, a fin de evitar que vientos de nuevas doctrinas la afecten, arrastrando a los que no están firmemente anclados en la fe porque son infantiles en cuanto al conocimiento de ella (Ef. 4:14). Es en los grupos de cristianos que no estudian la Escritura donde Satanás logra victorias.

### La plenitud del Espíritu para obrar el bien

En todas las áreas de vida cristiana, la presencia y operación del Espíritu Santo es imprescindible. Si su poder permite una vida victoriosa contra los enemigos propios del cristiano, lo mismo es necesario para obrar el bien. Dios estableció para la vida cristiana un obrar conforme a la vida nueva que recibe quien cree en Cristo: "Porque somos hechura suya, creados en Cristo Jesús para buenas obras, las cuales Dios preparó de antemano para que anduviésemos en ellas" (Ef. 2:10). El buen obrar hace visible la grandeza de esa gracia que transforma al hombre y cuya transformación solo puede compararse a un nuevo nacimiento.

El Señor instruyó a los suyos para que no emprendieran ningún servicio sin la venida del Espíritu Santo: "He aquí yo enviaré la promesa de mi Padre sobre vosotros; pero quedaos vosotros en la ciudad de Jerusalén, hasta que seáis investidos de poder desde lo alto" (Lc. 24:49). Sin embargo, la proclamación del evangelio no supone solo el anuncio del mensaje de salvación, sino también la capacitación para el testimonio ante el mundo que hace visible a Jesús, a quien se anuncia como Salvador. Esta es la razón por la que el Señor establece la necesidad de ser investidos de poder de lo alto, que lo hace posible, ya que es el Espíritu quien reproduce a Jesús en la vida de cada creyente; de ahí el mandato del Señor: "Y estando juntos, les mandó que no se fueran de Jerusalén, sino que esperasen la promesa del Padre, la cual, les dijo, oísteis de mí" (Hch. 1:4), y añadió: "Pero recibiréis poder, cuando haya venido sobre vosotros el Espíritu Santo, y me seréis testigos en Jerusalén, en toda Judea, en Samaria, y hasta lo último de la tierra" (Hch. 1:8). Especialmente en este segundo texto, el poder se hace necesario no solo para la eficacia del evangelio en salvación, actuando el Espíritu para convicción de pecado, de justicia y de juicio, generando también la fe salvadora, capacitando al rebelde por condición para que obedezca al llamado divino (1 P. 1:2), sino para hacer visible ante el mundo la luz de Dios en el testimonio personal de cada creyente, algo solo posible por la acción del Espíritu Santo.

La exhortación del apóstol Pedro es fundamental en la comprensión del sentido de la vida de testimonio. El cristiano tiene que mantener su buena "manera de vivir entre los gentiles; para que en lo que murmuran de vosotros como de malhechores, glorifiquen a Dios en el día de la visitación, al considerar vuestras buenas obras" (1 P. 2:12).

La vida cristiana es positivamente exteriorizar lo que es bueno. Hay testimonio escrito del poder evangelizador de la vida en el buen obrar, como el ejemplo de la mujer cristiana que puede llevar a su esposo no creyente a Cristo sin palabras, solo por su ejemplo personal (1 P. 3:1).

En todo caso, la acción de la fe obedece al don divino del Espíritu Santo. Por esa razón, el cristiano no puede renunciar a vivir en la plenitud del Espíritu, modo de hacer posible un vivir santo y, por tanto, una vida de testimonio ante el mundo que glorifica a Dios.

## Condiciones para la plenitud del Espíritu

Considerada la necesidad de la plenitud del Espíritu para provisión de la vida cristiana, en una manifestación visible de la vida de Cristo en cada creyente, es conveniente recordar las condiciones que la hacen posible.

### *No contristar al Espíritu*

Contristar al Espíritu es el siguiente paso después de "dar lugar al diablo" (Ef. 4:27). Se ha dicho ya que el cristiano tiene solo dos modos de vida: la carne o el Espíritu (Gá. 5:16). La primera forma corresponde a una situación de pecado bajo el control de Satanás; la segunda es la que corresponde a una vida bajo el control del Espíritu.

Fundamentalmente se contrista al Espíritu cuando en la vida del creyente hay pecado oculto o prácticas pecaminosas sin confesar. Debe entenderse bien que la palabra *confesar* procede del latín y significa *decir lo mismo*. Por tanto, en la confesión no se está recordando el pecado cometido y experimentando un intenso pesar por él, aunque puede comprender estas cuestiones, sino que es un decir lo mismo que Dios dice sobre el pecado, lo que conlleva inexorablemente el arrepentimiento y el cambio de actitud. El Espíritu Santo tiene como misión —entre otras— reproducir la imagen de Jesús en cada cristiano (Ro. 8:29); cualquier rebeldía del creyente impide la acción del Espíritu, que se contrista cuando un cristiano es inconsecuente con la vida santa y honesta que corresponde a su nueva naturaleza. El Espíritu Santo es contristado por la práctica pecaminosa, así como por la pasividad de vida que no lleva a cabo las propuestas positivas para la vida cristiana. El Espíritu es contristado por los pecados de la mentira en cualquiera de sus expresiones (Ef. 4:25), el pecado de ira contra otros (Ef. 4:26), el pecado del hurto (Ef. 4:28) y el hablar corrompido en el creyente (Ef. 4:29). Pero, además de estas causas, están también todas aquellas que, en alguna medida y forma, se oponen al propósito de Dios en el misterio revelado para la iglesia. Quien trabaja para fragmentar la unidad de la iglesia, el que no ama a sus hermanos, el que se llena de enojo porque otros no piensan como él, el que busca la corrección, pero sin gracia, el que es incapaz de mantener la comunión con los miembros de la familia de Dios está oponiéndose en lucha abierta a la obra del Espíritu Santo.

Cuando el Espíritu se contrista deja de producir el fruto en el creyente, lo que conlleva la pérdida de las virtudes que conforman el fruto, especialmente sensibles en el amor, el gozo y la paz. De otro modo, la tristeza que el pecado produce al Espíritu Santo elimina en la experiencia del creyente el gozo del Espíritu. La solución a este gravísimo problema espiritual está en la confesión del pecado (1 Jn. 1:9). El pecado reconocido y confesado exige la disposición para dejarlo definitivamente; en caso contrario, la confesión se convierte en una grave hipocresía. El arrepentimiento lleva aparejado un cambio de vida que retorna a una esfera de santidad práctica (Ap. 2:5). El pecado sin confesar y, sobre todo, si además se procura mantener oculto, es la consecuencia fundamental de la falta de bendiciones en la vida del creyente, ya que "el que encubre sus pecados no prosperará; más el que los confiesa y se aparta alcanzará misericordia" (Pr. 28:13).

Cuando el creyente por pecado se resiste a la voluntad de Dios, el Espíritu Santo se contrista. Sin embargo, la gracia sobreabundante de Dios continúa, aun en medio de las crisis espirituales, garantizando su eterna salvación ya que el Espíritu los sella "para el día de la redención", es decir, del encuentro con Cristo, donde todos habremos sido conformados a la imagen del Señor.

### *No apagar el Espíritu*

Se entiende por apagar el Espíritu la acción del creyente que ahoga o reprime al Espíritu y no le permite cumplir su obra en él. La Escritura establece el hecho de no apagar al Espíritu como un mandamiento (1 Ts. 5:19). El mandato es breve y preciso, y debe entenderse, en primer lugar, en el contexto que sigue, donde se manda no despreciar las profecías.

En la iglesia primitiva se manifestaban los dones del Espíritu en abundancia, de modo que en las iglesias había creyentes a quienes el Espíritu había dado el don de lenguas, otros de sanidades, otros de milagros y otros de profecía. Los creyentes se habían entusiasmado por los dones más espectaculares, de modo que todos, como ocurría en Corinto, querían hablar en lenguas, muchos estaban interesados en las sanidades y milagros, pero no así por el don de profecía. Pablo tiene que corregir esta desviación diciendo que si alguno habla en lenguas sin interpretarlas no edifica a la iglesia, sino todo lo contrario. En una pretendida pose de espiritualidad, los creyentes hablaban en lenguas todos juntos, generando un problema de orden de tal dimensión que si un extraño entraba en la reunión podía decir que estaban locos (1 Co. 14:23). El apóstol Pablo quiere que no se interfiera en la libertad del Espíritu que dirige el culto y conduce el ministerio; cuando esto ocurre, se está apagando el Espíritu.

La tercera persona divina es fuego y llama; apagar implica sofocar el fuego divino. El mandato de Pablo apunta a no impedir la libre manifestación de los dones en la iglesia. De otro modo, es equivalente a resistir, es decir, a impedir cualquier manifestación del Espíritu relativa al desarrollo de cualquier don. Del mismo modo que impedir el uso de un don operativo es apagar el Espíritu, así también sucede cuando se pretende el uso de un don que no está operativo o que no tiene un miembro de la iglesia que pretende tenerlo. Insistir en que todo aquel que ha creído debe hablar en lenguas como manifestación visible del hecho de que tiene el Espíritu es contradecir la Palabra, puesto que las lenguas, como cualquier otro don, no es algo dado a todos los cristianos. De la misma manera sucede con el hecho de tratar de resucitar dones que por su condición no pueden estar operativos hoy, como es el caso de los apóstoles, para quienes la Escritura marca condiciones, como el hecho de haber estado con Cristo, haber sido enviado por Él y haberlo visto resucitado. Todas estas acciones humanas generan emociones, pero están lejos de las bendiciones porque están apagando el Espíritu. Pablo enseña a no hacer tal ofensa a la persona divina de Dios Espíritu Santo.

El pecado original en Satanás produjo la rebelión contra Dios (Is. 14:14); el contraste con Jesús es definitivo. Mientras Satanás quería ser semejante a Dios, Jesús sometía su voluntad humana a la divina para hacer la voluntad del Padre y terminar la obra de redención para la que había sido enviado (Lc. 22:42). La negativa al ejercicio de los dones dados por el Espíritu para la edificación de la iglesia es un acto de rebeldía y un modo de apagar el Espíritu, ya que Él da los dones como quiere y a quien quiere (1 Co. 12:11). Por esa razón, escribe el apóstol Pedro: "Cada uno según el don que ha recibido, minístrelo a los otros, como buenos administradores de la multiforme gracia de Dios" (1 P. 4:10).

Negarse al ejercicio de un don recibido es también resistir o apagar al Espíritu, al igual que resistir el compromiso de una vida santa, impidiendo al Espíritu reproducir a Cristo en la vida cristiana.

## *Andar en el Espíritu*

La tercera condición para la plenitud del Espíritu, es positiva: "Andad en el Espíritu" (Gá. 5:16). A todo aquel que cree en Jesucristo se le otorga el don del Espíritu, que se hace presente en él y residente en el santuario de Dios que es cada cristiano. Con todo énfasis enseña que "si alguno no tiene el Espíritu de Cristo, no es de Él" (Ro. 8:9). La realidad de la presencia del Espíritu se pondrá de manifiesto por la conducta de quien lo tiene en su vida. El Padre ha establecido para el creyente un destino definitivo, que sea hecho conforme a la imagen de su Hijo (Ro. 8:29). De modo que el Espíritu tiene la misión de conformar al creyente con Cristo y manifestar en él la vida de Jesús. Ya se ha considerado anteriormente el resultado de la identificación con Cristo, no solo para justificación, sino también para santificación. La regeneración, operación del Espíritu en el salvo, dota a este de una nueva forma de ser como expresión de su principio de vida, vinculado con Dios y participando de la naturaleza divina (2 P. 1:4). El creyente bautizado por el Espíritu en Cristo entra en una nueva vida en Él. Esta identificación produce la liberación del poder opresor de las cadenas de esclavitud que el hombre natural tiene sobre sí a causa del pecado. Es liberado del poder del yo (Gá. 2:20), del poder de la carne (Gá. 5:24) y del poder del mundo (Gá. 6:14). Cristo comunica vida a la nueva humanidad en Él, como espíritu vivificante (1 Co. 15:45). Esta situación en Cristo por el poder del Espíritu capacita al cristiano para santificación. Separados para Dios permanentemente, se ocupan de una vida santa en el poder del Espíritu después de su conversión.

Una sumisión así al Espíritu Santo produce un estilo de vida en el amor, amando como Cristo ama (Jn. 13:34; 15:12). Mantiene también gozoso al creyente, algo solo posible por la acción del Espíritu que produce el gozo en él (1 Ts. 5:16, 17). Además, se establece en el cristiano que vive en el Espíritu el "mismo sentir que hubo en Cristo" (Fil. 2:5). La victoria sobre la naturaleza caída que desea conducir al cristiano a la vida de sujeción a la carne solo es posible en el poder del Espíritu (Ro. 5:21; 6:6; 1 Co. 5:5; 2 Co. 7:1; 10:2, 3; Gá. 5:16-24; 6:8; Ef. 2:3-6).

Los resultados de la plenitud del Espíritu son diversos, entre ellos, el de tener vida abundante porque "el Espíritu es el que da vida"

(Jn. 6:63). Otra de las bendiciones es la santificación real, ya que la "ley del Espíritu de vida en Cristo Jesús me ha librado de la ley del pecado y de la muerte" (Ro. 8:2). La libertad real es resultado de la vida en el Espíritu, "porque el Señor es el Espíritu, y donde está el Espíritu del Señor, allí hay libertad" (2 Co. 3:17). El poder espiritual se produce por la acción del Espíritu (Hch. 1:8). La acción de gracias y la alabanza están vitalmente unidas a Él (Ef. 5:18-21). Además, la plenitud produce una vida de satisfacción íntima y personal gozosa (Jn. 4:14; 6:35; 10:10).

**Aplicación personal**

La necesidad del cristiano es el poder del Espíritu para vencer el mal (Zac. 4:6). La plenitud solo se consigue con una vida rendida a Dios, en una entrega plena a modo de sacrificio espiritual (Ro. 12:1).

El creyente debe proceder a un examen personal delante del Señor sobre su condición espiritual. El modo de hacer esta introspección está diseñado en la Escritura (Sal. 26:2; 139:23; 2 Co. 13:5). La confesión del pecado es una exigencia para restaurar la comunión con Dios (1 Jn. 1:9). Por consiguiente, la vida debe ser entregada enteramente a la conducción del Espíritu (Gá. 5:16). Hay una advertencia solemne si no vivimos vidas conforme a la voluntad de Dios (1 Co. 11:31).

# CAPÍTULO XI
# EL FRUTO DEL ESPÍRITU

El control que el pecado ejerce sobre el hombre no regenerado se manifiesta en lo que la Palabra llama *obras de la carne*, expresión de la naturaleza depravada a causa de la presencia y acción del pecado.

Esta naturaleza caída no deja opción alguna a la posibilidad de hacer lo que Dios demanda de su criatura. El corazón del hombre contaminado está lleno de maldad y "todo designio de los pensamientos del corazón de ellos era de continuo solamente el mal" (Gn. 6:5). Tal manifestación no corresponde solo a los hombres antediluvianos, sino que es connatural a toda criatura de la raza humana caída.

Sin embargo, el cristiano ha sido regenerado por el Espíritu, dotado de un corazón nuevo que produce un estilo de vida nuevo, hasta el punto en que solo puede entenderse como un nuevo nacimiento o una nueva creación de Dios. La vida del creyente debiera estar orientada hacia Dios como consecuencia de la regeneración. Este debe ahora "buscar las cosas de arriba" (Col. 3:1), no por imposición, sino por posición en Cristo, ya que resucitado con Él, está sentado en los lugares celestiales (Ef. 2:6). Dios opera en el creyente y para él un cambio de posición trasladándolo de una esfera de esclavitud a un reino de libertad (Col. 1:13).

La libertad con la que Cristo hace libre al que cree permite que la desobediencia natural del pecado (Ef. 2:2) se convierta en la experiencia obediente a la voluntad y deseos divinos, como corresponde a su nueva condición de "hijos obedientes" (1 P. 1:14). La obediencia permite al cristiano hacer el bien, en el sentido divino de ese concepto. El carácter de Jesús que "anduvo haciendo bienes" es ahora el carácter del cristiano (Hch. 10:38; Fil. 2:5). Este aspecto corresponde al testimonio del salvo ante el mundo, consistente en reproducir a Cristo en el poder del Espíritu.

Pero también el fruto, es decir, el resultado del propósito de Dios en el hombre, que expresa visiblemente la condición de la criatura hecha a imagen del Creador, no había sido realidad por el pecado vinculado con la naturaleza adámica heredada. Ningún hombre puede llevar fruto para Dios desde su sola condición de humano, que incluye también la práctica religiosa, incluso la legalista, es decir, la del cumplimiento literal de preceptos y ordenanzas establecidas por Dios en su Palabra. De ahí que Cristo diga que Él es "la vid verdadera", la única que puede llevar fruto agradable a Dios (Jn. 15:1). Jesús es la vid genuina, sentido aquí de verdadera, esto es, que da fruto conforme a su especie. Tal vid ha sido plantada por Dios mismo en la tierra, cuando el "Verbo fue hecho carne y habitó entre nosotros" (Jn. 1:14). Los creyentes son ahora como pámpanos vinculados y sustentados por la vid verdadera, que es Cristo. El Señor comunica a cada santo en Él la savia, proveyendo de todo cuanto necesita para llevar fruto. Estos pámpanos, capacitados para llevar fruto, serán disciplinados si resisten la acción de Dios en tal sentido, ya que el deber del creyente ahora es llevar fruto para Dios.

Cada cristiano debiera estar lleno, en toda la dimensión de la palabra, de "frutos de justicia" (Fil. 1:11), manifestando visiblemente el carácter moral de Jesús, cuya expresión es lo que el apóstol Pablo llama "el fruto del Espíritu" (Gá. 5:22). La presencia de Dios Espíritu Santo en cada cristiano es algo permanente y constante, lo que permite la conducción y orientación continuas de su vida por Dios mismo, quien produce "así el querer como el hacer, por su buena voluntad" (Fil. 2:13).

El querer de Dios para el creyente es que, siendo hechura suya y creación en Cristo Jesús para buenas obras, pueda ejecutar el proyecto divino por el poder de Dios, quien preparó anticipadamente este modo de vida para cada uno de los suyos (Ef. 2:10). Quienes son conducidos por Dios son verdaderamente libres (Gá. 5:1, 18). En sus vidas abunda el fruto del Espíritu que manifiesta en cada uno el mismo carácter de Cristo, identificándolos no solo espiritual, sino también visiblemente con Él. De otro modo, la acción del Espíritu hace trascendente en cada cristiano al hombre perfecto delante de Dios que fue Jesús, de quien Dios mismo testifica que en Él se complacía (Mt. 3:17).

De este modo debe abordarse y entenderse lo que tiene que ver con el fruto del Espíritu, objeto de lo que sigue en este apartado de la pneumatología.

## La necesidad del fruto del Espíritu

No se trata de si es conveniente o si es posible, sino de si es necesario. Anteriormente ya se ha indicado algo sobre esto, sabiendo que tiene que ser considerado como necesidad, puesto que Dios ha establecido, conforme a las palabras de Jesús, que cada creyente lleve "fruto, más fruto y mucho fruto" (Jn. 15:2, 5). Hay razones evidentes para considerar el fruto del Espíritu desde esta perspectiva.

## La demanda de Cristo

En el tiempo previo a su ascensión a los cielos, el Señor ordenó a los suyos "que no se fueran de Jerusalén, sino que esperasen la promesa del Padre, la cual, les dijo, oísteis de mí" (Hch. 1:4). Es posible que este mandamiento les fuese dado en Jerusalén, como relata también Lucas en el Evangelio (Lc. 24:36-49).

La razón es que el testimonio del cristiano tiene que ver con la manifestación visible de la realidad de Cristo; quien murió y fue sepultado también vive y es poderoso para salvar, transformar y operar por medio de ellos. Para esa manifestación no existe fuerza humana capaz de cambiar las vidas, por lo que ha de ser Dios mismo quien, actuando en el creyente, la produzca. Para cada empresa importante en la historia de la iglesia y, de forma testimonial inspirada, para la del tiempo apostólico, se requirió la plenitud del Espíritu (cf. Hch. 4:29-31; 6:3; etc.).

## El proyecto divino para el creyente

Ya ha sido considerado anteriormente, por lo que solo cabe una referencia: el Padre ha predestinado a sus hijos para que sean hechos "conforme a la imagen de su Hijo" (Ro. 8:29). Los salvos tienen un destino establecido por Dios que inexorablemente se cumplirá, de manera que todos tendremos la imagen de su Hijo.

El destino de los salvos es, por tanto, "ser hechos conformes a la imagen de su Hijo". Este proceso hace posible la santificación. Por consiguiente, Dios está produciendo una transformación en cada cristiano: "Por tanto, nosotros todos, mirando a cara descubierta como en un espejo la gloria del Señor, somos transformados de gloria en gloria en la misma imagen, como por el Espíritu del Señor" (2 Co. 3:18). Del mismo modo que, en sus encuentros con Dios, el rostro de Moisés resplandecía manifestando la gloria divina, así el creyente está siendo conformado a la imagen de Cristo, gloria de Dios. Pero mientras que la de Moisés duraba poco tiempo, la del cristiano se mantiene e incrementa día a día, irradiando la imagen del Señor (1 Co. 11:7).

En el proceso de conformación con Cristo, el fruto del Espíritu en el cristiano expresa visiblemente el carácter moral de Jesús, quien como vid verdadera permite a todos los que están en Él que lleven fruto para Dios y sean hechos a imagen del Hijo. De este modo, la imagen de Dios deteriorada por el pecado es restaurada en Cristo, imagen perfecta y absoluta de Dios (2 Co. 4:4; Col. 1:15), y en cierta medida, es conformada por el Espíritu en cada creyente para que todos seamos hechos a su imagen. Dicho de otro modo, la condición moral de Jesús es reproducida en cada salvo por el Espíritu Santo, generando en cada uno el fruto que Dios demanda (Gá. 5:22).

Esta transformación es progresiva en cada creyente (cf. Ro. 12:2; Ef. 4:32–5:2; Fil. 3:10; Col. 3:10); el propósito establecido para cada cristiano se cumplirá definitivamente en la glorificación de los santos (Fil. 3:21).

## *El ejercicio de la voluntad de Dios en el creyente*

La vida que discurre en el campo de la voluntad de Dios nunca podrá ser vivida dependiendo de la capacidad humana. El esfuerzo personal por vivir conforme a lo que Dios determina, sin la asistencia del Espíritu, resulta en fracaso (Ro. 7:15-25).

La voluntad de Dios en el creyente se expresa en una manifestación de la justicia de Dios, de modo que "la justicia de la ley se cumpliese en nosotros, que no andamos conforme a la carne, sino conforme al Espíritu" (Ro. 8:4). El apóstol Pablo no habla aquí de justificación, sino de justicia. En cuanto a lo primero, se ha cumplido plena, absoluta y definitivamente en la obra de la cruz; nada puede añadirse ya a lo hecho. No así en cuanto a lo segundo, a la vida consecuente de la justificación. El pecado no ha sido retirado del creyente, pero el poder del pecado es superable en la vida cristiana por el del Espíritu que mora en el creyente (Ro. 8:9) e impulsa la vida en la dirección que Dios desea. La idea del apóstol es sencilla: las exigencias de la ley —siempre entendidas en el plano moral y no en el ceremonial— en cuanto a ética cristiana, adquieren plena vigencia a causa de la justificación del impío (Ro. 3:26). Por esa razón, cualquier aspecto externo pierde importancia ante la causa principal, la razón de ser de la vida cristiana consistente en "guardar los mandamientos de Dios" (1 Co. 7:19). La obra de Cristo que liberó a los creyentes de la condenación de la ley permite que esta se convierta no en instrumento de muerte o, tal vez mejor, para muerte, sino en lo que fue el propósito inicial de Dios: que andando en ella se viva, ya que sus mandamientos son para vida (Ro. 7:10).

Este nuevo principio dinámico de vida no surge del creyente, ni puede venir de él, incluso si lo desea realmente. Los esfuerzos personales para alcanzar el cumplimiento de lo que Dios establece en su ley como principio regulador de la vida que le agrada son estériles a causa de la vieja naturaleza que, con todo el componente de pecado, se asienta en la carne del creyente. Los principios de la ley son espirituales, por tanto, incompatibles o imposibles para quien es carnal, vendido al pecado (Ro. 7:14). Solo por el poder del Espíritu asentado en todo aquel que cree, el cristiano puede llevar a cabo las demandas morales de la ley, viviendo conforme a la voluntad de Dios. Es necesario recordar que, a pesar de todo, la perfección de santidad plena no será alcanzada hasta el tercer estado de la salvación, la glorificación, en cuyo momento Dios separará al pecador salvo de la presencia del pecado para que pueda vivir definitiva y perpetuamente en absoluta santidad. Este Espíritu es el que hace que la nueva naturaleza se manifieste en una vida contraria a las obras de la carne, manifestando el fruto del mismo Espíritu en cada cristiano (Gá. 5:22, 23). Dios mismo había advertido a su pueblo en la antigua dispensación sobre la imposibilidad que ellos tenían de guardar los mandamientos de Dios y de la provisión de poder que Él mismo pondría en ellos, en la experiencia del nuevo pacto, haciendo por el poder y presencia del Espíritu en cada uno el cambio necesario para ello: "Y pondré dentro de vosotros mi Espíritu, y haré que andéis en mis estatutos, y guardéis mis preceptos, y los pongáis por obra" (Ez. 36:27). Si a quienes viven al impulso de la carne se les llama *carnales*, los que viven al impulso del Espíritu han de ser llamados *espirituales*, porque "andan conforme al Espíritu".

El equilibrio es sorprendente porque, aunque en el Espíritu están todos los recursos para vivir conforme a los principios de la ley moral y, por tanto, de la voluntad de Dios, siendo dueño del creyente, su autoridad no es impositiva, sino voluntariamente aceptada y vivida por quien es su siervo. La acción omnipotente del Espíritu no se convierte en soberanía coactiva, sino en potencial de la libertad con que el creyente se manifiesta (2 Co. 3:17).

### *El carácter moral de Jesús en el creyente*

Las perfecciones del fruto del Espíritu, tomadas en su conjunto, son la manifestación del carácter moral de Jesús. Tal acción divina permite la realidad de vivir a Cristo (Gá. 2:20). Debe notarse el singular, *fruto del Espíritu*; esto es, cuando el Espíritu produce el fruto, manifiesta en la misma proporción cada una de las nueve perfecciones que lo integran, que forman un todo indivisible.

Este fruto del Espíritu permite la conformación del cristiano a la imagen del Hijo, predestinada por el Padre para ser hecha en cada creyente. Sin duda, en la glorificación todos tendremos esa semejanza, pero el testimonio cotidiano de la identificación con Cristo, elemento indispensable en el testimonio ante el mundo y respaldo eficaz en la proclamación del evangelio, se hace posible en el día a día de la vida cristiana.

El creyente hace visible en el fruto del Espíritu la realidad de Dios y su vinculación con él. Así lo hace notar el apóstol Juan: "Nadie ha visto jamás a Dios. Si nos amamos unos a otros, Dios permanece en nosotros, y su amor se ha perfeccionado en nosotros" (1 Jn. 4:12). Dios Padre es invisible; siendo Espíritu (Jn. 4:24), es en sí mismo invisible al ojo humano (Dt. 4:12; 1 Ti. 1:17; 6:16). Los distintivos de majestad y gloria —como fuego, sonido fuerte, trueno y tempestad— son indicativos de la presencia de Dios, pero ver sus manifestaciones gloriosas no significa haberlo visto a Él, que es invisible por su propia esencia. Aunque Dios es invisible, su presencia se manifiesta en el creyente mediante una condición manifestante: "Si nos amamos unos a otros". Este condicional aporta la idea de la evidencia de la verdadera comunión con el Dios invisible. El amor hacia los hermanos es algo común con el Padre, que amó infinita y eternamente a los creyentes, y ama de esa manera a todos los suyos. El amor desbordante de Dios se expresa en la realidad de amor de los creyentes unos a otros.

El amor hacia los hermanos es la realidad de la comunión personal con Dios, que es amor. El amor fraternal es evidencia de la presencia de Dios en el creyente (1 Jn. 3:17). La inmanencia del Padre en cada uno de sus hijos permite un verdadero conocimiento de Dios. El amor hacia los hermanos pone de manifiesto la realidad de la comunión con Dios; por tanto, quien no ama, no está en comunión con Él. Si alguno afirma que está en comunión con Dios y no ama a los hermanos es simplemente un mentiroso.

Sin embargo, sorprende la afirmación del apóstol Juan: "Su amor se ha perfeccionado en nosotros" (1 Jn. 4:17). En quien ama, el amor de Dios se ha perfeccionado. Cabe preguntarse si es posible perfeccionar lo que es infinitamente perfecto, como el amor de Dios. El apóstol hace un sorprendente proceso en relación con ese amor: a) Se origina en Dios mismo (1 Jn. 4 :7, 8); b) Se manifiesta en el Hijo (1 Jn. 4:9, 10); c) Se perfecciona en el creyente. Perfeccionar no significa mejorar o potenciar el amor de Dios, algo absolutamente imposible, sino que se refiere a que sea plenamente eficaz en el creyente. De igual modo que la gracia perfecta se hace eficaz para el que cree, así el amor perfecto se perfecciona cuando se reproduce y actúa en el cristiano (1 Jn. 2:5). El amor de Dios se perfecciona cuando conduce al creyente al amor de Dios y al prójimo, inseparablemente unidos.

El amor se perfecciona no solo cuando está presente, sino cuando actúa. No es algo estático, en cuanto a que está en el creyente, sino dinámico, en cuanto a que actúa en él. "El amor de Dios es realidad y realización".[112]

Todavía añade algo más, en vinculación con la manifestación de Dios en la vida del creyente: "En esto se ha perfeccionado el amor en nosotros, para que tengamos confianza en el día del juicio; pues como él es, así somos nosotros en este mundo" (1 Jn. 4:17). La correcta relación con Dios se complementa con un elemento de seguridad definitivo ante Él. Aquí se presenta la perfección del amor de Dios en el creyente, que se manifiesta en los resultados que origina en este hacia Dios. La inmanencia divina en el cristiano satura de amor el corazón del creyente, pero ese amor no solo se orienta hacia los hermanos y en general hacia el prójimo, sino que se dirige hacia Dios, manifestando profundo amor hacia quien nos ha amado infinitamente. Quien ama a Dios, obedece sus mandamientos, y el gran mandamiento es que nos amemos unos a otros.

El amor a Dios conduce a la perfección porque cumple todas las demandas divinas (Jn. 13:34). La razón es sencilla, ya que el que ama no ofende en nada (Ro. 13:9, 10). No es que el creyente llegue a ser impecable, pero en el camino del amor no peca. Esto produce una notable confianza en el corazón del creyente: "Pues como Él es, así somos nosotros en este mundo". Dios ha determinado hacer que el creyente se conforme al Hijo de Dios (Ro. 8:29). Esta operación transformadora corresponde ahora al Espíritu, que fue dado a cada cristiano y opera en él (2 Co. 3:18). Jesús es ejemplo y modelo para la vida del creyente (He. 12:2). Antes ya marcó un desafío solemne para cada uno, ya que "el que dice que permanece en él, debe andar como él anduvo" (1 Jn. 2:6). Quien vive a Cristo, camina en el mundo como Él lo hizo. La vida del Señor se manifestó en amor, así también debe mostrarse la del creyente.

**El fruto del Espíritu**

Las nueve perfecciones que produce el Espíritu generan en el cristiano la imagen de Jesús. El tratamiento de cada una de estas perfecciones —todas ellas referenciadas en Gálatas 5:22, 23— es muy amplio y ha sido abordado en detalle ya en mi *Comentario exegético al texto*

---

[112] Rodríguez Molero, 1967, p. 497.

*griego del Nuevo Testamento* referente a la epístola a los Gálatas.[113] Remitimos allí a los lectores. Dejaremos a continuación unas pequeñas referencias a cada aspecto del fruto del Espíritu, recuperadas de aquel comentario.

    La primera manifestación es el *amor*[114]. En el Nuevo Testamento se le da el significado más alto y especial a esa palabra griega, usada para expresar el amor de Dios y la vida que está basada en ese amor y deriva de él. Mediante la presencia de Cristo en la vida del cristiano y, todavía más, mediante la vida de Cristo que se hace, por el Espíritu, vida del cristiano, el amor de Cristo se manifiesta en la dinámica de la existencia, de manera que ama no por obligación ni mandamiento, sino por comunión vinculante con Jesús que es amor.

    La segunda manifestación del fruto del Espíritu es *gozo*[115]. Dios es el Dios del gozo (Sal. 104:31). En el Nuevo Testamento se utiliza el término para referirse a la alegría íntima del corazón. El gozo de Cristo, aplicado a la vida cristiana por el Espíritu Santo, es algo que el mundo es incapaz de dar. Esa filosofía de un creyente serio, distante, alejado de las sanas distracciones, ausente de un correcto esparcimiento, no es un buen testimonio, sino todo lo contrario. Un creyente con rostro triste es un triste creyente.

    Una tercera manifestación del fruto del Espíritu es *paz*[116]. Al derivarse del hebreo *shalom,* la paz es una consecuencia natural del ser salvo, que irrumpe como una nueva realidad en la experiencia de vida del creyente y, aunque espera el glorioso cumplimiento escatológico de la paz perfecta, ya la disfruta en el tiempo presente, sintiéndola como la consecuencia de la acción redentora de Dios que libra absolutamente de la ira y la condenación (Ro. 8:1). La paz es una consecuencia y una experiencia de la unión vital con Cristo. La identificación con Él convierte al creyente en algo más que un pacífico: lo hace un pacificador.

    A la paz, le sigue la *paciencia,* o tal vez mejor, la *longanimidad*[117], una virtud de Dios y del hombre que está unido a Jesucristo. La longanimidad es equivalente a la tolerancia. La paciencia divina es ilimitada; de ahí que tolere al pecador en su paciencia, cuando lo que merecería en justicia sería el castigo por su pecado. Esta paciencia divina es operada en el creyente por el Espíritu Santo (Col. 1:11).

---

[113] Pérez Millos, 2013, pp. 537-546.
[114] Griego: ἀγάπη.
[115] Griego: χαρά.
[116] Griego: εἰρήνη.
[117] Griego: μακροθυμία.

El Espíritu produce también *benignidad*[118]. No se trata de debilidad, sino de entrega sin resistencia a favor de otros. La benignidad es la capacidad de favorecer a todos, incluyendo a los ingratos y malos. Esta perfección debe manifestarse en la vida cristiana: "Antes sed benignos unos con otros" (Ef. 4:32). Por formar parte del carácter moral de Jesús, tiene necesariamente que ser producida por el Espíritu Santo en el creyente.

Al producir su fruto, el Espíritu también genera *bondad*[119]. Es una combinación perfecta entre la justicia y el amor (Ro. 5:8). La raíz de la palabra significa ser útil o servicial. Cristo anduvo haciendo bienes (Hch. 10:38), de ahí que quienes viven a Cristo deben hacerlo en toda bondad. No se trata de manifestar alguna, sino toda bondad. No es una benignidad natural, sino la expresión externa de la plenitud del Espíritu.

El siguiente elemento es la *fe*[120], que tiene que ver con la fidelidad, es decir, la manifestación de la fe en la esfera de la santificación. Una de las características de Dios es su fidelidad; a pesar de cualquier circunstancia, su fidelidad es inalterable (2 Ti. 2:13). Del mismo modo, sus hijos se deben poder distinguir por el hecho de que los hombres puedan confiar en ellos. Una entrega de esta dimensión solo es posible por la acción del Espíritu, que reproduce la fidelidad de Jesús en la vida del creyente.

La octava manifestación del fruto del Espíritu es la *mansedumbre*[121], condición que conduce a la sumisión incondicional a la voluntad de Dios. Es el justo equilibrio entre la incapacidad de airarse y la propensión a la ira. Jesús pidió a los suyos que aprendieran de Él especialmente en lo que tiene que ver con la mansedumbre; esto no tenía que ver tanto con imitación, sino con identificación. La mansedumbre de Cristo se comunica al creyente por su Espíritu, por lo que quien no era capaz de dejar de airarse, viene a experimentar la misma mansedumbre del Maestro.

La última manifestación del fruto del Espíritu es la *templanza*[122], o tal vez mejor, el *dominio propio*. Tiene que ver con la capacidad del control personal. Es expresión natural e imprescindible en la vida cristiana (2 P. 1:5-7). El autocontrol personal opuesto a las pasiones

---

[118] Griego: χρηστότη .
[119] Griego: ἀγαθωσύνη.
[120] Griego: πίστι .
[121] Griego: πραΰτη .
[122] Griego: ἐγκράτεια.

de la carne no surge del esfuerzo humano, sino de la obra del Espíritu. El dominio propio es un testimonio de libertad y pureza que respalda el mensaje del evangelio.

Sin duda, el fruto del Espíritu es esencial para ejecutar, en el tiempo de la santificación, el propósito divino para el creyente: ser conformado a la imagen del Hijo.

**Aplicación personal**

La vida que permite manifestar el fruto del Espíritu es la vida rendida plena e incondicionalmente a Dios. Por esa razón, el apóstol Pablo establece la demanda de "andar en el Espíritu" (Gá. 5:16).

La expresión visible del fruto del Espíritu es la manifestación visible de Cristo. La razón es natural, ya que todo el que vive a Cristo, debe manifestar a Cristo, para decir, "ya no vivo yo, sino que vive Cristo en mí" (Gá. 2:20). La necesidad de no oponerse al Espíritu y, por consiguiente, al fruto que produce en el creyente, está bien determinada por el Señor: "Separados de mí, nada podéis hacer" (Jn. 15:5).

Cada uno debe examinar su vida en relación con la dependencia del Espíritu. Esta es la exhortación vital: "Examinaos a vosotros mismos para ver si estáis en la fe, probaos a vosotros mismos. ¿O no os conocéis bien a vosotros mismos, que Jesucristo está en vosotros a menos que estéis reprobados?" (2 Co. 13:5; RVR).

# CAPÍTULO XII
# LOS DONES DEL ESPÍRITU

La doctrina bíblica sobre la vida de santificación, esto es, la vida cristiana en el tiempo comprendido desde la conversión hasta la muerte del creyente —o el traslado de la iglesia en la última generación de cristianos— está íntimamente vinculada con el servicio.

A causa de la identificación con Cristo, que fue el siervo perfecto (Fil. 2:6-8), está llamado a servir al Señor en muy diferentes maneras y lugares, hasta tal punto que el apóstol Pablo vincula la identidad de ser cristiano con el servicio, como hace en relación con la iglesia en Tesalónica: "Ellos mismos cuentan de nosotros la manera en que nos recibisteis, y cómo os convertisteis de los ídolos a Dios, para servir al Dios vivo y verdadero, y esperar de los cielos a su Hijo, al cual resucitó de los muertos, a Jesús, quien nos libra de la ira venidera" (1 Tes. 1:9, 10). Los distintos aspectos del servicio cristiano están enseñados abundantemente en el Nuevo Testamento.

Unido a ello, hay un amplio cuerpo de doctrina que tiene que ver con la capacitación del creyente para el ámbito del servicio. En tal sentido, el Espíritu Santo, ha dotado a cada cristiano de uno o varios dones espirituales que lo capacitan para servir. Uno de los motivos de alabanza del apóstol Pablo en relación con la iglesia de Corinto tenía que ver con los dones dados a los creyentes para que pudieran servir, sin que les faltase nada (1 Co. 1:4-7). Cada uno recibe dones del Espíritu porque todos son llamados a la funcionalidad del cuerpo y a la edificación del santuario de Dios, imposible sin el ejercicio de los dones.

Cuando se habla de dones del Espíritu, se está expresando la operación de dotaciones particulares por el Espíritu Santo que permiten el servicio a través del creyente y del uso de este como instrumento para servir a los demás y para la ejecución del ministerio que se le ha encomendado. Hablar de dones no es tratar de algo que el creyente está realizando con la asistencia del Espíritu Santo, sino una manifestación del Espíritu en el creyente (1 Co. 12:7). Los dones no son dados para provecho del mismo creyente y mucho menos para categorizarlo sobre los demás. No se trata de buscar la aparatosidad en el culto público ni de llamar la atención sobre uno mismo.

A semejanza del fruto del Espíritu, los dones y su ejercicio corresponden a una ejecución directa del mismo Espíritu. El creyente es un instrumento en las manos de Dios en el ejercicio de los dones que ha recibido. Mientras que el fruto del Espíritu es el resultado interno de la obra del Espíritu especialmente orientada al cumplimiento del propósito de Dios —aunque indudablemente las virtudes se hacen visibles como forma de vida cristiana—, los dones del Espíritu son el resultado externo de una operación del Espíritu en relación directa con el crecimiento del cuerpo de Cristo —esto es, la iglesia— para edificación de cada uno de los miembros que lo forman. La Escritura relaciona un determinado número de dones, en tres listas diferentes, como expresión general de las actividades del Espíritu en el campo del servicio cristiano.

Es importante distinguir, en relación con la vida cristiana, tres aspectos distintos: el fruto del Espíritu, los dones del Espíritu y los oficios espirituales. El primero de estos aspectos fue tratado ya en el capítulo anterior y tiene que ver con el carácter del cristiano, en cuya manifestación actúa directamente el Espíritu, conformando al creyente con el carácter del Señor Jesús. Los dones del Espíritu son elementos capacitadores con los que Dios dota a cada creyente para el ministerio de la edificación de su iglesia, actuando el Espíritu en y por el creyente. Tal ministerio es universal y no local. Finalmente, los oficios espirituales, son ciertas tareas que el cristiano realiza en la iglesia, bajo la dirección del Espíritu, que los pone para ello. Los oficios espirituales, que se refieren especialmente al del anciano y el del diácono, tienen que ver con una sola congregación local, mientras que los dones son de rango universal. La doctrina sobre los dones y oficios de la iglesia suele estudiarse en el apartado de eclesiología, dejando para esa sección de esta colección el tratamiento de los oficios; entraremos, no obstante, en este capítulo en los dones con los que el Espíritu capacita a los creyentes para el ministerio en la iglesia.

**La necesidad de los dones**

La iglesia es, entre otras cosas, un cuerpo y un templo. Las tres condiciones requieren de unidad, capacidad y una misma orientación. Como cuerpo, los creyentes-miembros participan en una labor conjunta de funcionalidad, ayudándose unos a otros, según la operación que corresponde a cada uno por su posición en el cuerpo: "De quien todo el cuerpo, bien concertado y unido entre sí por todas las coyunturas que se ayudan mutuamente, según la actividad propia de cada miembro, recibe su crecimiento para ir edificándose en amor" (Ef. 4:16). El crecimiento del cuerpo está firmemente vinculado a la cabeza, que es Cristo. Ese desarrollo armónico comprende a todo el cuerpo y, por tanto, comprende a cada uno de los miembros de ese cuerpo, esto es, a cada creyente, ya que todos han de llegar a la unidad de la fe y del conocimiento del Hijo de Dios, que es el término perfecto del crecimiento (Ef. 4:13). El crecimiento y la funcionalidad del cuerpo se operan mediante el ejercicio de los dones que cada miembro ha recibido por acción soberana del Espíritu (1 Co. 12:11). La dimensión a la que tiende el desarrollo del cuerpo es total; de ahí la expresión, que literalmente es "en la medida de cada una de las partes"[123]. Nadie queda excluido de la necesidad del crecimiento espiritual y todos son necesarios para llevarla a cabo. Por esa misma razón, "todo el cuerpo está bien concertado y unido entre sí". Esa unidad bien coordinada entre sí se lleva a cabo por medio de los ligamentos y las articulaciones. Los primeros expresan la figura de la unidad del cuerpo en el que cada miembro está íntimamente unido a cada uno de los restantes, mientras que las articulaciones permiten el libre movimiento de cada miembro en pro de la funcionalidad del cuerpo. En este primer aspecto, la iglesia como cuerpo necesita de la capacitación divina para que cada miembro funcione correctamente y desarrolle la función que le ha sido asignada en la totalidad del cuerpo.

En el segundo aspecto, la iglesia como edificio, templo de Dios, tiene también la misión de crecimiento espiritual: "En quien todo el edificio, bien coordinado, va creciendo para ser un templo santo en el Señor" (Ef. 2:21). Esta tarea de edificación se hace posible porque cada creyente recibe la provisión para ejecutar su misión en la edificación del templo.

En ese sentido, el apóstol Pedro habla del servicio a los demás con el don que cada uno haya recibido: "Cada uno según el don que ha recibido, minístrelo a los otros, como buenos administradores de la multiforme gracia de Dios" (1 P. 4:10).

## La actuación trinitaria

En relación con los dones del Espíritu, se aprecia una acción trinitaria involucrada en los mismos.

"Ahora bien, hay diversidad de dones, pero el Espíritu es el mismo" (1 Co. 12:4). En esta primera observación, el apóstol presenta la actuación de la tercera persona divina, Dios Espíritu Santo, dando los dones a cada uno y operando soberanamente en este dotar

---

[123] Griego: ἐν μέτρῳ ἑνὸ ἑκάστου μέρου .

a los santos para la edificación, como enseña también el escritor a los Hebreos, quien, al referirse a los que anunciaron inicialmente la Palabra, dice que "Dios testificó juntamente con ellos, tanto con señales como con prodigios y diversos milagros y dones distribuidos por el Espíritu Santo" (He. 2:4; RVR). Como vicario de Cristo, conoce las necesidades de la iglesia y distribuye los dones conforme a su soberanía y omnisciencia.

Asimismo, actúa también el Hijo: "Hay diversidad de ministerios, pero el Señor es el mismo" (1 Co. 12:5). Cristo es cabeza de la iglesia (Ef. 1:22, 23). Los ministerios dependen de Él. Todos los miembros tienen el mismo Señor. Todos, lleven a cabo cualquier tipo de servicio conforme a la capacitación otorgada por el don, son solo siervos bajo la autoridad del Señor. El Espíritu los otorga, el Hijo los controla, de modo que todo se lleve a cabo conforme a su voluntad.

Finalmente, hay referencia al Padre: "Hay diversidad de operaciones, pero Dios, que hace todas las cosas en todos, es el mismo" (1 Co. 12:6). Cuando aparece el título Dios, sin otra referencia, se trata del Padre, la primera persona divina. El poder para actuar y servir con los dones procede del Padre.

La acción trinitaria se pone de manifiesto en estos tres versículos. En relación con los dones, todos proceden del Espíritu Santo. En cuanto a los ministerios, se llevan a cabo bajo la dirección del Señor. Todo poder para efectuar el trabajo procede del Padre. Cada persona divina actúa en cada creyente, y puesto que cada una de las personas divinas es el único y verdadero Dios, el apóstol apostilla al final de cada mención a ellas la fórmula: "Pero es el mismo". Esta expresión confirma la igualdad divina en cada una de las tres personas.

**Los dones del Espíritu**

*Lista*

La lista de dones se obtiene agrupando los que figuran en las tres listas del Nuevo Testamento (Ro. 12; 1 Co. 12; Ef. 4). Estos son los dones mencionados:

| Romanos 12 | 1 Corintios 12 | Efesios 4 |
| --- | --- | --- |
| 1. Apóstoles (v. 28). | Apóstoles (v. 11). | |
| 2. Profetas (v. 6). | Profetas (vv. 10, 28). | Profetas (v. 11). |
| 3. Maestros (v. 7). | Maestros (v. 28). | Maestros (v. 11). |

4. Evangelistas (v. 11).
5. Pastores (v. 11).
6. Servicio (v. 7).     Ayudas (v. 28).
7. Fe (v. 9).
8. Exhortación (v. 8).
9. Discernimiento de espíritus (v. 10).
10. Lenguas (v. 10).
11. Milagros (vv. 10, 28).
12. Sanidades (vv. 9, 28, 30).
13. Repartir (v. 8).
14. Presidir (v. 8).
15. Misericordia (v. 8).
16. Administrar (v. 28).

En total aparecen dieciséis dones, aunque pudieran ser quince si los dones de *pastor y maestro* se consideraran como uno solo.

El estudio específico al respecto de cada uno de los dones delineados en estas listas ha sido elaborado propiciamente en los volúmenes de mi *Comentario exegético al texto griego del Nuevo Testamento*. Se sugiere a los lectores un recorrido por esas obras —los comentarios a Romanos, 1 Corintios, Efesios, e incluso al comentario al libro de los Hechos— para una elaboración más detenida.

*Clasificación*

Se han establecido diversas clasificaciones conforme a distintos parámetros que pueden ser establecidos en base al propósito de los dones, conforme al pensamiento del intérprete. Se propone aquí la siguiente, en razón y actuación de los mismos, de la siguiente manera:

- *Fundantes*: Aquellos que han sido dados para establecer el fundamento doctrinal de la iglesia; estos son dos: apóstoles y profetas.
- *Sustentadores*: Dados para consolidar y desarrollar espiritualmente la obra iniciada, la enseñanza de las verdades de la fe a los nuevos cristianos y el establecimiento de nuevas iglesias; estos son tres: evangelistas, pastores y maestros.
- *Manifestantes*: Son aquellos dados con el especial propósito de manifestar la realidad de la resurrección de Cristo

y efectuar señales especialmente en el principio de la proclamación del evangelio; estos son también tres: lenguas, milagros y sanidades.

- *Ministrantes*: Dados para las distintas necesidades en el servicio general de la iglesia y la edificación mutua; estos son el resto de los dones señalados en las listas.

## *Extensión*

En el estudio de los dones del Espíritu surge la pregunta sobre por qué hay dieciséis; ¿son estos los únicos? De otro modo, ¿la relación de dones es una relación cerrada? Sin duda, la respuesta no puede tener la firmeza bíblica porque no hay una referencia que lo permita. Simplemente puede preguntarse sobre la extensión numérica de los dones al considerar que, si fuesen una relación cerrada, tendrían que estar todos ellos presentes en cada ocasión en que aparecen.

No cabe duda de que las referencias en la epístola a los Efesios no se refieren directamente a dones, sino a creyentes que han sido dotados de dones (cf. Ef. 4:11).

Sería necesario determinar si en la edificación de la iglesia afecta el tiempo de manifestación, es decir, si la iglesia tiene necesidades que cambian en el decurso de su tiempo en la tierra hasta que sea recogida por el Señor. Las opiniones pueden ser diversas, ya que la sociedad es cambiante, de modo que hay actividades que están presentes en un tiempo y dejan de estarlo en otro. A modo de ejemplo, el ministerio de la música, ¿es el resultado del ejercicio de un don o es una especialización temporal? En cuyo caso, no sería necesario el don y bastaría solo con la capacitación. Del mismo modo, estarían presentes las tecnologías que pueden ser usadas para la formación bíblica y para la extensión del evangelio. Si el tiempo cambia, las situaciones sociales son distintas y las necesidades propias de la extensión del evangelio son cambiantes, es de suponer que el Espíritu atienda esas circunstancias y pueda dar dones que no fueran necesarios en tiempos apostólicos.

## Dotación y limitación

No hay ningún creyente que no haya sido dotado de algún don. Todos están llamados a la edificación de la iglesia, ministrando el don recibido a los demás en un servicio desinteresado. Sin embargo, hay limitación en el reparto de los dones, impidiendo con ello que todos los creyentes tengan los mismos dones. De este modo escribe el apóstol Pablo: "¿Son todos apóstoles? ¿Son todos profetas? ¿Todos maestros? ¿Hacen todos milagros? ¿Tienen todos dones de sanidad? ¿Hablan todos lenguas? ¿Interpretan todos?" (1 Co. 12:29, 30). Esto elimina la posición de quienes consideran que cuando una persona recibe a Cristo ha de manifestarse en él algún don determinado que testifique esa realidad.

**Aplicación personal**

El apóstol establece una forma de actuación frente a los dones, que debiera ser asumida por cada uno: "Procurad, pues, los dones mejores. Mas yo os muestro un camino aún más excelente" (1 Co. 12:31). El cristiano espiritual debe anhelar que la iglesia tenga creyentes dotados con los mejores, o tal vez los mayores dones. El apóstol Pablo habla de mostrar un camino más excelente, o el camino por excelencia que supera en todo al deseo de alcanzar los mayores dones. El ejercicio de cualquier don debe hacerse en este camino, y que se trata del amor.

# BIBLIOGRAFÍA

**Evangélicos y afines**

Barnes, A. (1951). *Notes on the New Testament, Explanatory and Practical*. Baker Book House.
Berkhof, L. (1949). *Teología sistemática*. Eerdmans.
Calvino, J. (1968). *Institución de la religión cristiana*. FELiRe.
Carson, D. A. & Moo, D. (2008). *Una introducción al Nuevo Testamento*. Editorial CLIE.
Chafer, L. S. (1974). *Teología sistemática*. Publicaciones españolas.
Congar, Y. (1983). *El Espíritu Santo*. Herder.
Dale, J. W. (1995). *Christic Baptism and Patristic Baptism: An Inquiry into the Meaning of the Word as Determined by the Usage of the Holy Scriptures and Patristic Writings*. Presbyterian and Reformed.
Erickson, M. (2008). *Teología sistemática*. Editorial CLIE.
Farrar, F. W. (1886). *History of Interpretation: Eight Lectures Preached Before the University of Oxford in the Year MDCCCLXXXV on the Foundation of the Late Rev. John Bampton*. Macmillan.
Fasold, J. (2016). *Con precisión*. Edición del autor.
Finney, C. (2010). *Teología sistemática*. Peniel.
Flores, J. (1975). *Cristología de Juan*. Editorial CLIE.
Flores, J. (1978). *Cristología de Pedro*. Editorial CLIE.
Fountain, T. (1977). *Claves de interpretación bíblica*. Casa Bautista.
Geisler, N. (2002). *Systematic Theology*. Bethany House.
Guthrie, D. (1961). *New Testament Introduction*. S. P. C. K.
Harrison, E. (1980). *Introducción al Nuevo Testamento*. Iglesia Cristiana Reformada.
Hendriksen, W. (1980). *Comentario al Nuevo Testamento. 1 y 2 Tesalonicenses*. Libros Desafío.
Hendriksen, W. (1981). *Comentario al Nuevo Testamento. El Evangelio según San Juan*. Libros Desafío.
Hendriksen, W. (1984). *Comentario al Nuevo Testamento. Romanos*. Libros Desafío.
Henry, M. (1989). *Comentario exegético devocional a toda la Biblia*. Editorial CLIE.
Hodge, C. (1991). *Teología sistemática*. Editorial CLIE.
Hodge, C. (1969). *Comentario sobre la Primera epístola a los Corintios*. The Banner of Truth.

Jeremias, J. (1980). *Teología del Nuevo Testamento*. Sígueme.
Jeremias, J. (1990). *Palabras desconocidas de Jesús*. Sígueme.
Keil, C. F. & Delitzsch, F. *Comentario al texto hebreo del Antiguo Testamento*. Tomo I: Pentateuco e Históricos. Editorial CLIE.
Lacueva, F. (1974). *Un Dios en tres personas*. Editorial CLIE.
Lacueva, F. (1979). *La persona y la obra de Jesucristo*. Editorial CLIE.
Lacueva, F. (1983). *Espiritualidad trinitaria*. Editorial CLIE.
Ladd, G. (2002). *Teología del Nuevo Testamento*. Editorial CLIE.
Lightfoot, J. B. (1990). *Los Padres Apostólicos*. Editorial CLIE.
Lloyd-Jones, M. (2000). *Dios el Padre, Dios el Hijo*. Editorial Peregrino.
Lloyd-Jones, M. (2001). *Dios el Espíritu Santo*. Editorial Peregrino.
MacArthur, J. (2007). *Comentario MacArthur del Nuevo Testamento. 1 Pedro a Judas*. Portavoz.
MacArthur, J. (2012). *Comentario MacArthur del Nuevo Testamento. 1 y 2 Tesalonicenses, 1 y 2 Timoteo, Tito*. Portavoz.
Mackintosh, C. H. (1964). *Estudios sobre el libro del Génesis*. Buenas Nuevas.
Marsh, F. B. (1981). *Emblems of the Holy Spirit*. Kregel Publications.
Martínez, J. M. (1984). *Hermenéutica bíblica*. Editorial CLIE.
Morris, L. (2003). *Jesús es el Cristo. Estudios sobre la teología de Juan*. Editorial CLIE.
Newell, W. R. (1984). *Romanos, versículo por versículo*. Portavoz.
Pache, R. (1982). *La persona y la obra del Espíritu Santo*. Editorial CLIE.
Packer, J. I. (1985). *Conociendo a Dios*. Editorial CLIE.
Pentecost, J. D. (1977). *Eventos del porvenir*. Libertador.
Pentecost, J. D. (1981a). *A Harmony of the Words and Works of Jesus Christ*. Zondervan.
Pentecost, J. D. (1981b). *The Words and Works of the Life of Christ*. Zondervan.
Pérez Millos, S. (1994–2020). *Comentario exegético al texto griego del Nuevo Testamento*. 19 Vol. Editorial CLIE.
Pérez Millos, S. (1995). *Síntesis de nuestra fe: estudios de doctrina bíblica*. Editorial CLIE.
Pérez Millos, S. (2023). *Cristología: Doctrina de la persona y obra de Jesucristo*. Colección Teología Bíblica y Sistemática, Tomo I. Editorial CLIE.

Pérez Millos, S. (2024a). *Bibliología: Naturaleza y doctrina de la Palabra de Dios*. Colección Teología Bíblica y Sistemática, Tomo II. Editorial CLIE.

Pérez Millos, S. (2024b). *Trinidad: Doctrina de Dios, uno y trino*. Colección Teología Bíblica y Sistemática, Tomo III. Editorial CLIE.

Pink, A. W. (1964). *Atributos de Dios*. El estandarte de la verdad.

Pink, A. W. (1978). *La soberanía de Dios*. El estandarte de la verdad.

Robertson, A. T. (1985). *Imágenes verbales en el Nuevo Testamento*. Editorial CLIE.

Ropero, A. (2015). *Homilética bíblica. Naturaleza y análisis de la predicación*. Editorial CLIE.

Ryle, J. C. (1987). *Expository Thoughts on John* (I-III). Banner of Truth.

Scroggie, W. G. (1948). *A Guide to the Gospels*. Kregel Publications.

Seeberg, R. (1968). *Historia de las doctrinas*. Casa Bautista de Publicaciones.

Spurgeon, C. H. (2020). *El tesoro de David*. Editorial CLIE.

Stein, R. H. (2006). *Jesús, el Mesías. Un estudio de la vida de Cristo*. Editorial CLIE.

Strong, A. H. (1907). *Systematic Theology*. American Baptist Publication Society.

Tellería Larrañaga, J. M. (2011). *El método en teología*. Editorial Mundo Bíblico.

Tellería, J. M. (2014). *La interpretación del Nuevo Testamento a lo largo de la historia*. Editorial Mundo Bíblico.

Vaughan, C. J. (1886). *Lessons of the Cross and Pasion. Words from the Cross. The Reign of Sin. The Lord's Prayer*. Macmillan and Co.

Wilckens, U. (1989). *La carta a los Romanos*. 2 Vol. Sígueme.

Wuest, K. S. (1970). *Wuest's Word Studies fron the Greek New Testament*. Eerdmans.

**Patrística**

Agustín de Hipona. (1956). *Obras de San Agustín*. Biblioteca de Autores Cristianos.

Agustín de Hipona. (1971). *Obras generales*. Biblioteca de Autores Cristianos.

Agustín de Hipona. (1985). *Escritos apologéticos*. Biblioteca de Autores Cristianos.

Ambrosio de Milán. *Sobre el Espíritu Santo.*
Gregorio Nacianceno. (1995). *Los cinco discursos teológicos.* Editorial Ciudad Nueva.
Hilario de Poitiers. (1986). *La Trinidad.* Biblioteca de Autores Cristianos.
Ireneo de Lyon. (1985). *Teología.* Biblioteca de Autores Cristianos.
Juan Crisóstomo. (2001). *Homilías sobre la Segunda carta a los Corintios.* Ciudad Nueva.
Ricardo de San Víctor. *De Trinitate.*
Padres de la Iglesia. (2018). *La Biblia comentada por los Padres de la Iglesia.* Ciudad Nueva.

**Católicos y otras procedencias**

Cordovilla, Á. (2012). *El misterio del Dios trinitario.* Biblioteca de Autores Cristianos.
De Tuya, M. (1977). *Evangelios* (I, II). Biblioteca de Autores Cristianos.
Del Páramo, S. & Alonso, J. (1973). *La Sagrada Escritura: Nuevo Testamento.* Tomo I: *Evangelios.* Biblioteca de Autores Cristianos.
Denzinger, H. & Hunerman, P. (2002). *El magisterio de la Iglesia.* Herder.
Fitzmyer, J. A. (2005). *El Evangelio según Lucas* (I-IV). Ed. Cristiandad.
Fortes, B. (1983). *Jesús de Nazaret, historia de Dios, Dios de la historia. Ensayo de una cristología como historia.* Ediciones paulinas.
Franco, R. (1967). *Cartas de San Pedro. La Sagrada Escritura. Texto y comentario por profesores de la Compañía de Jesús.* Biblioteca de Autores Cristianos.
Gnilka, J. (2005). *El Evangelio según san Marcos* (I-II). Sígueme.
González de Cardedal, O. (1966). *Misterio trinitario y existencia humana.* Ediciones Rialp.
González de Cardedal, O. (2004). *Dios.* Sígueme.
Leal, J. (1973). *Nuevo Testamento. Evangelios.* Vol. II. Biblioteca de Autores Cristianos.
León-Dufour, X. (1993). *Lectura del Evangelio de Juan* (I, II, III). Sígueme.
Mateo-Seco, L. (1998). *Dios uno y trino.* Ediciones Universidad de Navarra.

Pikaza, X. (2015). *Trinidad. Itinerario de Dios al hombre*. Sígueme.
Ratzinger, J. (2006). *Dios es amor: Carta encíclica Deus Caritas Est.* Biblioteca de Autores Cristianos.
Rodríguez Molero, F. J. (1967). *Epístolas de Juan. La Sagrada Escritura. Texto y comentario por profesores de la Compañía de Jesús.* Biblioteca de Autores Cristianos.
Roloff, J. (1977). *Neues Testament*. Neukirchener Verlag Neukirchen.
Rovira Belloso, J. M. (1986). *La humanidad de Dios. Aproximación a la esencia del cristianismo*. Secretariado Trinitario.
Salguero, J. (1965). *Biblia Comentada. Epístolas católicas. La Sagrada Escritura. Texto y comentario por profesores de la Compañía de Jesús.* Biblioteca de Autores Cristianos.
Schenke, L. (1990). *Die Urgemeinde. Geschichtliche un theologische Entwicklung*. Kohlhammer.
Schlier, H. (1991). *La carta a los Efesios*. Sígueme.
Schweizer, E. (1998). *El Espíritu Santo*. Sígueme.
Tomás de Aquino. (1957). *Suma teológica*. Biblioteca de Autores Cristianos.
Turrado, L. (1975). *Biblia comentada. Epístolas paulinas*. Vol. VIb. Biblioteca de Autores Cristianos.

**Diccionarios y manuales técnicos**

Asociación de Editores del Catecismo. (1996). *Catecismo de la Iglesia católica*. Asociación de Editores del Catecismo.
Balz, H. & Schneider, G. (1998). *Diccionario exegético del Nuevo Testamento*. Sígueme.
Bruce, F. F.; Marshall, I.; Millard, A.; Packer, J. & Wiseman, D. (1991). *Nuevo Diccionario Bíblico*. Editorial Certeza.
Chantraine, P. (1968). *Chantrailne Dictionnaire Etymologique Grec*. Klincksieck.
Haag, H. (1981). *Diccionario de la Biblia*. Herder.
Harrison, E. F. (1985). *Diccionario de Teología*. TELL.
Ropero Berzosa, A. (2013). *Gran diccionario enciclopédico de la Biblia*. Editorial CLIE.
Silva, M. (2014). *New International Dictionary of New Testament Theology and Exegesis* (I-V). Zondervan Academic.
Stegenga, J. & Tuggy, A. E. (1975). *Concordancia analítica greco-española del Nuevo Testamento*. Editorial Libertador.
Vine, W. (1984). *Diccionario expositivo de palabras del Nuevo Testamento*. Grupo Nelson.

Yarza, S. (1972). *Diccionario griego español.* Sopena.
Young, R. (1977). *Analytical Concordance to the Holy Bible.* Lutterworth Press.

**Textos bíblicos**

(1958). *Sagrada Biblia.* Juan Straubinger. La prensa católica.
(1966). *Biblia anotada.* Cyrus Ingerson Scofield. Spanish Publications.
(1975). *Biblia de Jerusalén.* Bilbao.
(1975). *Sagrada Biblia.* Cantera-Iglesias. Biblioteca de Autores Cristianos.
(1984). *Nuevo Testamento interlineal.* Francisco Lacueva (Ed.). Editorial CLIE.
(1992). *A Biblia.* Vigo.
(1996). *Biblia anotada.* Charles Ryrie. Grand Rapids.
(1999). *Biblia textual.* Sociedad Bíblica Iberoamericana.
(2000). *Biblia de las Américas.* Anaheim.
(2005). *Santa Biblia. Nueva Versión Internacional.* Bíblica, Inc.
(2010). *Sagrada Biblia.* Conferencia Episcopal Española.
(2018). *Biblia de Estudio RVR.* HarperCollins Christian Publishing.

**Textos griegos**

(1977). *Nuevo Testamento Trilingüe.* Bover-O'Callaghan.
(1979). *Septuaginta.* Deustche Biblgesellschaft.
(2003). *A Reader's Greek New Testament.* Goodrich, R. & Lukaszewki, A. Zondervan.
(2012). *Novum Testamentum Graece.* Nestle-Aland. 28ª Edición. Deutsche Biblelgesellschaft.